地基 SAR 桥梁监测理论与方法

刘祥磊　王闰杰　黄祎萌　赵松雪 等 著

科学出版社

北京

内 容 简 介

本书介绍地基干涉雷达测量技术的原理、性能测试、数据预处理以及桥梁损伤识别方法，详细阐述地基干涉雷达测量技术在城市桥梁、铁路桥梁和古代桥梁三种不同类型桥梁中的实际应用，系统总结地基干涉雷达测量在桥梁监测方面的现状及未来发展趋势。

本书可为桥梁监测与安全评估工作提供参考，也可供测绘、摄影测量与遥感及地理信息系统专业的师生及相关学者参考和使用。

图书在版编目（CIP）数据

地基 SAR 桥梁监测理论与方法 / 刘祥磊等著. —北京：科学出版社，2022.9

ISBN 978-7-03-072988-0

I. ①地… II. ①刘… III. ①合成孔径雷达－应用－桥梁结构－检测－研究 IV. ①U443

中国版本图书馆 CIP 数据核字（2022）第 158225 号

责任编辑：董 墨 白 丹 / 责任校对：郝甜甜
责任印制：吴兆东 / 封面设计：图悦设计

科学出版社 出版

北京东黄城根北街 16 号
邮政编码：100717
http://www.sciencep.com

北京中石油彩色印刷有限责任公司 印刷

科学出版社发行 各地新华书店经销
*

2022 年 9 月第 一 版 开本：787×1092 1/16
2023 年 7 月第二次印刷 印张：14
字数：293 000

定价：108.00 元

（如有印装质量问题，我社负责调换）

前　言

随着经济和城市化进程的快速发展，在交通拥堵、车辆超载、环境恶化、气候灾变等耦合因素影响下，桥梁运营安全风险显著增大，其安全状况受到广泛关注。目前，传统监测方式存在周期性、成本高的问题，迫切需要一种精确、无损、稳定的桥梁监测技术。地基干涉雷达测量（ground-based interferometry synthetic aperture radar，GB-SAR）是近年来兴起的一种集成合成孔径雷达（synthetic aperture radar，SAR）和干涉测量优点的新技术，具有非接触、高精度、高采样频率和整体动态监测等特点，该技术利用传感器的系统参数、姿态参数和轨道之间的几何关系等信息可以探测毫米级甚至亚毫米级的桥梁形变，解决了传统形变监测技术测量范围小、距离短、精度低、受环境因素影响大等诸多问题。

本书系统地介绍了 GB-SAR 桥梁形变监测理论方法与关键技术，并重点介绍了 GB-SAR 技术在桥梁形变监测工程中的应用，可从基本原理和实际应用角度为读者提供 GB-SAR 桥梁形变的监测方案。主要包括以下内容：

第 1 章，绪论部分。

第 2~3 章，理论方法部分。第 2 章介绍 GB-SAR 原理，包括 SAR 技术、干涉测量技术、SFCW 技术和常见的 GB-SAR 系统；第 3 章介绍 GB-SAR 性能测试，包括角反射器介绍、IBIS-S 缓慢形变精度分析和 IBIS-S 测量误差分析。

第 4~6 章，关键技术部分。第 4 章介绍 GB-SAR 大气参数改正，包括 GB-SAR 电磁波大气折射原理、微波波段大气折射改正方法、Essen-Froome 模型和顾及雷达波传输距离的 Essen-Froome 大气参数优化改正投影模型；第 5 章介绍 GB-SAR 信号降噪，包括希尔伯特-黄变换（Hilbert-Huang transformation，HHT）、RDT-EEMD 信号降噪、W-ESMD 二级信号降噪、MF-ESMD 二级信号降噪、SOBI 信号降噪；第 6 章介绍 GB-SAR 桥梁损伤识别，包括基于直接插值法的桥梁损伤识别和基于数据驱动随机子空间的桥梁损伤识别。

第 7~9 章，工程应用部分。主要分别介绍 GB-SAR 在城市桥梁监测中的应用、GB-SAR 在铁路桥梁监测中的应用和 GB-SAR 在古代桥梁监测中的应用。

第 10 章，总结与展望。

本书在研究和撰写过程中得到了课题组各位老师和学生的大力支持和帮助，研究生王辉、姜孟卓、苏天科、张家萌、徐凯参加了部分章节的撰写。感谢焦驰宇教授、丁克良副教授、卢钊硕士等人的技术支持和实验协助。本书研究得到了国家重点研发计划项目（2018YFE0206100）、国家自然科学基金面上项目（41871367）、北京市教委-市基金委联合资助重点项目（KZ202210016022）等资助，在此一并表示感谢。

　　希望本书的出版能为相关领域的研究人员提供参考，进一步推动 GB-SAR 技术的深入发展。由于作者水平有限，书中难免存在疏漏之处，敬请读者不吝赐教。

著　者

2021 年 9 月

目　　录

第1章 绪 论

1.1 问题的提出

随着我国经济和城市化进程加快,近年来,国家正在大力发展城市交通基础设施,其中,桥梁作为交通基础设施的重要枢纽,数量也在日益增长。交通运输部发布的《2019 年交通运输行业发展统计公报》显示,截至 2019 年末,全国公路桥梁 87.83 万座,共计 60634.6km,比上年增加 2.68 万座、4948.6km,其中特大桥梁 5716 座、10332.3km,大桥梁 108 344 座、29237.5km。在促进交通运输发展的同时,保障桥梁结构的安全对保护国民经济和人民财产安全起着重要作用。日常运营中,桥梁不仅受密集车流等复杂交通影响,还受施工、地质活动等周边环境的影响,因此,桥梁运营安全形势日益严峻。在交通拥堵、车辆超载、环境恶化、气候灾变等耦合因素影响下,桥梁运营安全风险显著增大,轻则病害侵蚀,重则老化严重,甚至突然坍塌(Liu et al.,2019b;Riveiro et al.,2013)。例如,2009 年 5 月 17 日湖南株洲红旗路高架桥坍塌,断裂的桥面致 9 死 16 伤;2016 年 8 月 28 日北京北五环天桥发生坍塌,造成 4 人受伤;2019 年 10 月 10 日江苏无锡高架桥侧翻,造成 3 死 2 伤;2020 年 3 月 2 日,福州一在建桥梁的梁体倒塌,造成 2 死 4 伤。桥梁的安全状况已经受到社会各界广泛关注,《交通运输科技"十三五"发展规划》也提出"公路中小跨径桥梁、边坡安全评价和监测预警,公路基础设施状态感知与灾变预警处置"相关工作。因此,为确保已有桥梁的安全性能,亟须有针对性地对桥梁开展快速检测与安全评估方面的研究。

桥梁动挠度目前是桥梁安全状态评估的重要指标之一,如何快速、准确地获取桥梁动挠度,以及基于桥梁动挠度进行高精确安全评估已成为当前研究的热点问题。传统桥梁动挠度监测常使用接触式传感器,如加速度计、应变片、线性可变差动变压器和光纤传感器等,可以获得高精度的桥梁动挠度,但接触式传感器的测量范围小,且需要布设在桥梁表面,前期安装费时费力(Hsieh et al.,2006)。为克服接触式传感器的缺点,非接触式传感器技术逐渐成为桥梁动挠度监测的主流技术,如激光多普勒测振仪(laser Doppler vibrometer,LDV)、全球定位系统(global positioning system,GPS)、视觉测量等。利用 LDV 对桥梁动挠度监测的精度可达 0.1mm,但其成本高,难以测量垂直于激光束的位移(Nassif et al.,2005)。GPS 具有高精度、高效和全天候的优势,但数据采集频率较低(小于 20Hz),且随机噪声和多路径效应易造成数据分析困难、定位结果不可信(Moschas and Stiros,2011)。视觉测量可以提供桥梁监测区域中任意点位的动挠度信息,精度可达 1:10 000,但海量的影像数据处理、大量的控制网布设及较高的光线需求等导致动挠度采集效率较低（Peddle et al.，2011）。

除了在环境激励条件下获取桥梁动挠度数据以探测桥梁损伤之外，传统的基于点、面测量的静态桥梁周期性形变监测也被广泛应用于桥梁监测，如水准测量和视距测量以及地面三维激光扫描（terrestrial laser scanning，TLS）技术等。水准测量和视距测量可以提供高精度的形变监测信息，但这类技术费时、费力，后期数据处理工作量大，并且在测量过程中存在大量的人为误差（朱小华和胡伍生，2006）。TLS 技术具有数据点多、数据量大、非接触性等优势，通过获取桥梁表面的点云数据构建桥梁表面的三维形变场，以进行周期性形变分析，进而可以准确地获取桥梁表面的静态形变数据，但其扫描周期较长，较适用于小范围监测，且无法获取桥梁动态形变（Riveiro et al.，2013）。

地基干涉雷达测量是近年来兴起的一种集成合成孔径雷达和干涉测量优点的新技术，具有非接触、高精度（0.01mm）、高采样频率（1000Hz）和整体动态监测的优势，该技术可以解决传统形变监测技术测量范围小、测量距离短、精度低、受环境影响等诸多问题，在桥梁动态特性监测中得到了较为广泛的应用（Stabile et al.，2013；Pieraccini et al.，2006）。GB-SAR 技术通过发射和接收雷达波实现高频率桥梁微形变动态监测，但是雷达波在大气传播中易受到温度、湿度、气压等气象因素的影响，从而降低桥梁动挠度采集精度，同时，使用该技术对桥梁动挠度进行监测还不可避免地受到地动和复杂交通等噪声因素的影响，进一步降低桥梁动挠度测量精度，进而降低基于 GB-SAR 设备获取桥梁动挠度数据的桥梁安全评估的可靠性。综上，本书主要介绍基于 GB-SAR 设备获取桥梁监测数据，使用 GB-SAR 技术对城市桥梁安全评估过程中大气参数优化改正以及信号降噪理论与方法进行深入研究，推动城市桥梁动挠度高精度、快速检测和安全评估的发展，研究成果对保障城市桥梁的健康运营以及降低城市桥梁健康状态巡查和维护成本具有重要的理论意义和应用价值。

1.2　GB-SAR 技术的发展历程

GB-SAR 技术是合成孔径雷达干涉测量（interfero metric synthetic aperture radar，InSAR）技术的新发展，其承载平台从星载转为地基，且向高精度方向发展。InSAR 技术是 20 世纪后期发展起来的一种新型空对地测量方法，利用两副天线同时观测（双天线单轨），或者一副天线两次近似平行观测（单天线重复轨道）获取地面同一地物的影像对（张拴宏和纪占胜，2004；Bürgmann et al.，2000），通过影像的相位差，借助成像处理、干涉数据处理以及几何转换等获取地物目标的三维信息。InSAR 技术的首次地球表面应用可追溯到 1974 年，美国国家航空航天局的 Graham（1974）提出采用两个天线在水平方向上分开的机载和星载 InSAR 系统进行三维成像，阐述了如何从 InSAR 图像中提取数字高程图。1986 年，

Zebker 和 Goldstein 利用机载 InSAR 技术对旧金山海湾地区进行了测量，这标志着 InSAR 由实验研究向应用研究转变（Zebker and Goldstein，1986）。根据任婧（2011）的相关研究，InSAR 技术的发展主要包括以下阶段：第一阶段为 20 世纪 70 年代～80 年代后期，该阶段是 InSAR 技术的发展阶段，这一时期主要是机载 SAR 到星载 SAR 的转变，以及 InSAR 技术对地观测的应用研究；第二阶段为 20 世纪 80 年代后期～90 年代后期，该阶段 InSAR 技术的研究与应用进入快速发展时期，随着 InSAR 技术的成熟应用，各国学者在 InSAR 组织和数据处理方面进行深入研究，并发展出卫星差分雷达干涉（differential synthetic aperture radar interferometry，D-InSAR）技术；第三阶段为 20 世纪 90 年代后期至今，InSAR 技术得到了稳定的发展并趋于成熟，且应用领域不断扩展，包括 InSAR 的硬件系统优化、软件包开发、算法优化以及应用扩展等方面。

20 世纪 90 年代，随着 InSAR 技术的迅速发展，高精度应用需求随之提高，InSAR 技术从星载转到地基，发展出 GB-SAR 技术（Takahashi et al.，2013；Leva et al.，2003），该技术借助 SAR 技术、步进频率连续波技术（step frequency continuous wave，SFCW）以及干涉测量技术不仅可获得高分辨率图像，还可获得毫米级的形变信息。GB-SAR 技术已逐步成为研究的热点，并逐渐应用于大坝、滑坡、建筑物以及桥梁等易发生微小形变物体的形变探测领域。1999 年，Tarchi 等（1999）首次利用 GB-SAR 技术对大坝进行形变监测，首次展示了 GB-SAR 技术在民用工程中应用的可行性，系统主要采用矢量网络分析仪（vector network analyzer，VNA）。2003 年，Ellegi 公司利用线性合成孔径雷达（linear synthetic aperture radar，LiSA）技术开发了首个以 VNA 为基础的商业系统，后发展为 LiSALab 系统，英国的谢菲尔德大学研究发展的地基 SAR 系统、日本的东北大学研究的地基宽带极化地基 SAR（ground-based polarimetric broadband synthetic aperture radar，GBPBSAR）系统以及韩国地球科学和矿产资源研究所研究的地基角扫描 SAR（arc-scanning SAR，ArcSAR）系统都是以 VNA 为基础进行开发研究的。之后，为提高地基 SAR 系统的稳定性、带宽能力以及通用性，发展出了许多先进的传感器：意大利的 IDS 公司联合佛罗伦萨大学以地基 SAR 系统为基础，开发了干涉测量成像系统（imaging by interferometry survey，IBIS），该系统采用 SFCW 体制雷达产生、采集和记录信号，是目前较为成功的商业地基 SAR 系统；国内中国科学院电子学研究所研发的先进的可扫描二维轨道观测（advanced scannable two-dimensional rail observation，ASTRO）系统也采用了 SFCW 雷达，且具有多种工作模式，但其没有转化为商用产品。近年来发展出的调频连续波（frequency modulated continuous wave，FMCW）雷达传感器具有更快的扫描能力，荷兰的 MetaSensing 公司以 FMCW 为信号模型，研发出 Fast-地基 SAR 系统，数据采集时间小于 5s，可有效降低大气干扰；西班牙加泰罗尼亚理工大学开发的极化 RiskSAR 系统，采用 FMCW 雷达对扫描时间有很大改善，且在短期的扫描里可使用永久散射干涉技术进行测量；瑞士的 Gamma Remote Sensing 公司提出基于真实孔径雷达（real aperture radar，RAR）技术的 FMCW 伽马便携式雷达干涉仪（Gamma portable radar interferometer，GPRI）系统，用来测量形变和地形映射；另外，乌克兰国家科学院的放射物理和电子学研究所发展出的以噪声雷达为基础的地基噪声波形 SAR（ground-based noise waveform SAR，GB-NWSAR）系统也是一种新的结构模型（李俊慧，2016）。

1.3　国内外研究现状

1.3.1　GB-SAR 关键技术的国内外研究现状

GB-SAR 技术具有非接触、高精度、高频率及整体监测的优势，国内外学者针对 GB-SAR 的关键技术展开了广泛的研究，在相关方面取得了一定的成果。

1. GB-SAR 气象因素影响改正研究

应用 GB-SAR 设备获取的监测数据精度受制于场景内外界环境的干扰，其中大气效应是外界环境干扰中对精度影响较为严重的一种。GB-SAR 设备通过发射和接收雷达波实现对被测目标微变形动态高频率监测，雷达波在大气传播中易受到温度、湿度、气压等气象因素的影响，导致传播路径和方向发生变化，使干涉相位中附加了大气相位误差，从而降低 GB-SAR 设备监测数据的精度（Liu et al.，2015；Zebker et al.，1997）。目前主要有三种降低气象因素影响的方法，包括稳定点校正法、构建永久散射体网法和大气参数模型改正法。

稳定点校正法通过测量视场内稳定目标点或已布设的角反射器的位移变化信息，按照和距离成比例关系对监测结果进行修正。黄其欢和岳建平（2017）在稳定点校正法基础上提出稳定点加权的地基 SAR 数据大气校正新方法并将该方法用于大坝监测，效果良好。张祥等（2011）将角反射器作为稳定控制点采集大气扰动干涉相位数据，根据相位的变化情况分析观测区域大气扰动影响，并利用稳定点法实现对其扰动误差的校正。结果表明，该类校正方法具有很好的可靠性和精确性。

构建永久散射体网法普遍用于大场景监测，利用场景内选取的相关行高的永久散射体，构建永久散射体网进行大气误差消除。该类方法多用于大场景，如大坝、矿区等。Noferini 等（2005）利用永久散射体法在位于意大利 Citrin Valley 的测试场，采用为期 10 个月的大量数据验证了该方法的有效性。徐亚明等（2016）利用永久散射体网改正气象扰动法，改正高危边坡监测数据。结果表明，该类方法可有效削弱气象影响，提高测量精度，准确探测出高危边坡中的不稳定区域，可控制精度达到亚毫米级。

应用大气参数模型改正法测量监测时段内的大气温度、湿度、气压等气象因素，并采用相应大气参数改正模型计算大气折射率进行修正。Liu 等（2015）基于 Essen-Froome 经验公式构建了大气参数改正模型，利用小型气象站获取大气绝对温度、大气压、大气水汽压、大气干温、大气湿温和大气湿温下的大气饱和水汽压等大气参数计算大气折射率，对所得数据进行改正，进而提高长周期铁路桥梁动挠度监测的精度。华远峰等（2013）采用稳定点校正法与大气参数模型改正法分别对采集的数据进行改正，取得一定的改正效果，并对上述方法进行分析与比较。董杰和董妍（2014）以自制的角反射器作为监测目标，利用大气参数模型改正法改正角反射器相位，通过估算大气折射率的变化进而校正大气扰动误差。结果表明该类方法可以提高监测精度。卢钏（2019）根据使用 GB-SAR 设备对中小跨径桥梁动挠度监测时的仪器布设和桥梁结构几何特征，构建了顾及微波传输距离的 Essen-Froome 大气参数优化改正模型，提高了 GB-SAR 设备对中小跨径桥梁动挠度监测数据的大气参数改正的精度。

2. GB-SAR 信号降噪处理研究

应用 GB-SAR 系统对中小跨径桥梁动挠度监测过程中，除了上述气象因素影响外，监测精度还不可避免地受到地动和周围环境等因素的影响，进而监测数据的精度会降低（Pieraccini，2013），因此，为了提高监测数据的精度，近年来众多学者对信号降噪进行研究，并提出了一些有效的信号降噪方法。

滤波方法是利用统计特征推导出的一系列估计算法，通过从混合信号中估计出有用信号或某些统计特征滤除信号提高信噪比（signal-to-noise ratio，SNR）。然而，该类方法不仅去除了噪声，还去除了非平稳信号的高频分量，并且通常需要信号和噪声统计特性的先验信息，因此对于包含尖锐边缘和短时脉冲的非平稳信号一般无效（Malinowski and Kwiecień，2014；Lim and Oppenheim，1979）。

基于奇异值分解（singular value decomposition，SVD）的降噪方法主要基于信号信息与重建矩阵的奇异值之间的对应关系。与噪声相对应的信号分量对应较小的奇异值，因此可以通过保留较大的奇异值消除噪声的影响，以获得原始信号的最佳近似值（Liu et al.，2017），但是该类方法中有两个关键问题需要解决：第一是如何确定重构矩阵的有效等级顺序；第二是如何确定重构矩阵中的行、列数（Zhang et al.，2014）。

小波变换（wavelet transform，WT）具有时频局部化特性、低熵性、多分辨率、去相关性、选基灵活性等优势，是目前常用的一种信号去噪方法，已经广泛应用于非平稳桥梁振动信号去噪。但是，单个小波阈值准则不能充分考虑信号和噪声的分布，不同的小波阈值准则适用于不同的噪声频率尺度，即单一小波阈值去噪方法难以完全消除不同频率尺度的噪声信息（Chen et al.，2016；Ogundipe et al.，2014；Su and Zhao，2005）。

为了解决上述单一小波阈值去噪存在的问题，经验模态分解（empirical mode decomposition，EMD）去噪方法逐渐被应用于非平稳信号的去噪处理（Kaleem et al.，2011）。EMD 的基本理念是通过信号外部包络线插值方法把一个复杂的信号分解成一系列具有不同频率的固有模态函数（intrinsic mode function，IMF）（Huang et al.，1998）。基于这个理念，传统 EMD 去噪方法可通过直接消除 EMD 分解后的高频率的 IMF 分量实现信号降噪。但是，由于 EMD 分解具有模态混叠效应，任何一个分解的 IMF 分量都包含有用信息和噪声信息，尤其是对于非线性、非平稳信号，其模态混叠效应更为严重，不可避免地会引起信息的丢失（Han et al.，2017）。为解决传统 EMD 去噪方法的局限性，国内、外研究学者将更加灵活的阈值去噪方法引入 EMD 去噪过程中，在最大限度保留有用信息的前提下实现信号降噪，如基于小波阈值的 EMD 去噪方法（Kopsinis and McLaughlin，2009），基于分数高斯噪声模型的 EMD 阈值去噪方法（Gan et al.，2014）和基于数学形态学的 EMD 阈值去噪方法（刘霞等，2016；Kabir and Shahnaz，2012）等。但是，上述改进的 EMD 去噪方法依然存在两个主要问题：①EMD 的模态混叠效应依然存在，且 EMD 分解的趋势函数相对粗糙，严重限制了信号降噪的效果；②未充分考虑信号中噪声的不同频率尺度特征，采用单一的阈值去噪方法对每个 EMD 分解后的 IMF 分量进行降噪，难以获取理想的降噪效果。

极点对称模态分解（extreme-point symmetric mode decomposition，ESMD）方法借鉴了 EMD 的思想，将外部包络线插值改为内部极点对称插值，借用"最小二乘"优化最后剩余的模态，使其成为整个数据的"自适应全局均线"，降低了 IMF 的模态混叠效应。仿真实验结果表明，相比于 EMD 方法，ESMD 方法具有更好的信号分解能力（Wang and Li，2013）。Liu 等（2018a）通过研究构建基于互信息熵法的 ESMD 分解相邻 IMF 能量熵之间的相关性计算模型，寻找 ESMD 分解高频和低频 IMF 的转折点以区分高频 IMF 和低频 IMF，并分析 Sqtwolog 阈值、Rigorous sure 阈值、最大最小阈值和 Heursure 阈值等小波阈值准则，以及硬阈值和软阈值对不同频率尺度噪声的适用性，针对 ESMD 分解的高频 IMF 和低频 IMF，研究构建基于多小波阈值去噪方法和 ESMD 的城市桥梁动挠度两级降噪模型，以有针对性地消除高频和低频噪声对信号的影响。

数学形态学（mathematical morphology，MM）是一种非常典型的非线性信号处理和分析技术，近年来得到了快速发展。该技术已广泛应用于信号分析，如振动信号和脉搏波信号（Bai et al.，2016；Li et al.，2016）等。基于数学形态学的形态学滤波是一种在保护信号细节的同时消除噪声的新型非线性滤波方法。形态学滤波是一种噪声消除算法，适用于所有类型的噪声，并且具有更好的消除效果。与传统的线性滤波相比，形态学滤波克服了线性滤波的缺点，即在平滑噪声的同时，原始信号的某些主要特征受到损害或模糊。因此，使用形态学滤波降噪后，信号的主要形态特征保持更完整。此外，形态滤波器在减少脉冲噪声和白噪声方面更有效，并且不会引起频域的突然变化或时域的相位延迟。为了解决模态混合问题，Zhou 等（2018b）提出了一种形态学滤波器（morphological filter，MF）辅助的集成经验模态分解（ensemble empirical mode decomposition，EEMD）方法 MF-EEMD 进行信号降噪，与 EEMD 方法相比，它可以显著减轻模态混合问题并获得更高的分解效率。Liu 等（2020）研究了数学形态学的基本运算对不同频率尺度噪声的适用性，提出数学形态学辅助的 ESMD 桥梁动挠度信号 MF-ESMD 降噪模型可有效去除高频和低频噪声对桥梁动挠度信号的影响。

盲源分离（blind source separation，BSS）可以在没有任何先验信息且不同信号混合模型未知的前提下，对不同传感器所采集的同一时域的多个源信号进行分离。BSS 技术已广泛应用于无线通信、图像处理、语音信号处理和生物医学信号处理等领域（Poncelet et al.，2007；Belouchrani et al.，1997）。王有涛和桂志先（2019）提出基于盲源分离的独立分量分析方法（independent component analysis，ICA）的去噪技术，将地震资料分解为不同级次的背景与储层目标反射响应，实现有效信号与随机噪声的区分，去噪效果优于常规去噪算法效果，保证了去噪后有效信息基本不受损失，保持了较好的处理后地震资料横向波形特征的稳定性。Liu 等（2019a）利用 GB-SAR 技术距离向分辨率优于 0.5m 的特点，使用 GB-SAR 技术实现了在同一时域中对多个目标点的同步采集，该方法基于相邻监测点具有相同的噪声信息，尤其是对于以不同速度和重量行驶的车辆而引起的设备自身的瞬时振动的噪声，将获得的三个相邻监测点的时序位移数据视为有用信号和噪声信号的线性混合，采用二阶盲辨识（second-order blind identification，SOBI）方法分解得到不同频率信号分量，依据傅里叶变换进行时频域转换，从而判断有用信息与噪声信息，有针对性地消除瞬时噪声对桥梁动挠度信号的影响。

3. 时频分析桥梁安全评估研究

时频分析法无须使用结构有限元模型，可以通过直接分析、比较桥梁振动响应的时程数据对桥梁进行安全评估，是无模型结构安全评估最常用的方法。目前，时频分析桥梁安全评估的主要方法包括短时傅里叶变换（short-time Fourier transform，STFT）、WT 和希尔伯特-黄变换（Hilbert-Huang transformation，HHT）。STFT 是和傅里叶变换相关的一种数学变换，用以确定时变信号局部区域正弦波的频率与相位，但是由于时间带宽积的限制，运用该方法时必须在时间和频率分辨率之间进行权衡，因此该方法应用受限（向强和秦开宇，2011）。WT 是时域内的变换，能够表达出频率的时变性，可以很容易地应用到结构健康监测领域，但其实质是一种可调窗的傅里叶谱分析，基础理论是线性叠加原理，只适用于线性变化的非平稳信号，依赖于先验知识（Chen et al.，2016；Ogundipe et al.，2014；Su and Zhao，2005），且 WT 用于桥梁安全评估的一个前提条件是桥梁振动数据是线性非稳态的，然而这只是假设并非事实，尤其是在桥梁损伤时更加偏离事实。HHT 是由美籍华裔 Norden Huang 教授提出的一种用于分析非平稳和非线性数据的自适应方法，由 EMD 和 Hilbert 谱分析两部分组成（Huang et al.，1998）。HHT 不需要预先设定基函数或窗口长度，分解的模态的频率和振幅具有时变性，在桥梁监测的安全评估方面得到了广泛应用（宋子超，2017）。然而尽管如此，HHT 用于桥梁监测的安全评估方面仍存在如下问题：EMD 筛选次数难以确定、模态混叠效应较严重、分解出的趋势函数太粗略、信号周期性和频率之间存在冲突，以及 Hilbert 谱分析将能量视为恒量并将其映射到一系列固定频率上，存在局限性。ESMD 方法是 EMD 方法的发展，其有效地降低了模态分解筛选次数确定的难度和模态混叠效应，并可通过"直接插值法"进行频谱分析，解决了 Hilbert 谱分析的局限性，不但可以直观地体现各模态的振幅与频率的时变性，还可明确地获知瞬时能量变化。目前，ESMD 已经逐步在信息科学、海洋和大气科学、经济学和地震学等领域展开应用研究（Wang and Li，2013）。Liu 等（2019b）引入 ESMD 理论构建了适用于城市桥梁安全评估的瞬时频率计算模型和瞬时能量计算模型，以及城市桥梁局部相对形变密度和相对形变速率的计算模型，获取了城市桥梁关键位置的动态形变的空间关联性，实现了城市桥梁高精度安全评估，为提高城市桥梁的稳定性和抗震性奠定了基础。

1.3.2 GB-SAR 技术桥梁监测的国内外研究现状

自 1999 年第一篇关于地基微波干涉测量技术用于大型结构非接触式振动测量的论文发表以来，国内、外研究学者对相关技术展开了大量研究，其中，GB-SAR 技术近些年成为研究热点，各个国家的学者和专家不断尝试着采用 GB-SAR 技术在桥梁等大型结构形变监测领域进行相关的研究和应用（Tarchi et al.，1999）。

在国外，Pieraccini 等（2000）设计并实现了一种干涉雷达技术，在混凝土人行天桥进行静态测试，获得了结构位移的有效影像。Pieraccini 等（2006）提出了一种通过高速干涉雷达对桥梁进行动态监测的方法，该设备拥有非常快跳频的步进频率连续波雷达，具有高采样率，可进行运动的瞬态分析，并对意大利北部大跨度桥梁进行实验测试，获得了共振频率及车辆交通负荷下桥梁形变的动态图像。Pieraccini 等（2007）对意大利某处新建的 12 拱廊桥梁结构进行静态及动态实验，实验结果表明微波干涉测量技术用于桥梁监测具有可行性。Gentile 和 Bernardini（2008）研究了地基 SAR 系统在桥梁健康监测中的应用，获取了桥梁视线向的变形曲线和自振频率，充分验证了 GB-SAR 技术在桥梁健康监测中巨大的应用价值；Dei 等（2013）利用 GB-SAR 技术对横跨阿尔多河、跨度为 297m 的 8 跨桥——Ponte degli Alpini 进行静态测试，并充分考虑了水平位移对横向位移测量的影响。Stabile 等（2013）将 GB-SAR 技术应用于估算巴西利卡塔地区（意大利南部）钢筋混凝土结构的 Musmeci 桥的基本动力参数，并且与使用加速度计和速度计的数据融合技术获得的结果进行比较，结果表明，将 GB-SAR 作为一种新技术方法的联合应用，可以建立用于基础设施结构健康监测的非侵入性和非破坏性评估程序。Zhang 等（2016b）采用 IBIS-S（image by interferometric survey of structures）技术对梅林斯顿河大桥在交通荷载作用下的动力特性进行测试，通过对实测结果的分析，得出该桥的自振频率在 9.3Hz 左右，在重载交通荷载作用下，梁的最大竖向位移一般在 1.5mm 以下，通过与解析模型进行比较，证明了该方法能准确测量桥梁实际（使用中）性能，又因该方法无须直接接触桥梁即可进行仪器检测，为桥梁检测方法的重大改进开辟了道路。Kafle 等（2017）集合了先进的 3D 有限元建模、行进间测重（weight-in-motion，WIM）技术和非接触雷达传感器技术，开发了一个集成的桥梁健康监测框架，通过使用 IBIS-S 和 WIM 数据捕获的实时桥梁动态行为，对交通荷载预测模型进行校准和验证，可获得施加在桥梁上的实际交通荷载，以澳大利亚墨尔本的 Merlynston Creek 大桥为例进行实验，结果表明所提出的桥梁监测框架可以有效、准确地捕获交通负荷下桥梁的实时动态行为以及桥梁的动态特性。Maizuar 等（2017）提出了一个桥梁状态评估框架，该框架集成了计算模型和 IBIS-S 技术，预测控制其结构性能的一系列参数（如弹性支座刚度、混凝土抗压刚度和裂缝扩展等）的变化，并以澳大利亚的一座预应力混凝土桥为例进行实验分析，研究结果表明，使用 IBIS-S 技术进行振动监测是检测弹性支座刚度退化和支座区域裂缝扩展的有效方法。Luzi 等（2017）使用 IBIS-S 技术对西班牙安波斯塔穿越 Ebro 河的悬索桥进行监测，验证了 IBIS-S 技术具有可同时远程监测目标不同部位形变的能力。Granello 等（2018）使用干涉雷达测量技术对横穿新西兰 Rangitata 河的桥梁进行健康评估，通过监测实时交通条件下中跨的最大垂直位移来评估其结构性能。Maizuar 等（2018）利用 IBIS-S 技术远程监测桥梁的结构振动（例如位移和固有频率），并选择印度尼西亚的三座桥梁进行实验测量，验证了 IBIS-S 技术的有效性。

　　在国内，何宁等（2009）采用微形变监测雷达对宝成铁路下行线清江 2#桥和上行线清江 7#桥进行健康监测，并与使用加速度计、全站仪获得的监测结果进行对比分析，比对试验和应用成果表明，微形变监测雷达用于桥梁工程健康监测中的振动频率、振动速度和振动变形的实时跟踪监测是合理可靠的，测量结果精确。刘德煜（2009）将 GPS 实时动态技术和微波干涉测量技术用于多座大型桥梁的位移测量，在武汉阳逻长江大桥中对比使用了以卡尔曼滤波三差解算法为核心的 GPS 测量系统与基于微波干涉测量技术的微变远程监测雷达，结果表明，微形变远程监测雷达在桥梁动挠度测量方面具有可行性，且一维测量特性更适合平面位移变化很小的桥梁。黄声享等（2012）利用基于地基微波干涉雷达技术的 IBIS 系统在武汉阳逻长江公路大桥开展动挠度监测测试，并与 GPS 测量结果进行对比分析，结果表明，地基微波干涉雷达技术不仅可以精细地测量桥梁挠度的动态变化，且精度高，可以真实地反映结构物的动态变形特征。章毅等（2012）利用 IBIS 系统对金沙江大桥中主跨 L/4 截面的主梁、赣江公路大桥动挠度进行测试，并通过安装角反射器获得整个桥面的变形情况。孙恒和董杰（2013）利用 GB-SAR 技术对天津新海河大桥进行静态加载试验，结果表明使用 GB-SAR 技术可测定桥梁的高精度挠度变化且可进行频谱分析。徐亚明等（2013）利用 IBIS-S 系统对某长江大桥近岸桥跨部分零载荷与静力载荷作用下的形变状态进行了监测，通过综合计算局部各单元相对于参考单元的形变密度和速率，尤其关注同向形变幅度差异较大和形变方向相反的分辨单元，能够发觉桥梁局部位置是否发生了异常剧烈变动或存在发生异变的趋势。张宗申等（2013）利用 GB-SAR 技术对正常使用的公路桥进行实时形变监测，并分析了桥梁在不同荷载情况下的横向和纵向变形情况。Liu 等（2015）利用 IBIS-S 系统测量京津城际铁路桥的动挠度，并利用 Essen-Froome 公式计算大气折射率，对动挠度数据进行大气参数改正以提高测量精度。Zhang 等（2016a）利用 GAMMA Remote Sensing 公司的 GPRI-Ⅱ系统对香港 Ting Kau 大桥进行监测试验，展示了 GPRI-Ⅱ系统在桥梁变形或振动监测中的能力，为桥梁结构健康监测开辟了一条新途径。郭鹏等（2017）利用荷兰 Metasensing 公司研制的一款新型地基合成孔径雷达 Fast-GBSAR，对某跨海大桥进行安全监测，结合常规周期性检测，对大桥采取了短时间临时性封闭，并进行承载能力荷载试验，成果表明采用 Fast-GBSAR 对桥梁变形安全监测的有效性、可靠性和精确性。Liu 等（2018b）通过地基微波干涉测量和 ESMD 方法对古桥进行动态监测和振动分析，基于地面的微波干涉测量技术获取具有环境激励因子的动态时间序列位移和汽车的瞬态载荷，采用 ESMD 方法代替 HHT，对赵州桥进行瞬时振动分析。Zhou 等（2018a）通过联合应用地面干涉雷达和最大似然估计（maximum likelihood estimation，MLE）监测变形信息，对东湖高科技桥下方的地铁盾构隧道穿越期间该桥的沉降进行研究。Hu 等（2019）应用地基雷达干涉法对白沙洲长江大桥进行了监测，提取大桥运行模式，并与 GPS 测量结果进行比较，结果表明，使用非接触式 GB-SAR 技术可获得桥梁在运营状态下的准确变形和模态参数。

1.4　GB-SAR 技术桥梁监测存在的问题

GB-SAR 技术具有非接触、高精度、高采样频率和整体动态监测的优点，已经在国内外展开了广泛应用。综述 GB-SAR 技术对桥梁监测的国内外研究现状，其研究的关键问题主要包括以下内容。

（1）大气参数改正。使用 GB-SAR 设备获得监测数据的精度易受场景内、外界环境的干扰，其中大气效应是外界环境干扰中对精度影响较为严重的一种。因此，构建有效的大气参数改正模型是使用 GB-SAR 技术对桥梁进行监测的关键问题之一。目前，使用 GB-SAR 技术对城市桥梁动挠度监测数据大气参数改正仍存在如下问题：①使用 GB-SAR 设备进行短时间、近距离的城市桥梁动挠度监测时，不同的气象因素在时空分布上具有不同的影响机制，不仅受昼夜和季节变化的影响，而且也受地形、地貌和植被覆盖的影响；②使用 GB-SAR 设备对城市桥梁动挠度监测时，大气参数改正精度易受雷达波的传输距离影响，二者存在一定的数学关系。因此，需要根据城市桥梁动挠度监测数据的时空分布特点，研究不同气象因素对城市桥梁动挠度监测的影响机制，确定城市桥梁动挠度采集的最佳监测气象条件，以降低气象因素对数据采集的影响，并根据城市桥梁动挠度监测时的仪器布设和桥梁结构几何特征，构建顾及微波传输距离的 Essen-Froome 大气参数优化改正模型，提高使用 GB-SAR 技术对城市桥梁动挠度监测时大气参数改正的精度。

（2）信号降噪处理。使用 GB-SAR 设备监测桥梁动挠度的过程中不可避免地受到地动、复杂交通等因素的影响，导致产生不同频率尺度的噪声信息，因此需根据噪声信息的不同频率尺度特征，有针对性地构建桥梁动挠度降噪模型，降低噪声对桥梁动挠度的影响。另外，针对监测过程中噪声的来源、影响程度以及噪声的传播规律，建立降噪算法模型与进行质量评价体系的研究也是信号处理的关键问题。

（3）安全评估。传统的桥梁安全评估方法为基于时频分析的方法，均存在一定的局限性，需要引入新的理论方法进行深入研究。

（4）工程应用方案。根据不同类型的桥梁结构的具体特点，设计相应的实验实施方案和数据处理方案，是 GB-SAR 桥梁监测在实际工程应用中需要面对的关键问题。

1.5　本书的结构

本书重点介绍了 GB-SAR 桥梁监测理论与方法及其在工程中的应用，全书共分 10 章，详情结构如下。

第 1 章主要论述 GB-SAR 桥梁监测问题的提出、GB-SAR 技术的发展和其在桥梁监测应用中的国内外研究现状，以及 GB-SAR 技术在桥梁监测应用中存在的问题。

第 2 章主要介绍 GB-SAR 原理，包括 SAR 技术、干涉测量技术、SFCW 技术和常见的 GB-SAR 设备。

第 3 章主要介绍 GB-SAR 性能测试，包括角反射器介绍、IBIS-S 缓慢形变精度分析和 IBIS-S 测量误差分析。

第 4 章主要介绍 GB-SAR 大气参数改正，包括 GB-SAR 电磁波大气折射原理、微波波段大气折射改正方法、Essen-Froome 模型和顾及雷达波传输距离的 Essen-Froome 大气参数优化改正投影模型。

第 5 章主要论述 GB-SAR 信号降噪，包括希尔伯特-黄变换、RDT-EEMD 信号降噪、W-ESMD 二级信号降噪、MF-ESMD 信号降噪、SOBI 信号降噪。

第 6 章主要论述 GB-SAR 桥梁损伤识别，包括基于直接插值法的桥梁损伤识别和基于数据驱动随机子空间的桥梁损伤识别。

第 7 章主要论述 GB-SAR 在城市桥梁监测中的应用，包括监测环境介绍、TLS 技术和时间序列位移干涉损伤检测、永久散射体干涉测量（permanent scatterer interferometric synthetic aperture radar，PS-InSAR）损伤分析。

第 8 章主要介绍 GB-SAR 在铁路桥梁监测中的应用，包括地面干涉雷达技术监测铁路桥梁、声屏障和雨棚的动态响应过程及其稳定性分析。

第 9 章主要介绍 GB-SAR 技术在古代桥梁监测中的应用，包括古代桥梁背景简介、ESMD 和瞬时频率内插法桥梁损伤评估及实验结果分析。

第 10 章主要对本书中 GB-SAR 技术桥梁监测的主要研究内容进行了总结和展望。

参 考 文 献

董杰，董妍. 2014. 基于气象数据的地基雷达大气扰动校正方法研究. 测绘工程，23（10）：72-75.

郭鹏，张昊宇，陈力，等. 2017. 新型 FMCW 地基合成孔径雷达在大桥变形监测中的应用. 测绘通报，（6）：94-97.

何宁，关秉洪，齐跃，等. 2009. 微变形监测雷达在桥梁健康监测中的应用. 现代交通技术，6（3）：31-33.

华远峰，李连友，胡伍生，等. 2013. 地面雷达静态微变形测量环境影响改正方法研究. 东南大学学报（自然科学版），43（s2）：428-432.

黄其欢，岳建平. 2017. 基于稳定点加权的 GBSAR 大气扰动校正方法. 西南交通大学学报，52（1）：202-208.

黄声享，罗力，何超. 2012. 地面微波干涉雷达与 GPS 测定桥梁挠度的对比试验分析. 武汉大学学报（信息科学版），37（10）：1173-1176.

李俊慧. 2016. 基于 SFCW 的 GB-InSAR 形变监测技术研究. 成都：电子科技大学.

刘德煜. 2009. GPS 与微波干涉测量在桥梁动挠度测量中的对比分析. 桥梁建设，（3）：81-84.

刘霞，黄阳，黄敬，等. 2016. 基于经验模态分解（EMD）的小波熵阈值地震信号去噪. 吉林大学学报（地球科学版），46（1）：262-269.

卢钊. 2019. GB-SAR 城市桥梁动挠度监测大气参数优化改正. 北京：北京建筑大学.

任婧. 2011. 基于 InSAR 技术的矿区地表沉降监测. 太原：太原理工大学.

宋子超. 2017. HHT 方法在地基雷达监测数据处理中的应用. 北京：北京建筑大学.

孙恒，董杰. 2013. IBIS-S 遥测系统在桥梁变形监测中的应用研究. 工程勘察，41（8）：79-82.

王有涛，桂志先. 2019. 基于盲源分离的 ICA 去噪技术在裂缝预测中的应用. 数据采集与处理，34（2）：288-296.

向强，秦开宇. 2011. 基于线性正则变换与短时傅里叶变换联合的时频分析方法. 电子学报，39（7）：1508-1513.

徐亚明，王鹏，周校，等. 2013. 地基干涉雷达 IBIS-S 桥梁动态形变监测研究. 武汉大学学报（信息科学版），38（7）：845-849.

徐亚明，周校，王鹏，等. 2016. GB-SAR 构建永久散射体网改正气象扰动方法. 武汉大学学报 （信息科学版），41（8）：1007-1012，1020.

张拴宏，纪占胜. 2004. 合成孔径雷达干涉测量（InSAR）在地面形变监测中的应用. 中国地质灾害与防治学报，15（1）：112-117，128.

张祥，陆必应，宋千. 2011. 地基 SAR 差分干涉测量大气扰动误差校正. 雷达科学与技术，9（6）：502-506，512.

张宗申，周建郑，张春燕. 2013. 基于 GBSAR 的微变形监测系统应用研究. 大坝与安全，（6）：19-23.

章毅，伍建强，邓鑫华. 2012. 干涉测量技术在桥梁动态监测方面的应用. 山西建筑，38（20）：213-214.

朱小华，胡伍生. 2006. 润扬大桥悬索桥全站仪法挠度变形观测. 公路交通科技，23（7）：104-107.

Bai T，Li D，Wang H Q，et al. 2016. A PPG Signal De-Noising Method Based on the DTCWT and the Morphological Filtering. Naples：International Conference on Signal Image Technology Internet Based Systems.

Belouchrani A，Abed-Meraim K，Cardoso J F，et al. 1997. A blind source separation technique using second-order statistics. IEEE Transactions on Signal Processing，45（2）：434-444.

Bürgmann R，Rosen P A，Fielding E J. 2000. Synthetic aperture radar interferometry to measure earth's surface topography and its deformation. Annual Review of Earth and Planetary Sciences，28（1）：169-209.

Chen J L，Pan J，Li Z P，et al. 2016. Generator bearing fault diagnosis for wind turbine via empirical wavelet transform using measured vibration signals. Renewable Energy，89（4）：80-92.

Dei D，Mecatti D，Pieraccini M. 2013. Static testing of a bridge using an interferometric radar：The case study of "Ponte degli Alpini" Belluno，Italy. The Scientific World Journal，（4）：504958.

Gan Y，Sui L F，Wu J F，et al. 2014. An EMD threshold de-noising method for inertial sensors. Measurement，49：34-41.

Gentile C，Bernardini G. 2008. Output-only modal identification of a reinforced concrete bridge from radar-based measurements. NDT & E International，41（7）：544-553.

Graham L C. 1974. Synthetic interferometer radar for topographic mapping. Proceedings of the IEEE, 62 (6): 763-768.

Granello G, Andisheh K, Palermo A. et al. 2018. Microwave radar interferometry as a cost-efficient method of monitoring the structural health of bridges in New Zealand. Structural Engineering International, 28 (4): 518-525.

Han G, Lin B, Xu Z. 2017. Electrocardiogram signal denoising based on empirical mode decomposition technique: An overview. Journal of Instrumentation, 12 (3): P03010.

Hsieh K H, Halling M W, Barr P J. 2006. Overview of vibrational structural health monitoring with representative case studies. Journal of Bridge Engineering, 11 (6): 707-715.

Hu J Y, Guo J M, Xu Y, et al. 2019. Differential ground-based radar interferometry for slope and civil structures monitoring: Two case studies of landslide and bridge. Remote Sensing, 11 (24): 2887.

Huang N E, Shen Z, Long S R, et al. 1998. The Empirical mode decomposition and the Hilbert spectrum for nonlinear and non-stationary time series analysis. Proceedings of the Royal Society a Mathematical Physical and Engineering Sciences, 454 (1971): 903-995.

Kabir M A, Shahnaz C. 2012. Denoising of ECG signals based on noise reduction algorithms in EMD and wavelet domains. Biomedical Signal Processing and Control, 7 (5): 481-489.

Kafle B, Zhang L H, Mendis P, et al. 2017. Monitoring the dynamic behavior of the merlynston creek bridge using interferometric radar sensors and finite element modeling. International Journal of Applied Mechanics, 9 (1): 1750003.

Kaleem M F, Guergachi A, Krishnan S, et al. 2011. Using A Variation of Empirical Mode Decomposition to Remove Noise from Signals. Toronto: 2011 21st International Conference on Noise and Fluctuations.

Kopsinis Y, Mclaughlin S. 2009. Development of EMD-Based denoising methods inspired by wavelet thresholding. IEEE Transactions on Signal Processing, 57 (4): 1351-1362.

Leva D, Nico G, Tarchi D, et al. 2003. Temporal analysis of a landslide by means of a ground-based SAR Interferometer. IEEE Transactions on Geoscience and Remote Sensing, 41 (4): 745-752.

Li H J, Wang R Q, Cao S Y, et al. 2016. A method for low-frequency noise suppression based on mathematical morphology in microseismic monitoring. Geophysics, 81 (3): 159-167.

Lim J S, Oppenheim A V. 1979. Enhancement and bandwidth compression of noisy speech. Proceedings of the IEEE, 67 (12): 1586-1604.

Liu C, Song C, Lu Q. 2017. Random noise de-noising and direct wave eliminating based on SVD method for ground penetrating radar signals. Journal of Applied Geophysics, 144 (1): 125-133.

Liu X L, Jiang M Z, Liu Z Q, et al. 2020. A morphology filter-assisted extreme-point symmetric mode decomposition (MF-ESMD) denoising method for bridge dynamic deflection based on ground-based microwave interferometry. Shock & Vibration, (11): 1-13.

Liu X L, Li S N, Tong X H. 2018a. Two-level W-ESMD de-noising for dynamic deflection measurement of railway bridges by microwave interferometry. IEEE Journal of Selected Topics in Applied Earth Observations and Remote Sensing, 11: 4874-4883.

Liu X L, Lu Z, Yang W X, et al. 2018b. Dynamic monitoring and vibration analysis of ancient bridges by ground-based microwave interferometry and the ESMD method. Remote Sensing, 10 (5): 770.

Liu X L, Tong X H, Ding K L, et al. 2015. Measurement of long-term periodic and dynamic deflection of the long-span railway bridge using microwave interferometry. IEEE Journal of Selected Topics in Applied Earth Observations and Remote Sensing, 8 (9): 4531-4538.

Liu X L，Wang H，Huang M，et al. 2019a. An improved second-order blind identification （SOBI） signal denoising method for dynamic deflection measurements of bridges using ground-based synthetic aperture radar （GBSAR）. Applied Sciences，9（17）：3561.

Liu X L，Wang P P，Lu Z，et al. 2019b. Damage detection and analysis of urban bridges using terrestrial laser scanning （TLS），ground-based microwave interferometry，and permanent scatterer interferometry synthetic aperture radar （PS-InSAR）. Remote Sensing，11（5）：580.

Luzi G，Crosetto M，Fernandez E. 2017. Radar interferometry for monitoring the vibration characteristics of buildings and civil structures：Recent case studies in Spain. Sensors，17（4）：669.

Maizuar M，Lumantarna E，Sofi M，et al. 2018. Dynamic behavior of indonesian bridges using interferometric radar technolgy. Electronic Journal of Structural Engineering，18（1）：23-29.

Maizuar M，Zhang L H，Miramini S，et al. 2017. Detecting structural damage to bridge girders using radar interferometry and computational modelling. Structural Control & Health Monitoring，24（10）：1-6.

Malinowski M，Kwiecien J. 2014. Study of the effectiveness of different Kalman filtering methods and smoothers in object tracking based on simulation tests. Reports on Geodesy and Geoinformatics，97（1）：1-22.

Moschas F，Stiros S. 2011. Measurement of the dynamic displacements and of the modal frequencies of a short-span pedestrian bridge using GPS and an accelerometer. Engineering Structures，33（1）：10-17.

Nassif H，Gindy M，Davis J. 2005. Comparison of laser Doppler vibrometer with contact sensors for monitoring bridge deflection and vibration. NDT & E International，38（3）：213-218.

Noferini L，Pieraccini M，Mecatti D，et al. 2005. Permanent scatterers analysis for atmospheric correction in ground-based SAR interferometry. IEEE Transactions on Geoscience and Remote Sensing，43（7）：1459-1471.

Ogundipe O，Lee J K，Roberts G W. 2014. Wavelet De-noising of GNSS based bridge health monitoring data. Journal of Applied Geodesy，8（4）：273-282.

Peddle J，Goudreau A，Carlson E，et al. 2011. Bridge displacement measurement through digital image correlation. Bridge Structures Assessment Design and Construction，7（4）：165-173.

Pieraccini M，Fratini M，Parrini F，et al. 2006. Dynamic monitoring of bridges using a high-speed coherent radar. IEEE Transactions on Geoscience and Remote Sensing，44（11）：3284-3288.

Pieraccini M，Parrini F，Fratini M，et al. 2007. Static and dynamic testing of bridges through microwave interferometry. NDT & E International，40（3）：208-214.

Pieraccini M，Tarchi D，Rudolf H，et al. 2000. Interferometric radar for remote monitoring of building deformations. Electronics Letters，36（6）：569-570.

Pieraccini M. 2013. Monitoring of civil infrastructures by interferometric radar：A review. The Scientific World Journal，（3-4）：786961.

Poncelet F，Kerschen G，Golinval J，et al. 2007. Output-only modal analysis using blind source separation techniques. Mechanical Systems and Signal Processing，21（6）：2335-2358.

Riveiro B，Gonzalezjorge H，Varela M E，et al. 2013. Validation of terrestrial laser scanning and photogrammetry techniques for the measurement of vertical underclearance and beam geometry in structural inspection of bridges. Measurement，46（1）：784-794.

Stabile T A，Perrone A，Gallipoli M R，et al. 2013. Dynamic survey of the Musmeci Bridge by joint application of ground-based microwave radar interferometry and ambient noise standard spectral ratio techniques. IEEE Geoscience and Remote Sensing Letters，10（4）：870-874.

Su L，Zhao G. 2005. De-Noising of ECG Signal Using Translation-Invariant Wavelet De-Noising Method with Improved Thresholding. Shanghai：2005 IEEE Engineering in Medicine and Biology 27th Annual Conference.

Takahashi K，Matsumoto M，Sato M. 2013. Continuous observation of natural-disaster-affected areas using ground-based SAR interferometry. IEEE Journal of Selected Topics in Applied Earth Observations and Remote Sensing，6（3）：1286-1294.

Tarchi D，Rudolf H，Luzi G，et al. 1999. SAR interferometry for structural changes detection：A demonstration test on a dam. International Geoscience and Remote Sensing Symposium，3：1522-1524.

Wang J L，Li Z J. 2013. Extreme-point symmetric mode decomposition method for data analysis. Advances in Adaptive Data Analysis，5（3）：1350015.

Zebker H A，Goldstein R M. 1986. Topographic mapping from interferometric synthetic aperture radar observations. Journal of Geophysical Research Atmospheres，91（B5）：4993-4999.

Zebker H A，Rosen P A，Hensley S. 1997. Atmospheric effects in interferometric synthetic aperture radar surface deformation and topographic maps. Journal of Geophysical Research Atmospheres，102（B4）：7547-7563.

Zhang B C，Ding X L，Jiang M，et al. 2016a. Ground-Based Interferometric Radar for Dynamic Deformation Monitoring of the Ting Kau Bridge in Hong Kong. Beijing：IEEE International Geoscience and Remote Sensing Symposium（IGARSS）.

Zhang L H，Maizuar M，Mendis P，et al. 2016b. Monitoring the dynamic behaviour of concrete bridges using non-contact sensors（IBIS-S）. Applied Mechanics and Materials，846：225-230.

Zhang Z，Ely G，Aeron S，et al. 2014. Novel Methods for Multilinear Data Completion and De-Noising Based on Tensor-SVD. Columbus，OH：2014 IEEE Conference on Computer Vision and Pattern Recognition.

Zhou L，Guo J，Hu J，et al. 2018a. Subsidence analysis of ELH Bridge through ground-based interferometric radar during the crossing of a subway shield tunnel underneath the bridge. International Journal of Remote Sensing，39（6）：1911-1928.

Zhou X，Shan D，Li Q. 2018b. Morphological filter-assisted ensemble empirical mode decomposition. Mathematical Problems in Engineering，（11）：5976589.1-5976589.12.

第 2 章　GB-SAR 原理

2.1　SAR 技术

雷达成像的分辨率是由角度分辨率与距离向分辨率组成的，如图 2-1 所示。雷达的角度分辨率是指雷达在角度上，从相邻目标的回波中区分出不同目标信号的能力。角度分辨率的数值越小，表明雷达的角度分辨率越高（Bennett et al.，2000）。雷达发展初期首先出现的是真实孔径雷达（real aperture radar，RAR），但由于其成像分辨率与雷达天线的长度成正比，与波长和观测距离成反比，因此要得到较高分辨率的雷达图像，需要增加天线的物理尺寸，这在很大程度上限制了 RAR 的发展和应用。

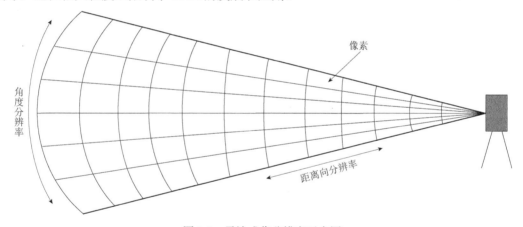

图 2-1　雷达成像分辨率示意图

RAR 的角度分辨率与雷达天线的物理尺寸有关，如式（2-1）所示：

$$\Delta L = \beta R = \frac{\lambda R}{D} \tag{2-1}$$

式中，β 为波束宽度；λ 为雷达发射电磁波波长；R 为雷达至目标点的距离；D 为雷达天线直径。

由式（2-1）可以看出，雷达的角度分辨率与雷达发射的电磁波波长和雷达到被测物的距离成反比，与雷达的天线孔径成正比。因此为了提高雷达的角度分辨率，可以增大雷达的天线孔径或减小雷达发射的电磁波波长，但是由于电磁波波长一般在一个固定范围内，所以只有通过增大雷达的天线孔径来提高角度分辨率（佟国功，2008），但在实际测量中由于搭载平台的限制，一味地通过增大雷达的天线孔径来提高角度分辨率的方法是不可行的（罗刊等，2009）。例如，当雷达发射波长为 10mm 的电磁波时，要使雷达的角度分辨率达到 2.5mrad，则雷达的天线孔径至少要 400m，而要把 400m 的雷达天线装载在移动平台上是很难实现的。为了解决这个难题，Wiley（1951）发现，利用雷达回波信号中的多普勒频移可以提高雷达的角度向分辨率，这一重大发现标志着合成孔径雷达（synthetic aperture radar，SAR）技术的诞生（黄其欢和张理想，2011），RAR 技术也逐渐被 SAR 技术取代。SAR 是一种高分辨率成像雷达，可以在能见度极低的气象条件下得到类似光学照相的高分辨率雷达图像，利用与目标相对运动的小孔径天线，对在不同位置接收到的回波进行相干处理，从而获得较高分辨率的成像雷达。合成是指一种可以大幅度提高空间分辨率的回波处理方法，技术的关键是利用一个沿着轨迹运动的天线合成一个等效尺寸大得多的天线。作为一种主动式微波传感器，SAR 具有不受光照和气候条件等限制，可全天时、全天候对地观测的特点，这些特点使其在农、林、水或地质、自然灾害等民用领域具有广泛的应用前景，在军事领域更具有独特的优势。

SAR 技术是对单个小天线运动中获得的一系列相继的测量值进行合成，而不是直接同时进行测量，小天线的初始幅度和相位相同。图 2-2 示意了当目标穿过一个宽波束 SAR 运动时 x 轴任意点的几何特性（最近点 x_0，即 x 轴和天线波束中心的交叉）。假设监测位于 x_0 之前或之后的点 x_1，则被测目标到天线的距离被拉长了 ΔR，即 $R=(R_0+\Delta R)$，由三角关系可知式（2-2）：

$$\Delta R=\left(R_0^2+x^2\right)^{1/2}-R_0$$
$$R^2=\left(R_0+\Delta R\right)^2=R_0^2+x^2$$
（2-2）

式中，x 表示最近点 x_0 与 x_1 之间的距离，已知雷达至观测点距离远远超过 ΔR，可得

$$\left(R_0^2+x^2\right)^{1/2}\approx R_0+\frac{x^2}{2R_0}$$
（2-3）

因此，

$$\Delta R\approx\frac{x^2}{2R_0}$$
（2-4）

每个测量点的相位可表示为

$$\phi(x)=-2\Delta R\frac{2\pi}{\lambda}=-\frac{2\pi x^2}{\lambda R_0}$$
（2-5）

最大合成天线尺寸为 D_S，由天线所能照射的一个点目标的距离所决定：

$$D_S\approx\frac{R_0\lambda}{D}$$
（2-6）

雷达发射的入射电磁波从开始到离开被测目标期间天线运行了 D_S，因此只有这些回波可以被用来孔径合成。那么此时长为 D_S 的合成天线的波束 β_S 是长为 D_S 的真实孔径天线波束的一半，即

$$\beta_S\approx\frac{\lambda}{2D_S}$$
（2-7）

合成孔径所能达到的最佳方位向分辨率可以表示为

$$L_a\approx\beta_S R_0$$
（2-8）

将式（2-6）和式（2-7）代入式（2-8）中可得雷达方位向分辨率 L_a：

$$L_a = \frac{D}{2} \qquad\qquad (2\text{-}9)$$

由上述推导可知，雷达方位向分辨率与雷达真实孔径有关，雷达孔径越小，则方位向分辨率越高。

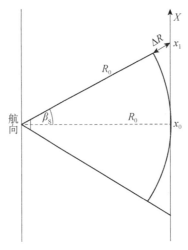

图 2-2　合成孔径几何解释平面示意图（Woodhouse，2014）

通过式（2-1）和式（2-9）可以看出 SAR 与普通雷达在方位向分辨率上的区别，SAR 的分辨率与波长和目标与天线的距离无关，而只与雷达的孔径尺寸有关，例如，S 波段电磁波波长 λ 为 10cm 时，要使方位向分辨率达到 25m，RAR 需要天线孔径 D 为 400m，而 SAR 只需要实际孔径为 50m，也就是说，SAR 不受观测距离限制，使用较小的天线孔径便可获得较高的空间分辨率。另外，SAR 技术在提高雷达的角度分辨率的同时，也大大提高了雷达的便携性和集约性，减小了搭载平台对雷达的限制（刁建鹏，2010）。

随着科技的发展，SAR 技术实现了从星载到地基的过渡（徐亚明等，2013），Fast-GBSAR 就是基于调频连续波技术的地基 SAR，Fast-GBSAR 的 SAR 模式（图 2-3）就是将雷达单元放置在一个 2.6m 的轨道上，通过雷达在轨道上的循环往复运动，把实际尺寸很小的雷达天线等效成一个直径为 2.6m 的大孔径天线。

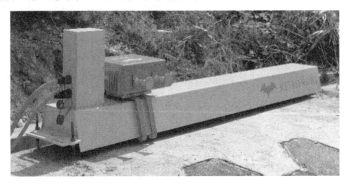

图 2-3　Fast-GBSAR 系统的 SAR 模式

2.2 干涉测量技术

"干涉"的概念常见于应用物理和光学等领域，干涉测量是指通过对两路或多路电磁波进行比较、分析，以获得电磁波辐射相干特性的技术，其本质是一种由被监测目标形变导致雷达波相位信息产生变化的雷达技术，即对距离监测。一个典型的应用是利用两个不同的相干光源相位差进行高精度测距（廖明生，2000），InSAR 技术发展的历程详见表 2-1。

表 2-1 SAR 干涉测量发展的历程

时间	事件	备注
20 世纪 60 年代末	InSAR 技术出现	利用相位信息测起伏
1965 年	从地球观测行星和月球	InSAR 首次应用
1969 年	从地球观测金星	分离金星南北半球雷达回波
1972 年	月球表面高程	高程精度 500m
1974 年	机载干涉用于地形测量	首台机载干涉 SAR
1986 年	机载 InSAR	高程精度 10m
1987 年	Seasat 星载干涉	星载 InSAR 重现生机
1989 年	Gabriel 提出差分干涉 SAR	利用重复轨道 InSAR 实现地表形变测量
1991 年	带 GPS 的机载 InSAR	高程精度 6m
1999 年	Ferretti 提出永久散射体干涉测量（PS-InSAR）	基本消除时间、空间去相关对影像选取的限制
目前	InSAR	形变精度毫米级

D-InSAR 技术是在 InSAR 基础上发展起来的，它以 SAR 数据提供的相位信息为信息源，可以从包含目标区域地形和形变等信息的一幅或多幅干涉纹图中提取地面目标的微小形变信息（陈艳玲等，2006）。GB-SAR 技术是近 10 年发展起来的一种极具发展潜力的局部区域形变监测技术，是一种雷达主动成像遥感测量技术，通过在不同时间点对同一目标区域的重复观测获取用于形变监测的时间序列 SAR 图像。目前，GB-SAR 技术在形变监测领域的应用主要有两个方面：一是地表形变监测，如对山体滑坡（Tarchi et al.，2003）、雪崩（Martinez-Vazquez and Fortuny-Guasch，2005）、冰川位移（Luzi et al.，2007；Noferini et al.，2009b）、地表沉降（Pipia et al.，2007）、火山活动（Noferini et al.，2009a；Antonello et al.，2004）和地震形变（Pieraccini et al.，2002）等自然灾害现象的长时间监测和预警；二是人造大型建筑物监测，如对大坝、桥梁和高塔等（Pieraccini et al.，2004，2000；Tarchi et al.，1999）大型建筑物的稳定性和形变情况进行监测。

GB-SAR 采用的是电磁波主动探测成像的方式，利用差分干涉测量技术测得目标物的微小形变信息（邱志伟等，2014），其差分干涉测量的原理为，GB-SAR 设备先后两次向同一目标发射电磁波并接收目标物反射回的电磁波，利用它们之间的相位差异计算出目标物视线向的微小位移（龙四春，2012）。如果把目标物在雷达视线向的位移量记作 d，雷达前后两次接收到的信号的相位记作 φ_1、φ_2，则目标物在雷达视线向的位移量可以用式（2-10）表示：

$$d = \frac{\lambda}{\pi}(\varphi_2 - \varphi_1) \qquad (2\text{-}10)$$

式中，以目标物沿视线向远离雷达为正，以目标物沿视线向靠近雷达为负。图2-4为雷达差分干涉测量示意图。

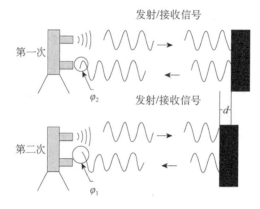

图 2-4　雷达差分干涉测量示意图

差分干涉测量技术理论上可识别的最小变化为 0.000154mm，这个精度完全能够满足桥梁、建筑、边坡等工程需求。在实际应用中，雷达主机与被检测目标的距离时常会发生变化，但仪器本身测量位移的精度不受距离限制影响。当相位差超过 2π 时，无法计算出正确位移，因此，由式（2-10）可知，当一个时间解析间隔的相位差超过 $\lambda/2$ 时，将无法计算出正确位移。

2.3　SFCW 技术

步进频率信号是一种应用较广泛的高距离向分辨率雷达信号，常应用于雷达目标的技术识别。在实际的雷达系统中，距离向分辨率可以通过短脉冲波形获得，也可以通过压缩长脉冲获得。探地雷达常用的波形是无载波窄脉冲、线性调频连续波和步进频连续波（stepped frequency continuous waveform，SFCW）。SFCW 体制的雷达能用相对小的顺时带宽合成有效的较大带宽，接收机中频带宽小，因此可以提高接收机的灵敏度，减少实时数据处理量，近年来获得较高的重视和应用。SFCW 波形即一种常见的脉冲压缩波形（周沿海和张勇，2007）。

判断雷达成像质量的另一参数指标是距离向分辨率，其表达式（2-11）如下：

$$\Delta r = \frac{c\tau}{2} = \frac{c}{2B} \qquad (2\text{-}11)$$

式中，Δr 为距离向分辨率；c 为真空中光速 3×10^8m/s；τ 为雷达波的脉冲宽度，且 $\tau=1/B$；

B 为发射信号的带宽。

图 2-5 为步进频率信号传递的图像示意图。通过式（2-11）可知，随着发射电磁波的频率带宽增加，距离向分辨率增加（对应 Δr 数值变小），因此可以沿着雷达的视线向探测到相关的被监测目标单元。SFCW 技术便是利用上述原理为雷达传感器提供高距离向分辨能力的。

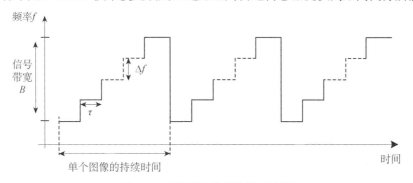

图 2-5　步进频率信号传递示意图

SFCW 技术是在带宽 B 内传输 N 个脉冲信号，在频率上均匀间隔且递增（具有固定频率步长 Δr，假设 Δf 为固定频率差）：

$$B = (N-1)\Delta f \qquad (2\text{-}12)$$

类似于具有大带宽 B 的短脉冲，N 个单色脉冲在频域中对场景进行采样。在雷达中，步进频率信号源在每个频率中停留足够长时间，以此保证接收到的回波返回接收器中，因此，每个单脉冲的持续时间取决于在场景中要监测的最大距离 $R_{\max}$，其表达式如下：

$$T_{\text{pluse}} \geq \frac{2R_{\max}}{c} \qquad (2\text{-}13)$$

即单频信号持续时间 T_{pluse} 不能低于雷达接收到监测最远距离目标物反射的雷达回波信号时间。

2.4　GB-SAR 系统介绍

2.4.1　GB-SAR 常见系统

GB-SAR 是近十多年发展起来的地面主动微波遥感技术（Tarchi et al.，2000）。GB-SAR 技术是将干涉形变监测技术由空基转向地基，该技术不受自然条件限制，可对目标区域进行全天候、全天时、大范围、远距离的侦查监视，为形变监测领域带来一次新的技术革命。GB-SAR 技术综合了 SAR 成像原理与电磁波干涉技术，利用传感器的系统参数、姿态参数和轨道之间的几何关系等精确测量地表某一点的空间位置及微小变化，可以探测毫米级甚至亚毫米级的地表形变。随着形变监测技术的发展，传统的监测方式逐渐无法满足不断深化的应用需求，如大坝、桥梁、建筑物、冰川、滑坡等应用领域都急需一种精确、无损、稳定、远程、长期又实时的安全监测系统，GB-SAR 系统的诞生为实现这样一种新型安全的监测提供了技术保障。对于小范围的区域监测，相比于星载 SAR，GB-SAR 系统更加稳定，它可以专门为目标监测区域建立特定的几何场景，得到该区域的形变趋势和总体形变特征，是星载 SAR 技术的有效补充（Noferini et al.，2005），且 GB-SAR 系统有安置方便、可任意调整观测角度、实时监测能力强等优点，因此逐渐受到国内外专家和学者的广泛关注。基于此，开展新型 GB-SAR 形变监测技术在人造大型建筑和自然灾害等领域的应用研究具有十分重要的意义。

GB-SAR 系统的国外研究发展早于国内，目前技术比较成熟，商业化成功。近些年来，国内外厂商也在 GB-SAR 硬件系统方面进行各种努力和创新，目前常见的 GB-SAR 系统按雷达传感器核心技术可分为以下 3 类：①以 VNA 为基础的系统；②以 SFCW 技术为基础的系统；③以 FMCW 技术为基础的系统。早年间 FMCW 技术在国外引起重视，与之前的 GB-SAR 系统相比，FMCW-SAR 传感器能够更快地扫描，减少一个数量级的扫描时间。常见的 GB-SAR 系统有意大利 IDS 公司与佛罗伦萨大学联合研发的 IBIS 系统、欧洲联盟综合研究中心（JRC）的 LISA 系统、西班牙加泰罗尼亚理工大学研发的 Risk-SAR 系统和荷兰 MetaSensing 公司推出的 Fast-GBSAR 系统等，详见表 2-2。

表 2-2　国际上主要 GBSAR 系统及其性能

项目	LiSALab	Risk-SAR	IBIS-L/M	IBIS-S	Melissa	Fast-GBSAR	GPRI
雷达类型	VNA	FMCW	SFCW	SFCW	MIMO	FMCW	FMCW
波段	C	X	Ku	Ku	Ku	Ku	Ku
影像获取时间	12min	1min/单张	8min	1s	0.36s	5s	30min
扫描方式	线性	线性	线性	无移动	无移动	线性	角度
距离向分辨率/m	0.5	1.25	0.5/0.75	0.5/0.75	—	0.5	0.75
方位向分辨率/m	3	4	4.5	—	—	4.5	7
监测精度/mm	0.01~3.2	1.6	0.03~4	0.01~0.1	0.02	0.1	0.02~4

除了上述介绍的系统以外还有一些新型的系统，如乌克兰国家科学院（NASU）的基于噪声雷达技术的 GBNWSAR 系统（Lukin et al.，2009），欧洲联盟综合研究中心的基于 MIMO 技术的 Melissa 系统（Tarchi et al.，2013）。表 2-3 列举了已有文献中描述的主要 GB-SAR 系统及其参数指标，其中，澳大利亚 GroundProbe 公司的 SSR 边坡稳定性系统为非严格的 SAR 系统（Noon and Harries，2007），它还可以提供复杂的雷达图像，可以通过干涉测量进行形变监测。相比于国外，国内市场还没有国产的 GB-SAR 商用系统，GB-SAR 系统的研制主要集中在科研院所与高校，如中国科学院电子学研究所的 SATRO 系统、北京理工大学的 SDMR-1 系统和国防科技大学的 SFCW-SAR 系统等实验室未转化产品。

表 2-3　主要 GB-SAR 系统及其参数指标（引自刘龙龙等，2019）

研究机构	系统名称	应用情况	雷达类型	波段	单景影像获取时间	精度/mm
JRC（欧盟）	LiSA	研究	VNA	C	30min	0.02~4
Ellegi Srl（意大利）	LiSALab	商用	VNA	Ku	12min	0.01~3.2

续表

研究机构	系统名称	应用情况	雷达类型	波段	单景影像获取时间	精度/mm
UPC（西班牙）	Risk-SAR	研究	FMCW	X	1min	1.6
IDS（意大利）	IBIS-8/L/M	商用	SMCW	Ku	8min	0.03～4
Tohoku University（日本）	GBPBSAR	研究	VNA	S/C/X	2min	2
The University of Sheffield（英国）	—	研究	VNA	C/X	—	—
NASU（乌克兰）	GBNWSAR	研究	Noise radar	Ka	20s	0.1
KIGAM（韩国）	ArcSAR	研究	VNA	C	14min/spot 27min/scan	0.4
Metasensing（荷兰）	Fast-GBSAR	研究/商用	FMCW	Ku	5 s	0.1
GAMMA Remote Sensing（瑞士）	GPRI	研究/商用	FMCW	Ku	30min（90°scan）	0.02～4
JRC（欧盟）	Melissa	研究	MIMO	Ku	—	—
GroundProbe（澳大利亚）	SSR	商用	Mechanical Scanning	Ku	15min	0.0335

2.4.2　IBIS 雷达系统介绍

IBIS 雷达系统是一种远程微形变监测系统，由意大利 IDS 公司和佛罗伦萨大学联合研发，该系统将 SAR 技术、干涉测量技术、SFCW 技术集成于一体实现目标物微小形变监测。IBIS 雷达系统早期研发拥有两种工作模式：SAR 模式和 RAR 模式，分别对应 IBIS-L 和 IBIS-S 系统，其中 IBIS-L 模式（即 SAR 模式）可以实现大场景、大范围的静态地形微形变监测，监测精度达到毫米级；IBIS-S 模式（即 RAR 模式）仅获取雷达视线向上的一维形变信息，但监测采样频率高，监测精度高达 0.01mm，多用于大型线性建筑动态实时监测。IBIS 系统的硬件模块主要包括 IBIS 雷达主机、供电单元、电脑、天线、三脚架及旋转头（图 2-6），系统参数指标如表 2-4 所示。

(a)IBIS雷达主机

(b)三脚架及旋转头

(c)供电单元

(d)天线

(e)电脑

图 2-6　IBIS 雷达系统硬件组成部分

表 2-4　IBIS 系统参数指标

应用	静态监测（IBIS-L）	动态监测（IBIS-S）
主频	Ku 波段	Ku 波段
雷达类型	SFCW（步进频率连续波）	SFCW（步进频率连续波）
平台	地面	地面
SAR	Yes	N/A
干涉测量	Yes	Yes
最大监测距离	4.0km	2.0km
空间分辨率	距离向=0.5m 角度向=4.5（mard）×距离	距离向=0.5m
位移精度	0.1mm	0.01mm
图像采集时间	≤6min	5ms
安装时间	≤2h	20min
能量供应	12V DC 或外接电源	12V DC
大小	250cm×100cm×100cm	50cm×100cm×40cm
重量	100kg	30kg
耗电量	70W	40W

IBIS 系统采用 Ku 波段的电磁波为主频，Ku 波段是直播卫星频段，其优点有：①Ku 波段的频率受国际有关法律保护，并采用多溃源成型波束技术对本国进行有效覆盖；②Ku 波段频率高，不易受微波辐射干扰；③接收 Ku 波段的天线口径尺寸小，便于安装，不易被发现；④Ku 波段下行转发器发射功率大，约在 100W 以上，能量集中，利于接收。

雷达类型为 SFCW，即步进频率连续波。该项技术能保证雷达发射的雷达波范围在 16.6～16.9GHz 波段，雷达波在这个波段能适应不同的气候环境，从而保证长距离监测。此外，该雷达具有较大带宽，能方便雷达将监测区域更细致分割，即每 0.5m 一个单元。

工作平台：地面。一般来说，步进频率连续波雷达都是机载或星载雷达，通过卫星或飞机对目标实施监测，该系统是首次将雷达从空中引到地面，在地面对目标进行监测，降低监测成本。

SAR 利用了雷达与目标的相对运动，把尺寸较小的真实天线孔径，用数据处理的方法合成为一较大的等效天线孔径雷达，其特点为分辨率高且全天候工作，能有效地穿透并识别掩盖物（邬烨文，2009）。

最大监测距离：IBIS-L 系统的最大监测距离可达 4km，能够满足对大坝、山体滑坡等目标物的远距离监测；IBIS-S 系统的最大监测距离可达 2km，完全能够满足对桥梁或者线性建筑物的监测。

空间分辨率：IBIS-L 进行面状监测，系统将监测区域分割成很多个小单元，距离向以 0.5m 为一个单元进行分割，角度向以 4.5mrad 进行分割，在整个监测区域内，可以分割成 20 000 个单元，能很好地完成监测；IBIS-S 只进行一维监测，只有距离向的分割，距离向分辨率为 0.5m。

　　图像采集时间：IBIS-L 主要进行静态监测，采样间隔时间最小为 6min；IBIS-S 主要进行动态监测，最大的采样频率为 200Hz，即 5ms 可以完成一次采样。

　　耗电量：IBIS-L 主要进行野外工作，监测时间较长，设备具有两块 70W 的电池，可以保证设备正常工作 10h 以上，还可以通过交流电对设备进行供电，如果野外工作不能提供很好的外接电源，还可以通过太阳能电池板对设备进行供电，保证设备长时间稳定工作；IBIS-S 系统的耗电量很小，一块铅酸电池能够保证设备工作 12h 以上。

　　鉴于 IBIS 系统具有非接触、高精度、高频率及整体监测的优势，国内外研究与应用范围广泛。IBIS-M 是近年来升级版系统，于 2010 年 10 月引进国内，由北京博泰克机械有限公司代理，IBIS-M 具备 IBIS-L 和 IBIS-S 系统的所有功能，可精确测量被测物体每部分的速度、位移变化量，分析形变机理和形变特征，此外，IBIS-M 能够及时对矿山等各种危险区预报，极大地减少和避免灾害对矿山人民生命财产造成的损失。这项对于灾害预防和防治具有革命意义的技术，已经在我国和全世界各国矿山得到了广泛的应用，如胜利能源露天矿、白音华 2 号露天矿、平朔安家岭矿、抚顺西露天矿等。

2.4.3　Fast-GBSAR 系统介绍

　　Fast-GBSAR 系统是集 SAR 技术、干涉测量技术、FMCW 技术于一体的远程微形变监测系统，由荷兰的 Metasensing 公司和欧洲航天局（ESA）联合研发。Fast-GBSAR 系统拥有两种工作模式：SAR 模式和 RAR 模式。SAR 模式硬件设备主要包括雷达主机、滑动导轨、号角天线、配电箱、航空运输箱和电脑控制单元等（图 2-7），主要应用于大坝、滑坡等面状区域的二维形变监测，图 2-8 所示为 Fast-GBSAR 在 SAR 模式下的工作示意图。RAR 模式硬件设备主要有雷达主机、三维旋转脚架、号角天线、配电箱和电脑控制单元等（图 2-9），主要应用于桥梁、高层建筑物等线状结构体的一维形变监测。图 2-10 所示为 Fast-GBSAR 在 RAR 模式下的工作示意图。

图 2-7　SAR 模式（引自安徽威德萨科技有限公司产品应用案例）

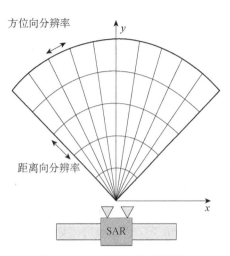

图 2-8　SAR 模式工作示意图

图 2-9　真实孔径雷达模式

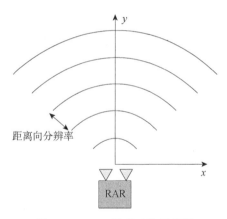

图 2-10　RAR 模式工作示意图

Fast-GBSAR 在合成孔径雷达模式下的最大测程为 4km，单次采集时间为 5s，测量精度为 0.1mm。由于测量视角覆盖范围大、测量精度高、远程非接触、分辨率高、全天候等优势，其在国内外的应用十分广泛，例如，2014 年，其被应用于三峡试验大坝的监测，监测混凝土重力坝在不同水位时的形变情况；2015 年，其被应用于意大利圣索菲亚滑坡监测，对滑坡的滚石状况进行实时监测；2016 年，其被应用于比利纳露天矿的监测，实时监测矿区的整体形变情况。

Fast-GBSAR 在 RAR 模式下的最大测程为 4km，单次采集时间为 0.25ms，测量精度为 0.01mm。由于具有测量精度极高、轻巧便携、实时性、远程非接触等优势，其在国内外的应用也十分广泛，例如，2015 年，其被应用于赤壁跨江铁路桥的监测，实时监测桥体过车时的挠度变化；2015 年，其被应用于荷兰风力发电机的监测，实时监测机身的振动情况；

2016 年，其被应用于天津塔的监测，监测天津塔在恶劣天气情况下塔身的形变情况。

　　Fast-GBSAR 雷达主机包括射频单元（RFU）和处理单元（CPU），它可以通过网络或者 WiFi 来连接电脑控制单元，以便通过控制单元来设定监测任务的采样周期，继而雷达主机开始在 1.8m 的有效线导轨上均匀移动来合成孔径，从而提高方位向分辨率，最后在电脑上对获取的原始数据进行聚焦、数据处理、形变分析，以达到对目标监测预警的目的。Fast-GBSAR 系统的 SAR 模式和 RAR 模式基本参数如表 2-5 所示。

表 2-5　Fast-GBSAR 系统参数配置

项目	SAR	RAR
操作频率	17.2GHz	
距离向分辨率	最高 0.5m	
最大监测距离	4km	
EIRP	42dBm	
操作温度	−20～60℃	
环境等级	IP65	
传感器重量	10kg	
精度	±0.1mm	±0.01mm
方位向分辨率	4.5mrad	—
采集时间	5s（0.2Hz）	0.25ms（4kHz）
功耗	＞70W	70W
线性导轨重量	72kg	—
线性导轨总长度	2606mm	—
线性导轨有效长度	1800mm	—

　　在表 2-5 中，EIRP（effective isotropic radiated power）是指有效全向辐射功率，也称为等效全向辐射功率（equivalent isotropic radiated power），它是雷达主机发射天线在波束中心轴向上的辐射功率。环境等级 IP65 中"6"指雷达主机的防尘能力，表示设备完全可以防止粉尘进入；"5"指雷达主机的防水能力，表示水流在设备任何角度低压喷射不受影响。

　　在雷达天线选取中，有一个很重要的概念就是天线增益，不同的天线类型决定了天线增益的高低。天线增益是指定方向上的天线最大辐射强度和天线最大辐射强度的比值，即天线功率放大倍数，它是雷达天线的主要参数之一，表征了天线定向辐射的能力（王鹏，2014）。天线的尺寸和形状决定了天线波束宽度和增益，增益越高，发射的能量越集中，表现为越小的波束宽度。Fast-GBSAR 系统采用的是号角天线。选择天线的可照射范围时，必须考虑天线的波束宽度，常见的天线型号如表 2-6 所示。Fast-GBSAR 系统天线采用全极化模式（HH，HV，VH，VV），与单极化雷达相比，它可对不同监测场景下的各种几何结构进行成像。例如，铁路上的道轨排列方向纵横交错，如果仅使用单极化雷达（如 VV 极化），很多来自水平方向的地物信息就监测不到，信号强度会低于 20dB 或者更多，如果使用全极化模式的雷达，来自目标的所有反射和散射的信息可被全部接收，信息强度也更加明显，从而能够得到更精准的物体形变结果，这种监测效果是单极化雷达远远达不到的。综上，Fast-GBSAR 系统在形变监测领域有其独特的优势。

表 2-6　Fast-GBSAR 号角天线型号

天线型号	天线增益/dB	波束宽度/（°）
FGBS-ANT-HRN10	10	58
FGBS-ANT-HRN15	15	32
FGBS-ANT-HRN20	20	19
FGBS-ANT-HRNxx	按需制定	

参 考 文 献

陈艳玲，黄诚，丁晓利，等. 2006. 星载 SAR 干涉技术最新研究进展. 天文学进展，24（4）：296-307.

刁建鹏. 2010. 微波干涉测量在高层建筑动态监测中的应用. 振动与冲击，29（11）：177-179.

黄其欢，张理想. 2011. 基于 GBInSAR 技术的微变形监测系统及其在大坝变形监测中的应用. 水利水电科技进展，31（3）：84-87.

廖明生. 2000. 由 INSAR 影像高精度自动生成干涉图的关键技术研究. 武汉：武汉测绘科技大学.

刘龙龙，张继贤，赵争，等. 2019. GB-SAR 变形监测技术研究现状与展望. 测绘通报，（11）：1-7.

龙四春. 2012. DInSAR 改进技术及其在沉降检测中的应用. 北京：测绘出版社.

罗刊，王铜，李琴. 2009. 微变形远程检测技术及应用. 地理空间信息，7（3）：135-137.

邱志伟，岳建平，汪学琴. 2014. 地基雷达系统 IBIS-L 在大坝变形监测中的应用. 长江科学院院报，31（10）：104-107.

佟国功. 2008. 基于 InSAR 的伊朗 BAM 地震形变场获取和震源参数确定. 长沙：中南大学.

王鹏. 2014. GB-SAR 干涉测量变形监测应用的关键技术研究. 武汉：武汉大学.

邬烨文. 2009. 一种基于小波变换的 SAR 图像舰船尾迹检测算法. 上海：上海交通大学.

徐亚明，王鹏，周校，等. 2013. 地基干涉雷达 IBIS-S 桥梁动态形变监测研究. 武汉大学学报（信息科学版），38（7）：845-849.

佚名. 2014. IBIS-FL 技术参数及解释. https://wenku.baidu.com/view/1c91f2cc84868762cbaed528.html[2021-5-15].

周沿海，张勇. 2007. 基于 Matlab 的步进频率波形与高分辨力距离像. 现代电子技术，（4）：75-77，85.

Antonello G，Tarchi D，Casagli N，et al. 2004. SAR Interferometry from Satellite and Ground-Based System for Monitoring Deformations on the Stromboli Volcano. Anchorage，AK：IEEE 2004 International Geoscience and Remote Sensing Symposium.

Bennett J C，Morrison K，Race A M，et al. 2000. The UK NERC fully portable polarimetric ground-based synthetic aperture radar（GB-SAR）. IEEE 2000 International Geoscience and Remote Sensing Symposium，5：2313-2315.

Lukin K，Mogyla A，Palamarchuk V，et al. 2009. Monitoring of St. Sophia Cathedral Interior Using Ka-Band Ground Based Noise Waveform SAR. Rome：2009 European Radar Conference（EuRAD）.

Luzi G，Pieraccini M，Mecatti D，et al. 2007. Monitoring of an alpine glacier by means of Ground-Based SAR Interferometry. IEEE Geoscience and Remote Sensing Letters，4（3）：495-499.

Martinez-Vazquez A，Fortuny-Guasch J. 2005. Avalanche and snowfall monitoring with a Ground-based Synthetic Aperture Radar. https://articles.adsabs.harvard.edu/cgi-bin/nph-iarticle_query?2006ESASP.610E..36M&data_type = PDF_HIGH&whole_paper=YES&type=PRINTER&filetype=.pdf[2021-5-15].

Noferini L，Pieraccini M，Mecatti D，et al. 2005. Permanent scatterers analysis for atmospheric correction in ground-based SAR interferometry. IEEE Transactions on Geoscience and Remote Sensing，43（7）：1459-1471.

Noferini L，Mecatti D，Macaluso G，et al. 2009a.A High Speed Microwave Interferometer Used for Monitoring Stromboli Volcano. Cape Town：2009 IEEE International Geoscience and Remote Sensing Symposium.

Noferini L，Pieraccini M，Mecatti D，et al. 2009b. Monitoring of Belvedere glacier using a wide angle GB-SAR interferometer. Journal of Applied Geophysics，68（2）：289-293.

Noon D，Harries N. 2007. Slope stability radar for managing rock fall risks in opencut mines. Proceedings Large Open Pit Mining Conference Perth. Australia Perth，2007：10-11.

Pieraccini M，Luzi G，Mecatti D，et al. 2004.Remote sensing of building structural displacements using a microwave interferometer with imaging capability. NDT&E International，37（7）：545-550.

Pieraccini M，Mecatti D，Noferini L，et al. 2002. SAR interferometry for detecting the effects of earthquakes on buildings. NDT&E International，35（8）：615-625.

Pieraccini M，Tarchi D，Rudolf H，et al. 2000. Interferometric radar for remote monitoring of building deformations. Electronics Letters，36（6）：569-570.

Pipia L，Aguasca A，Fabregas X，et al. 2007. Mining Induced Subsidence Monitoring in Urban Areas with A Ground-Based SAR. Paris：2007 Urban Remote Sensing Joint Event.

Tarchi D，Casagli N，Fanti R，et al. 2003. Landslide monitoring using ground-based SAR interferometry：An example of application to the Tessina landslide in Italy. Engineering Geology，68（1-2）：15-30.

Tarchi D，Oliveri F，Sammartino P F. 2013. MIMO radar and ground-based SAR imaging systems：Equivalent approaches for remote sensing. IEEE Transactions on Geoscience and Remote Sensing，51（1）：425-435.

Tarchi D，Rudolf H，Luzi G，et al. 1999.SAR interferometry for structural changes detection：A demonstration test on a dam. International Geoscience and Remote Sensing Symposium，3：1522-1524.

Tarchi D，Rudolf H，Pieraccini M，et al. 2000.Remote monitoring of buildings using a ground-based SAR：Application to cultural heritage survey. International Journal of Remote Sensing，21（18）：3545-3551.

Wiley C. 1951. Clipper ships of space. Astounding Science Fiction，5：135.

Woodhouse I H. 2014. 微波遥感导论. 董晓龙等译. 北京：科学出版社.

第 3 章　GB-SAR 性能测试

尽管传统测量手段具有完备的流程和规范，但是在某些情况下仍无法获取较为理想的监测结果。GB-SAR 技术在形变监测领域中的应用已经逐步发展起来，是对传统测量技术的良好补充。GB-SAR 系统具有高精度、非接触、实时性等特点，可获得连续监测数据，更直观观测建筑物形变。为了充分将 GB-SAR 技术应用于实际工程项目，本章将通过一系列实验对常用的 IBIS-S 系统性能进行测试，具体如下：首先，介绍角反射器的原理、分类及应用；其次，通过缓慢形变测试验证 IBIS-S 系统的测量精度和可靠性；最后，研究分析仪器安置误差及大气因素对监测结果的影响，并建立大气参数改正模型，以获得更为精确的测量结果。

3.1　角反射器介绍

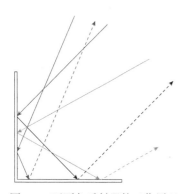

图 3-1　两面角反射器的工作原理

角反射器（angle reflector/corner reflector）是专门用来反射雷达波的装置，属于雷达反射器（radar reflector）的一种。角反射器能表现出较强的反射率，可将雷达波按照入射轨迹反向反射回去（李平湘和杨杰，2006）。角反射器通常由两个或多个面组成，结构简单，造价低廉，但是体积庞大，更多用于地面测量。图 3-1 为两面角反射器的工作原理。

由于各频率段的雷达波的波长各不相同，因此角反射器的大小与其可以反射的雷达波长有关，角反射器越大，其所能反射的雷达波长越长。

3.1.1　角反射器的分类

角反射器可分为无源和有源两大类。无源式角反射器通常也被称为被动式角反射器，只有当雷达波射入时才可反射雷达回波，自身不主动发射雷达波。有源式角反射器也被称为有源的雷达回波增强器，由发射天线、雷达信号发射机和雷达接收机组成，工作时需要电源为其供电，不仅可以反射雷达回波，而且可以主动发射回波能量。

在日常生活中，自行车尾灯是最常见的一种无源式角反射器。此外，无源式角反射器在军事领域的应用十分广泛，如早期的激光制导炸弹，需要事先在目标附近用人工摆放或者飞机投放的方式安置角反射器，在投放炸弹时，由载机或者辅助飞机向目标照射，炸弹就会沿着角反射器反射的激光光束不断修正下落角度，从而准确地命中目标。目前，有源式角反射器的应用较少，在我们的日常生活中并不普遍。

3.1.2　角反射器的应用及研究现状

角反射器可应用于军事与民用两大领域。在军事领域，主要利用角反射器来隐真示假、欺骗迷惑敌人，可在海陆空各个领域应用，例如，在海面上，可以通过给小船安装大型角反射器的方式模拟海军大型舰船，迷惑敌人；在陆地上，角反射器可以模拟部队行军队形，或为保护城市中的大型建筑物、水库、桥梁等，在目标地物上安装角反射器，使轰炸机上雷达显示器的图形分不清真假目标。多个角反射器在地面上可产生相当大的建筑物反射信号，使敌方找不到真实目标位置，达到保护目标的效果；另外，通过安装角反射器，可以跟踪隐形飞机。在民用领域，角反射器主要用于确保船只航行安全和海上抢险救援，例如，在小船上安置角反射器，可提高雷达回波显示，用以提醒其他船只，防止碰撞意外发生；在海上养殖区域、作业区域和暗礁浅滩区域安装角反射器，可以提醒过往船只避免意外发生；此外，在地震形变监测中应用角反射器，可以准确得到震区的地表形变情况。

目前国内对角反射器的研究主要集中于应用层面，天津、三峡、当雄等地区都安装了角反射器，利用其在干涉图中的反映，可监测地面沉降、山体滑坡和断层滑动等，而对于角反射器基础层面的研究却并不多，如物理特性、反射机理、制作技巧和识别方法等。国外对于角反射器最新的研究成果包括：毫米波雷达角反射器，SAR 压制性干扰旋转角反射器，对抗相参末制导导弹的反射器和对抗圆极化雷达的角反射器等。其中，毫米波雷达角反射器的反射原理就是对地面和空中目标进行模拟，迷惑对方的制导雷达，降低对方毫米波制导武器的命中率，达到对抗的目的；SAR 压制性干扰旋转角反射器是针对 SAR 成像特性，使用一种基于旋转角反射器的无源 SAR 压制性干扰方法，该方法利用旋转角反射器所产生的微多普勒调制，在方位向形成干扰条带，利用旋转角反射器的排列在距离向形成压制干扰，可有效遮盖所保护的目标；对抗相参末制导导弹常用诱饵弹进行干扰，诱饵弹是雷达角反射器的一种，可以通过复制飞机自身的反射信号，选取适当的波长，可使飞机与诱饵同处于来袭导弹追踪的波束内，使雷达角反射器具有与被保护目标（飞机）相近的真实运动速度、方位、距离。由于相参雷达无法通过多普勒频移区分雷达角反射器和真实目标，因此诱饵弹可以达到干扰相参雷达的效果；对抗圆极化雷达的角反射器利用角反射器对具有圆极化天线的雷达进行干扰是无效的，这是由于电磁波在角反射器表面反射奇数次，改变了反射信号电场矢量的旋转方向。但如果角反射器中一个表面用电介质层覆盖，就可以消除反射波在角反射器中引起的极化变化，从而对圆极化雷达进行干扰。图 3-2 为普通角反射器与对抗圆极化雷达的角反射器的反射原理对比图，其中图 3-2（a）为普通角反射器，反射面为金属材质；图 3-2（b）为对抗圆极化雷达的角反射器，上部的两个反射面为金属材质，底部的反射面用电介质层覆盖。

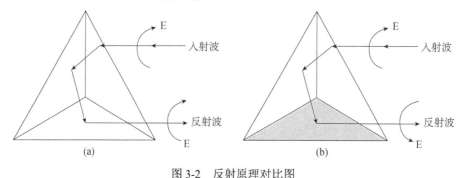

图 3-2　反射原理对比图

目前，关于无源式角反射器的研究较多，包括反射器材料、结构尺寸以及增大 RCS 方法等，而对于有源式角反射器的研究较少，相比于无源式角反射器，有源式角反射器发射回波能量更强，但由于有源式角反射器存在主动暴露的特点，因此，在需要对目标物进行隐藏时，无源式角反射器应用较多。但在一些监测及干扰应用中，有源式角反射器具有明显的优势，在未来具有较大的发展空间。

3.2　IBIS-S 缓慢形变精度分析

在将 IBIS-S 系统应用于实际工程之前，需要对 IBIS-S 系统测量精度进行检测。根据 IBIS-S 系统配套设备角反射器原理制作了螺旋测微器和角反射器的组合装置，如图 3-3（a）所示。装置前端由角反射器组成，用于反射雷达波，使雷达主机可以实时获取角反射器中心顶点位移；装置后端由螺旋测微器构成，用于读取角反射器位移变化。螺旋测微器的原理是螺旋放大，即螺杆在螺母中发生旋转，螺杆便沿着旋转轴线方向前进或后退一定微小距离。如图 3-3（b）所示，螺旋测微器精密螺纹的螺距是 0.5mm，由 50 个等分刻度组成（董铮，2013），在螺旋杆的可动刻度范围内旋转一周，测微螺杆会带动角反射器前进或后退 0.5mm，同时，螺旋杆上的每个小分度为 0.01mm，旋转每一小分度表示角反射器前进或后退 0.01mm。综上所述，螺旋测微器可精确到 0.01mm，与 IBIS-S 系统所标定的 0.01mm 测量误差一致，因此可以将螺旋测微器和角反射器的组合装置用于检测 IBIS-S 测量精度。

 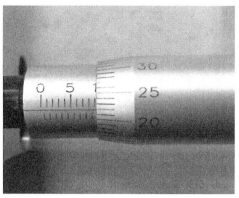

(a) 角反射器与螺旋测微器组合装置　　　　　　　　　　(b)螺旋测微器刻度

图 3-3　角反射器与螺旋测微器组合装置以及螺旋测微器刻度

3.2.1　方案设计

通过螺旋测微器控制前端角反射器的位移，使得角反射器发生缓慢形变，并与 IBIS-S 测量结果进行对比。为避免环境因素影响，此实验在室内封闭环境下进行。将螺旋测微器和角反射器的组合装置固定在距离 IBIS-S 仪器 6m 的位置，之后将雷达照准该装置进行实验。实验中需调节相关位置，通过地基雷达所连接的电脑反映位移变化，具体实验方案设计如表 3-1 所示。

表 3-1　缓慢形变测试方案

实验代码	实验方案
实验 A	调节螺旋测微器控制角反射器，使反射器向远离雷达方向精确移动 0.5mm，共移动 3 次，之后向靠近雷达方向精确移动 1.5mm，每次调节后静止 10s 左右
实验 B	调节螺旋测微器控制角反射器，使反射器向远离雷达方向精确移动 0.2mm，共移动 3 次，之后向靠近雷达方向精确移动 0.6mm，每次调节后静止 10s 左右
实验 C	调节螺旋测微器控制角反射器，使反射器向远离雷达方向精确移动 0.1mm，共移动 3 次，之后向靠近雷达方向精确移动 0.3mm，每次调节后静止 10s 左右
实验 D	保持角反射器不动，对固定雷达主机的三轴旋转轴云台进行调整。松开水平方向旋转轴制动，使雷达主机水平方向顺时针旋转 15°后，再进行水平方向逆时针旋转 15°，使雷达恢复初始位置
实验 E	松开侧向旋转轴制动，使雷达主机侧向顺时针旋转 15°后，再进行侧向逆时针旋转 15°，使雷达恢复初始位置
实验 F	松开仰角旋转轴制动，使雷达主机仰角增加 15°后，再使仰角减小 15°，使雷达恢复初始位置

3.2.2　实验结果分析

（1）实验 A～C：角反射器可为雷达波提供反射点，通过雷达主机接收雷达回波后可显示出高信噪比（SNR）的监测点。如图 3-4 所示，横坐标为距离，纵坐标为 SNR，SNR 越高说明反射强度越大。距离 6m 的位置存在较高强度反射，能够确认该监测点可以反映角反射器发生位移变化。

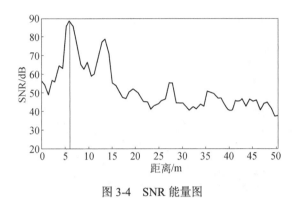

图 3-4　SNR 能量图

假设角反射器的位移量为真值，将 IBIS-S 系统所测量到的位移量与真值进行比较，三次实验分别使角反射器发生 0.5mm、0.2mm、0.1mm 的形变，每次形变进行三次测量，测量结果如图 3-5 所示。三幅图可详细反映角反射器在整个过程的位移变化，但是在位移变化前后，存在斜率不为零单调递增或单调递减部分，这是由人工调整螺旋测微器所导致的。同样，在角反射器静止时仍会发生轻微跳动，调整角反射器位移量到 0.1mm 后，导致纵坐标量程逐渐放大，会发现这种跳动越来越明显，这表明地基雷达在进行测量时，人为因素影响很大，应当避免。在角反射器静止时，采用求平均值方法来减弱人为影响，并对观测数据进行分析，如表 3-2 所示。

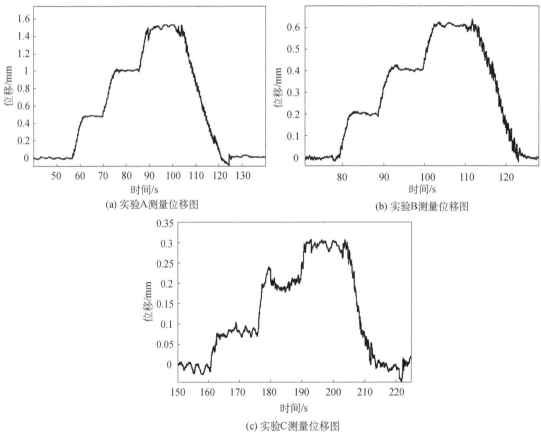

(a) 实验A测量位移图　　　　　　　　(b) 实验B测量位移图

(c) 实验C测量位移图

图 3-5　三次形变实验测量位移图

表 3-2　精度测试结果　　　　　　　　　　　　（单位：mm）

真值	IBIS-S	差值	真值	IBIS-S	差值	真值	IBIS-S	差值
0.5	0.44	−0.06	0.2	0.22	0.02	0.1	0.06	−0.04
1	1.03	0.03	0.4	0.42	0.02	0.2	0.17	−0.03
1.5	1.54	−0.04	0.6	0.63	0.03	0.3	0.27	−0.03

注：中误差 $m = \sqrt{\dfrac{[\Delta^2]}{n}} = \pm 0.07\text{mm}$。

由表 3-2 可知，每次改变角反射器形变量，通过 IBIS-S 系统测量的结果误差在 0.06mm 以内，观测值中误差为 ±0.07mm，实验结果表明，IBIS-S 系统能够精确地监测微小位移变化，且对微小形变具有较高的灵敏度，适用于建筑物等形变监测，同时也为监测结果的准确度和可信度提供了科学依据。

（2）实验 D～F：分别对安装雷达主机的三旋转轴云台的旋转轴进行转动，发现其测量结果发生了变化，如图 3-6 所示。第一次突变为水平方向顺时针旋转 15°与水平方向逆时针旋转 15°，第二次突变为侧向顺时针旋转 15°与侧向逆时针旋转 15°，第三次突变为仰角增加 15°与仰角减少 15°，并未与传统测量仪器表现出一致的规律性。在传统的测量设备中，全站仪中心位于其旋转轴上，所以可以进行较高精度的角度测量，但 IBIS-S 的三个旋转轴发生转动后对其观测结果都会产生影响，且仪器进行水平及侧向旋转对测量结果的影响小于改变仰角对测量结果的影响。

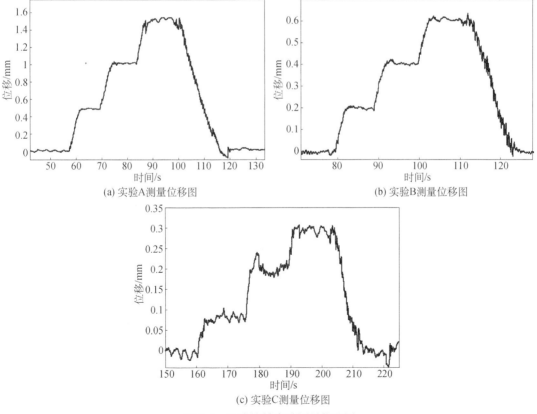

图 3-6　三次旋转实验测量位移图

当旋转轴发生变化后，雷达中心与角反射器之间的相对位置关系并没有发生剧烈变化，但这与实际测量结果不符，说明引起这一结果的原因是雷达中心位置的变化，从而进一步证明雷达中心并没有位于云台固定位置上。现初步假设雷达中心位于主机前端，且测量结果数值变化量和雷达中心位置变化量基本是相等的，在长时间观测时，此项误差会逐渐累积。因此在安装设备时，需要将三个旋转轴的制动旋紧，以牢牢固定住旋转轴，防止旋转轴发生微小变化对观测结果的影响，同时在使用激光测距仪确定雷达主机与被监测物的斜距时，测距仪的激光应从雷达主机前端出发，由此所获得的斜距才更加准确，以便后续处理雷达数据时使用。

3.3　IBIS-S 测量误差分析

3.3.1　仪器安置误差

在实际工程应用中，仪器安置位置的不同会对测量结果产生不同的影响，因此需要对仪器的参数进行修改，例如，在进行桥梁动挠度监测时，需要获取桥梁竖直方向上的位移，但是仪器所监测到的结果为视线向位移，所以需要获取主机与水平方向夹角，对监测结果进行投影。又如，仪器在野外进行作业时，会根据被监测对象形体选择合适的观测位置，以便获取较好的观测结果，但是随着监测距离的变化，监测精度也会发生变化。本节将针对以上两种情况进行讨论，研究不同仪器仰角、不同的监测距离，即仪器安置误差对 IBIS-S 系统测量精度的影响，并通过实验进行分析验证。

1. 仪器仰角误差对观测精度的影响

竖直角是指在同一竖直面内一点到目标的方向线与水平线之间的夹角，视线在水平线之上的竖直角为仰角，符号为正。随着科学技术的发展，仪器的角度测量精度都在不断提升，竖直角已成为仪器指标的重要参数。应用 IBIS-S 进行实际测量中会根据需要调整仪器位置，在测站架设好仪器后，需要进一步对仪器竖直角进行调整，使雷达主机单元上的电磁波发射口和接收口对准被监测目标，使被监测目标位于雷达波正射方向，达到较好的监测结果。为获取投影后位移变化，需要将仪器仰角输入到采集软件中，从而获得被监测目标的横向位移和竖向位移。IBIS-S 系统主机安装在带有三轴旋转轴的云台上，如图 3-7（a）所示，其中一个旋转轴用于调整仪器仰角，如图 3-7（b）所示，竖直角调整范围为 $-30° \sim 90°$。

IBIS-S 系统动态监测精度为 0.01mm，但在仪器的竖直角读数上，最小刻度为 5°。理论上在对竖直角进行读数时，人工可估读的最小精度为 0.5°（估读精度应为刻度的 1/10），在进行高精度监测作业时，竖直角估读误差可能会对测量结果产生一定的影响。刘淼（2016）应用误差理论建立了竖直角读数对观测精度影响的误差方程，并通过数据模拟方法，对竖直角观测误差对竖向位移的影响进行了总结，模拟结果如表 3-3 所示。

(a) 雷达主机

(b) 三轴旋转轴云台

图 3-7　雷达主机以及三轴旋转轴云台

表 3-3　横竖向位移中误差最大值汇总　　　　　（单位：mm）

距离向位移中误差最大值	竖直角观测误差 0°~1°	竖直角观测误差 1°~2°	竖直角观测误差 2°~3°
0.01	0.0100	0.0100	0.0100
0.10	0.0100	0.0100	0.0100
0.50	0.0100	0.0175	0.0262
1.00	0.0175	0.0349	0.0524
10.00	0.1745	0.3491	0.5236

实验结果表明，竖直角误差越大，横、竖向位移中误差越大，且随距离向位移的增大，这种影响也会变大，距离向位移大于 1mm 时，竖直角误差在 2°以上所引起的横竖向位移中误差是竖直角误差在 1°以内时的 3 倍。距离不变时，当竖直角误差大于 3°后，同样会对测量结果造成较大影响。因此结合实际应用，提出两点建议：①在调整仪器仰角时，应尽量对准某一刻度线，减小对竖直角估读的影响；②多次进行估读，最大值与最小值相差 3°以内时，可以计算平均值作为输入值。

　　2. 仪器安置距离对观测精度的影响

在进行野外监测时，不同的被监测目标的监测条件会有很大的差距，例如，进行桥梁动挠度监测时可以将仪器架设在桥梁附近，但对于塔状建筑物来说，为了使雷达波覆盖到整个塔体，不仅要对仪器仰角进行调整，还要对观测距离进行调整，其中，测量距离的远近也会像传统的测量设备一样对观测精度产生影响。因此，需要进行实验验证，找到其精度衰减最快的距离范围，如果有必要可以进行相应的改正，以便在野外实操时，可有效避免距离对观测结果的大幅影响。

　　本节选取的实验场地为北京建筑大学大兴校区图书馆前平整空地，草坪覆盖，树木少，范围开阔，受外界因素影响小。在场地上架设 IBIS-S 设备，在视线向方向的场地上安置两个角反射器 A、B，为了防止草地的干扰，需要将角反射器安置在三脚架上。角反射器 A 使用常规角反射器，将其架设在距离仪器 20m 左右位置，作为参照点保持不动，角反射器 B 用来模仿监测点，每次观测后对位置进行调整，向远离仪器方向搬动一段距离，改变其与雷达主机的距离。具体实验场地布置如图 3-8 和图 3-9 所示，实验方案如表 3-4 所示。

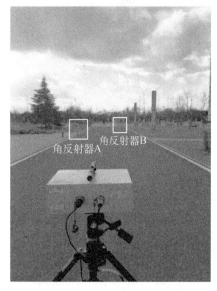

图 3-8　实验场地

图 3-9　实验方案示意图

表 3-4　距离对观测精度影响实验方案

实验代码	实验方案
实验 G	距离 IBIS-S 仪器约 20m 处架设角反射器 A，长期保持不动；将角反射器 B 架设在距离仪器 70m 左右的位置，用于模拟监测点，启动雷达主机，进行数据采集 1min
实验 H	距离 IBIS-S 仪器约 20m 处架设角反射器 A，长期保持不动；将角反射器 B 架设在距离仪器 120m 左右的位置，用于模拟监测点，启动雷达主机，进行数据采集 1min
实验 I	距离 IBIS-S 仪器约 20m 处架设角反射器 A，长期保持不动；将角反射器 B 架设在距离仪器 170m 左右的位置，用于模拟监测点，启动雷达主机，进行数据采集 1min
实验 J	距离 IBIS-S 仪器约 20m 处架设角反射器 A，长期保持不动；将角反射器 B 架设在距离仪器 200m 左右的位置，用于模拟监测点，启动雷达主机，进行数据采集 1min
实验 K	距离 IBIS-S 仪器约 20m 处架设角反射器 A，长期保持不动；将角反射器 B 架设在距离仪器 240m 左右的位置，用于模拟监测点，启动雷达主机，进行数据采集 1min

　　当 SNR 较大时，监测点所获取的位移数据具有较高可信度和准确度，当角反射器与雷达主机距离逐渐增大时，监测点 SNR 将逐渐减小，此时所获取的位移数据可信度不高，如图 3-10 所示，SNR 的降低，即回波强度减弱，导致测量精度降低；相反，SNR 升高，则测量精度提高。在实际应用中，选取合适的观测位置尤为重要，合适的位置会获得更多的监

测点，也可以在某些关键位置安装角反射器来提高监测点的反射能力，增大回波，从而增大监测点的 SNR。在监测距离相对增加的情况下，可以采用扩大角反射器尺寸来提高回波能力，以获取更精确的监测结果。

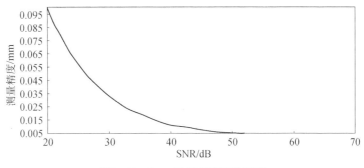

图 3-10　SNR 对测量精度的影响

3.3.2　大气因素影响

传统测量设备，如水准仪、全站仪、GPS 接收机等都会受到环境因素的影响。例如，普通水准测量中，风力较大时水准尺晃动会对测量结果产生较大影响；天气温度较高时，望远镜中会出现大气扰动现象，无论是光学水准仪，还是现在常用的电子水准仪的测量结果都会产生误差；在进行 GPS 解算时，需要加入相应电离层改正数，这也是为了剔除大气因素的影响。同样，IBIS-S 系统通过实时发送和接收雷达波进行监测，而雷达波作为一种电磁波，在大气中传播同样会受到温度、湿度、气压等外界因素的影响。

Rödelsperger 等（2010）通过实验证明，在 20℃时，1000m 的距离上 1%的相对湿度变化会产生 2mm 的测量误差。Lee 等（2008）在角反射器测量实验中发现，观测区域中的大气湿度上升 11%时，距离监测设备处会产生 3mm 的误差。因此，应用 IBIS-S 系统进行监测时，大气因素影响所造成的误差不容忽视。

在对桥梁、超高层等建筑物监测时，需要将仪器安置在合理的位置，以便获取较优的观测结果，但为获取建筑物形变规律，需要进行长时间监测，在较长监测时间内，温度、湿度等气象条件会不断发生变化，所得到的监测结果必然会包含大气因素所造成的误差，为得到更精确的测量结果，有必要使用相应的改正方法对环境所造成的随机因素进行剔除，从而获得精确的形变量。

本节采用大气参数改正法消除大气因素对测量结果的影响。实验证明，在实验过程中所获取的大气数据，如大气温度、大气湿度、气压等参数，用经验公式进行计算，求得大气因素影响的改正数，可以有效地对测量结果进行校正，得到更精确的测量结果。

1. 大气参数改正方法

利用气象数据对观测结果进行改正的整体思路为，首先在测量过程中记录大气温度、湿度、气压等气象参数，将其代入大气折射率经验公式中计算大气折射率；然后通过大气折射率的相对变化量及视线向距离计算大气因素改正数；最后利用大气因素改正数求得实际变形量。

在国际大地测量与地球物理学联合会的第十三届大会上，决定采用 Essen-Froome 经验公式计算大气折射率 n（张瑜和郝文辉，2006），即

$$(n-1)\times10^6 = \frac{103.49}{T}(P-e) + \frac{86.26}{T}\left(1+\frac{5748}{T}\right)e \tag{3-1}$$

$$e = e' - 0.000\,662(t-t')(1+0.001\,46t')P \tag{3-2}$$

式中，t 为大气干温（℃）；t' 为大气湿温（℃）；e 为大气的水汽压（mmHg①）；e' 为大气湿温 t' 条件下大气的饱和水汽压（mmHg）；P 为大气压（mmHg）；T 为大气的绝对温度（$T=273.16+t$）。

其中，当温度高于 0℃时，采用马格努斯–泰坦斯（Magnus-Tetens）公式计算，即

$$e' = 10^{\left(\frac{7.5t'}{237.3+t'}+0.7858\right)} \tag{3-3}$$

当观测距离较小时，可以将观测路径内的大气视为均匀分布（董杰和董研，2014；徐亚明等，2013），通过两次大气参数采样结果计算大气折射率的相对变化量 Δn，并测量 IBIS-S 系统雷达主机到观测目标的视线向距离 r，从而计算出两次测量采样之间大气环境对电磁波传播路径的影响 $\Delta d'$：

$$\Delta d' = \Delta n r \tag{3-4}$$

最后，使用大气影响因素改正数对原始测量数据进行改正，得到实际距离向变形量

$$d = \Delta d + \Delta d' \tag{3-5}$$

2. 方案设计

本节实验选取的实验场地为北京建筑大学大兴校区图书馆前平整空地，草坪覆盖，树木少，范围开阔，受外界因素影响小。在场地上架设 IBIS-S 设备，在距离视线向 50m 左右架设一个常规角反射器进行观测，实验场地布设如图 3-11 所示。在路径中间放置气象数据监测装置：干湿球温度计、大气压力计，如图 3-12 所示。实验时间为上午 9 时 45 分至下午 13 时 45 分，采样频率为 10Hz，在这 4h 内，水汽变化较为明显，可以得到较好的气象数据。实验进行中时，每隔 15min 对气压、干温度、湿温度等气象数据进行记录。

3. 结果与分析

如图 3-13 所示，灰色直线所示位置为角反射器位置，径向距离为 50.4m，记为 68Rbin。图 3-14 反映了目标角反射器受大气因素影响的形变情况。在实验过程中存在 3～4 级南风，因此角反射会发生 0.1mm 以内的振动，但可以看出目标角反射器的形变趋势受温度、大气压等天气因素的影响。

---

① 1kPa=7.5mmHg

图 3-11　实验场地

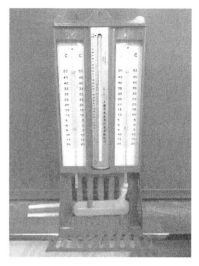

图 3-12　干湿球温度计

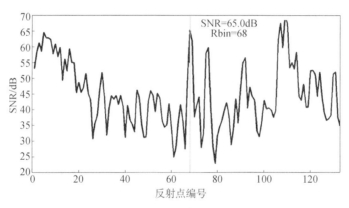

图 3-13　测量信噪比图

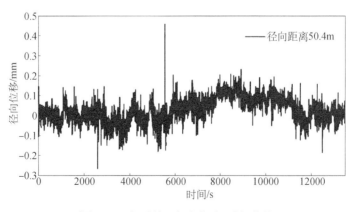

图 3-14　角反射器径向位移-时间曲线

　　表 3-5 显示气象观测数据及改正数计算结果。表中第 1 列为测量时间，表明气象数据的记录时间，同时也是 IBIS-S 雷达持续开机时间；第 2 列为大气压，所用大气压计为电子屏幕显示，显示单位为 kPa，并将其换算为以 mmHg 为单位的大气压；第 3、4 列为干湿球温

度计上的温度；第 5、6 列为基于干、湿温度及大气压力计算出的大气饱和水汽压和大气水汽压；第 7 列为计算出的大气折射率；第 8 列为计算出的大气因素对于径向距离影响的改正数。通过对以下气象数据的观测，研究大气因素对监测结果的影响，建立大气参数改正模型，利用大气改正方法提高测量精度，并通过实验将改正模型运用到测量结果中来获得更为精确的测量结果。

表 3-5　气象数据记录和计算表

测量 时间	大气压/mmHg	干温度 /℃	湿温度 /℃	大气饱和水汽压 /mmHg	大气水汽压 /mmHg	大气折射率	改正数 /mm
9:45	766.9	9.6	4.4	8.36	5.71	1.000 315 742	0.00
10:00	766.9	11	6	9.35	6.79	1.000 320 602	0.24
10:15	766.9	12.5	6.5	9.68	6.61	1.000 317 592	−0.15
10:30	766.9	13.3	6	9.35	5.62	1.000 310 662	−0.35
10:45	766.9	13.5	5.2	8.84	4.60	1.000 304 373	−0.32
11:00	766.9	13.1	5	8.72	4.59	1.000 304 721	0.02
11:15	766.9	13.3	5.2	8.84	4.71	1.000 305 216	0.02
11:30	766.2	14	5	8.72	4.13	1.000 300 716	−0.23
11:45	766.2	14.5	5	8.72	3.87	1.000 298 637	−0.10
12:00	765.4	13.3	4.3	8.30	3.72	1.000 298 778	0.01
12:15	765.4	13.1	4.8	8.60	4.37	1.000 302 897	0.21
12:30	765.4	13.6	5.1	8.78	4.45	1.000 302 793	−0.01
12:45	765.4	13.5	5.1	8.78	4.50	1.000 303 212	0.02
13:00	765.4	13.8	5	8.72	4.24	1.000 301 291	−0.10
13:15	765.4	13.5	5.5	9.03	4.95	1.000 305 901	0.23
13:30	765.4	13.8	5.4	8.97	4.68	1.000 303 964	−0.10
13:45	765.4	14	6	9.35	5.27	1.000 307 199	0.16

图 3-15 显示了在 9:45~13:45 时间段内大气因素对径向位移产生的影响。北京春天多风，气温还未回暖，空气较为干燥，所以对径向位移的影响不是很大，在 −0.4~0.3mm 区间波动，与图 3-14 径向位移的变形情况相比，整体趋势保持一致。正午 12:15 左右，径向位移发生约 0.2mm 的偏移，大气参数改正数在 12:15 左右达到 0.2mm 波峰，取得良好的改正效果。但是前面几组大气参数改正数不是很理想，与图 3-14 径向位移变形相比，在此时间内并没有发生约 0.3mm 的形变，这可能由以下因素导致：①气象数据的观测存在着一定的误差；②大气折射率的经验公式有很多，本实验所选取的经验公式可能并不适用于在该温度下进行。为获得更精准的气象改正数据，下一步需要进行高精度、实时的气象数据获取，用于对观测数据进行气象改正。

此实验证明，在使用 GB-SAR 设备进行长时间观测时，对监测数据进行大气参数改正很有必要。与华远峰等（2013）的实验结果对比发现，夏天潮湿多雨，气温较高，大气因素对 GB-SAR 设备采集数据精度的影响要比春天时大，因此，在实际工程中，若长时间观测可选择合适的季节来减弱大气因素的影响。若观测时间在正午，无论哪个季节都需进行大气参数改正，以获取更精确的测量结果。

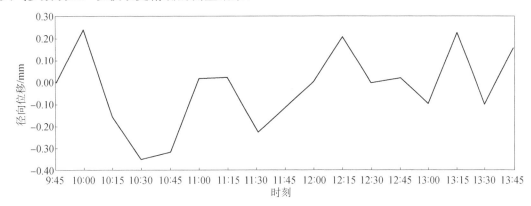

图 3-15　大气因素影响下不同时段径向位移折线图

参 考 文 献

董杰，董妍. 2014. 基于气象数据的地基雷达大气扰动校正方法研究. 测绘工程，23（10）：72-75.

董铮. 2013. 游标式螺旋测微器.技术与市场，（7）：72，74.

华远峰，李连友，胡伍生，等. 2013. 地面雷达静态微变形测量环境影响改正方法研究. 东南大学学报（自然科学版），（z2）：428-432.

李平湘，杨杰.2006. 雷达干涉测量原理与应用. 北京：测绘出版社.

刘淼. 2016. 地面干涉雷达技术在桥梁动态检测中的应用. 北京：北京建筑大学.

徐亚明，周校，王鹏，等. 2013. 地基雷达干涉测量的环境改正方法研究.大地测量与地球动力学，（3）：41-43，51.

张瑜，郝文辉. 2006. 大气介质对电磁波测距精度的影响. 电波科学学报，21（4）：632-634，639.

Lee H，Lee J H，Cho S J，et al. 2008. An experiment of GB-SAR interperometric measurement of target displacement and atmospheric correction.IEEE International Geoscience and Remote Sensing Symposium，4：Ⅳ-240-243.

Rödelsperger S，Läufer G，Gerstenecker C，et al. 2010. Monitoring of displacements with ground-based microwave interferometry：IBIS-S and IBIS-L. Journal of Applied Geodesy，4（1）：41-54.

第 4 章 GB-SAR 大气参数改正

通过 GB-SAR 设备获得的监测数据精度受制于场景内外界环境的干扰，其中大气效应是外界环境干扰中对精度影响较为严重的一种。GB-SAR 设备系统通过发射和接收雷达波实现高频率被测目标微变形动态监测，雷达波在大气传播中易受到温度、湿度、气压等大气因素的影响，造成传播路径和方向发生变化，使干涉相位中附加了大气相位误差，从而降低 GB-SAR 设备的监测数据精度。本章将对 GB-SAR 大气参数改正的关键技术进行介绍，主要包括 GB-SAR 电磁波大气折射原理、微波波段大气折射改正方法、Essen-Froome 模型等。

4.1 GB-SAR 电磁波大气折射原理

GB-SAR 技术具有非接触、高精度、高频率及整体监测的优点，该技术被广泛应用在桥梁监测研究中（Fratini et al.，2009；Pieraccini et al.，2006）。对 GB-SAR 设备发射的频率为 16.7Hz 的 Ku 波段电磁波进行干涉测量，电磁波在大气中传播时传播路径受大气环境条件影响会发生延迟现象，增加传播时间，主要表现为：①电磁波传播路径的弯曲；②电磁波传播路径延时（即电磁波在大气中传播速度小于在真空中的传播速度，这种延迟等效为路径的延长），导致雷达监测精度有所降低，在大气气温为 20℃、视线向距离为 1km 时，标准大气压下百分之一的相对湿度的变化会给 Ku 波段电磁波监测带来 2mm 的误差。

地球大气层按热力结构划分为对流层、平流层、中间层、热层、外逸层。GB-SAR 技术与 InSAR 技术不同，其主要作业于大气层中的对流层内而非星际空间。大气层中大部分水汽存在于对流层内，而几乎所有的天气活动均发生在该层中。对流层特点为空气对流强、温度变化大、空气中水汽分布不均等。正是上述特点导致该层大气折射率变化频繁，因此电磁波传播路径受对流层中大气影响而产生折射、散射等现象，在 GB-SAR 设备所得的干涉相位中加入了大气扰动相位，影响数据采集并降低了监测数据精度。因此，需要准确消除大气扰动相位，降低大气扰动带来的误差影响。

本节详细介绍电磁波大气折射的原理与微波波段大气折射经验模型，并通过实验法采集数据对大气折射经验模型的可靠性和准确性进行分析并得出结论。

4.1.1　对流层大气空间特性

有关于对流层中大气折射率的表达，通常由大气压 P、温度 T、水汽压 e 或湿度 H 共同表示。由对流层大气特点可知，温度随对流层大气高度而降低，每上升 1km 高度温度降低约 6.5℃（盛裴轩，2003）。大气压是指单位面积上直至大气上界整个空气柱的重量（由水汽与干洁空气组成），它的分布及变化与大气的运动和天气状况密切相关。1 标准大气压（atm）规定为：在重力加速 $g_0 = 9.806\ 65\text{m}/\text{s}^2$（45°32′33″N 海平面处的值），水银密度（0℃）$\rho_{\text{Hg}} = 1.359\ 51×10^4\text{kg}/\text{m}^3$ 时，760mm 水银柱（mmHg）所具有的压力，常用百帕（hPa）表示，故 $1\text{atm}=\rho_{\text{Hg}}×g_0×0.76\text{m}=1013.25\text{hPa}$，其单位换算为，$1\text{mmHg} = 1.333\ 223\ 7\text{hPa}$。一般海平面气压值在 980～1040hPa 波动。研究表明，气压值随海拔的升高而成指数级降低（盛裴轩，2003）。大气层中 90% 的水汽集中在对流层中，大气中的水汽量随纬度的升高而减少，大多数地区夏季水汽含量往往大于冬季水汽含量，此外对流层中水汽量一般随高度降低而减少。水汽含量可由混合比、比湿、水汽压、水汽密度、相对湿度、露点与霜点温度来表示。本节主要涉及水汽压与相对湿度的表达，其中水汽压是大气中水汽的分压强，大气中水汽含量多时，水汽压增大；反之，水汽压减小。常以 e 表示。相对湿度 RH 则是指在一定温度和压强下，水汽压 e 和饱和水汽压 E 的比值，上述两者转化关系可表示为

$$\text{RH}=\frac{e}{E}×100 \tag{4-1}$$

$$E_{水} = 6.107\ 8\exp\left[\frac{17.269\ 388\ 2(T-273.16)}{T-35.86}\right] \tag{4-2}$$

$$E_{冰} = 6.107\ 8\exp\left[\frac{21.874\ 558\ 4(T-276.16)}{T-7.66}\right] \tag{4-3}$$

式中，T 为温度；$E_{水}$ 与 $E_{冰}$ 分别为水（$T \geqslant -20℃$，$t_a \leqslant 50℃$）与冰（$T \geqslant -50℃$，$t_a \leqslant 0℃$）的饱和水汽压计算式，t_a 为露点温度。

4.1.2　对流层电磁波大气折射原理

电磁波在对流层中传播时，由大气介质不均匀造成传播速度发生延迟的现象称为大气折射现象，该现象对 GB-SAR 设备监测所得数据精度影响较大。电磁现象最基本的规律是麦克斯韦方程组（Peck and Khanna，1966），有关于电磁波的动态传播、平面传播、能量表达、反射与折射等均可由该方程组推导表示，其中，电磁波的折射问题属于电磁场在两个不同介质界面上的边值问题。

对于电磁波来说，电磁波沿某一平面直线传播的速度表示为

$$v = \frac{1}{\sqrt{\mu\varepsilon}} \tag{4-4}$$

式中，μ 为相对磁导率；ε 为介电常数。其中，相对磁导率与介电常数受水汽、温度、大

气压强的影响而变化。而在真空中电磁波传播速度 c 为

$$c = \frac{1}{\sqrt{\mu_0 \varepsilon_0}} = (2.997\ 924\ 58 \times 10^8 \pm 1.2) \text{m/s} \tag{4-5}$$

式中，μ_0 为真空环境下磁导率；ε_0 为真空环境下介电常数。

如图 4-1 所示，n_1 与 n_2 为电磁波经过左右两层不均匀大气介质（入射角为 a_1，折射角为 a_2）过程中发生折射。因此：

$$\frac{\sin a_1}{\sin a_2} = \frac{v_1}{v_2} = \frac{\sqrt{\mu_2 \varepsilon_2}}{\sqrt{\mu_1 \varepsilon_1}} = n_{21} \tag{4-6}$$

式中，n_{21} 为介质 2 相对于介质 1 的折射率（相对折射率）。

或者上述表达为另一种形式：

$$\frac{\sin a_1}{\sin a_2} = \frac{v_1}{v_2} = \frac{\sqrt{\mu_2 \varepsilon_2} / \sqrt{\mu_0 \varepsilon_0}}{\sqrt{\mu_1 \varepsilon_1} / \sqrt{\mu_0 \varepsilon_0}} = \frac{n_2}{n_1} \tag{4-7}$$

式中，折射率定义为

$$n = \frac{\sqrt{\mu \varepsilon}}{\sqrt{\mu_0 \varepsilon_0}} = \sqrt{\mu_r \varepsilon_r} \tag{4-8}$$

那么 n_1 和 n_2 就分别称为介质 1 和介质 2 相对于真空介质的折射率（绝对折射率）。由于除铁磁性介质之外，一般介质都有 $\mu \approx \mu_0$，因此通常认为 $\sqrt{\varepsilon_2 / \varepsilon_1}$ 就是两介质的相对折射率；$\sqrt{\varepsilon / \varepsilon_0}$ 是该介质的绝对折射率。

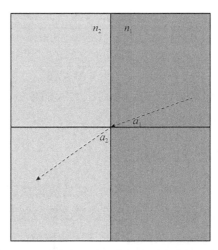

图 4-1 电磁波在不均匀大气介质中传播示意图

另外，由于大气折射率 n 值的小数部分通常在 3×10^{-4} 数量级上变化，为了便于计算，引入了折射度 N 的概念，这极大地便于计算和分析大气折射率，即

$$N = (n-1) \times 10^{-6} \tag{4-9}$$

在数值上，折射度=折射率 -1，数量级为 ppm，即 10^{-6}，例如，大气折射率值大小为

1.000 455，则折射度大小为 455ppm。

4.2　微波波段大气折射改正方法

4.2.1　微波波段大气折射相位计算原理

微波在对流层大气中传播受大气扰动影响，其传播路径会发生折射与延迟等现象。GB-SAR 为干涉测量技术，该技术通过获取被测目标单元的相位变化来计算微小形变，而大气折射会在监测相位中加入大气扰动相位，使设备监测数据精度下降，影响设备监测结果。

假设某一组测量的相位可表示为

$$\varphi = \varphi_{\text{def}} + \varphi_{\text{atm}} + \varphi_{\text{noi}} \tag{4-10}$$

式中，φ_{def} 为某一时刻形变相位；φ_{atm} 为大气扰动相位；φ_{noi} 为系统噪声。此处系统噪声对于相位计算的影响小，此处不做考虑，则大气扰动影响下的相位表示为

$$\varphi = \varphi_{\text{def}} + \varphi_{\text{atm}} \tag{4-11}$$

因此，为了提高监测精度，应尽可能地消除大气相位 φ_{atm}。

大气相位 φ_{atm} 可由大气折射率与雷达至被测目标视线向距离求得。大气折射率为 n，其变化与场景内时空变化有关，由此可得

$$f(n) = n(r,t) \tag{4-12}$$

式中，r 为雷达至被测目标视线向距离；t 为时间。在 GB-SAR 设备监测过程中，往往雷达至被测目标的视线向距离固定不变，因此，折射率 n 只与时间 t 有关，可得

$$f(n) = n(t) \tag{4-13}$$

根据干涉测量原理，则某一时刻的大气回波相位可写为

$$\varphi_{\text{atm}} = \frac{4\pi f_c r_n}{c} n(t) \tag{4-14}$$

式中，f_c 为电磁波发射频率；c 为电磁波传播速度。则 t_1 与 t_2 时刻的同一被测目标的大气回波相位可表示为

$$\Delta\varphi_{\text{atm}} = \frac{4\pi f_c r_n}{c}(n_{t2} - n_{t1}) \tag{4-15}$$

根据干涉测量原理，则大气效应的误差表示为

$$\Delta d_{\text{atm}} = \frac{\lambda}{4\pi} \cdot \Delta\varphi_{\text{atm}} = \Delta n \cdot r_n \tag{4-16}$$

则剔除大气效应相位的测量结果可表示为

$$d_r = d - \Delta d_{\text{atm}} \tag{4-17}$$

综上所述，GB-SAR 大气改正的目的是精确计算出大气扰动相位值，在监测数据中剔除大气效应相位 Δd_{atm}，以提高监测数据精度。

4.2.2 微波波段大气折射改正方法分析

目前，降低气象因素影响的方法主要有三种，包括稳定点校正法、构建永久散射体网法和大气参数模型改正法。已在 1.3.1 小节介绍，其中构建永久散射体网法适用于大场景大气参数改正，不适用于本节内容，因此本节详细介绍稳定点校正法及大气参数模型改正法原理，选择大气参数模型改正法进行大气扰动实验，对实验所得数据进行分析并得出相应结论。

1. 稳定点校正法

稳定点校正法是通过 GB-SAR 设备测量视场内稳定的天然永久散射体或人工布设的角反射器位移变化数据，拟合上述形变数据和距离的线性比例关系，通过拟合比例关系计算被监测目标由大气扰动带来的误差相位，对监测数据进行修正。大气扰动相位与雷达至被测目标的视线向距离 r_n 存在的数学关系如下：

$$\Delta\varphi_{\text{atm}} = a \cdot r_n + \varphi \qquad (4\text{-}18)$$

式中，a 为待拟合常数；φ 为随机误差。国际上常用一阶函数进行拟合，根据测量得到的场景内天然永久散射体或者角反射器等稳定点的数据，线性回归拟合出系数值 a 与 φ，然后对被测目标相位值进行大气改正，以提高监测精度。此外，也存在二阶、三阶拟合形式，即

$$\begin{cases} \Delta\varphi_{\text{atm}} = a \cdot r_n + b r_n^2 + \varphi \\ \Delta\varphi_{\text{atm}} = a \cdot r_n + b r_n^2 + c r_n^3 + \varphi \end{cases} \qquad (4\text{-}19)$$

如果场景内大气扰动规律复杂，则会采用二阶或者三阶的形式。

稳定点校正法无须对温度、湿度、气压等气象因素进行测量，操作方便。但是，其仅适用于单次长时间的静态监测，且在气象变化较复杂、观测范围较大、场景内无明显稳定点的条件下难以获取理想结果，该方法并不适用于本书研究拟进行的城市桥梁定期动挠度监测。

2. 大气参数模型改正法

大气参数模型改正法，通过测量监测时段内的大气温度、湿度、气压等气象因子，采用相应大气参数改正模型计算瞬时大气折射率，并根据大气折射率在时序上的变化计算不同监测时刻的大气扰动相位进行修正（Liu et al.，2015；董杰和董妍，2014；Peck and Khanna，1966）。该方法有别于稳定点校正法，由于城市桥梁环境范围较小，不同距离内气象条件波动小，因此大气参数模型改正法对书中介绍的桥梁场地环境适应性较强，但是该方法的改正精度取决于大气参数改正模型及气象因子的测量精度，且受制于气象因素稳定性的影响。

该类方法涉及使用大气参数模型求解瞬时大气折射率，1963 年在美国伯克利市召开的第十三届国际大地测量与地球物理学联合会大会上，在微波波段计算折射率建议采用

Essen-Froome 经验公式，在正常条件下，通过 Essen-Froome 经验公式计算得到的大气折射率的精度可达 $\pm 1\times 10^{-7}$（刁建鹏和黄声享，2010），该公式组如下：

$$n = 1 + \left[\frac{103.49}{T}(P-e) + \frac{86.26}{T}\left(1+\frac{5748}{T}\right)e\right]\times 10^{-6} \qquad （4\text{-}20）$$

$$e = e' - 0.000\ 662(t-t')(1+0.001\ 146t')P \qquad （4\text{-}21）$$

式中，T 为大气绝对温度（$T = 273.16 + t$），单位为 K；P 为大气压，单位为 mmHg；e 为大气水汽压，单位为 mmHg；t 为大气干温，℃；t' 为大气湿温，单位为℃；e' 为 t' 条件下的大气饱和水汽压，单位为 mmHg。

由上述可知，大气参数模型改正法是当前较适合城市桥梁 GB-SAR 动挠度监测数据的大气改正方法，因此选择该方法，采用 Essen-Froome 经验公式为计算模型，进行大气参数改正实验。

4.2.3　微波大气折射效应监测

1. 实验概况

实验场地选择北京建筑大学大兴校区学院楼 F 座南侧平坦开阔的空地，实验场地如图 4-2（a）所示。该场地地势平坦，周围无明显遮挡，通视性良好，且当日实验天气状况良好，场地内温度、湿度、大气压变化稳定，适宜开展 GB-SAR 大气效应监测实验。选择其中一条砖石铺筑而成的小径架设仪器与角反射器，该砖石小径长约 120m，宽约 2m，两排布置树木及低矮路灯，周围无车辆人员等经过，且该砖石小径质地坚硬，仪器布设后不会发生缓慢下沉等影响监测结果的现象。实验于 2018 年 12 月 1 日进行，9：40～15：40，共6h。雷达与角反射器布设如图 4-2 所示。布设两个角反射器作为强反射点，为角反射器 1、角反射器 2。角反射器 1 距离雷达 56m，角反射器 2 距离雷达 80m。实验获得角反射器 6h 大气扰动相位变化数据，绘制折线图。IBIS-S 参数设置见表 4-1。雷达采样频率设置较低，为10Hz，这是为了顾及后期雷达数据处理量大小，但较低的采样频率不会影响后期的数据分析。

表 4-1　IBIS-S 雷达参数设置

参数	数值
距离向分辨率/m	1
采样频率/Hz	10
最大观测距离/m	150

实验中气象数据采用台湾泰仕 TES-1160 温湿度计高精度大气压力计采集，所采集的部分气象数据展示于表 4-2 中。实验中气象数据，如气温、大气压、水汽压、湿度等间隔15min 采集一次，表格展示部分采集数据。

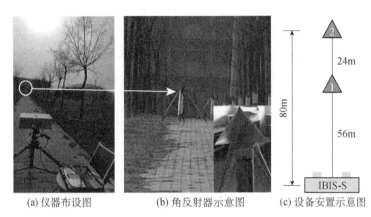

(a) 仪器布设图　　　(b) 角反射器示意图　　　(c) 设备安置示意图

图 4-2　实验场地与 IBIS-S 仪器架设示意图

表 4-2　气象数据

时刻	大气压/hPa	温度/℃	湿温/℃	相对湿度/%
9:40	1022.4	4.8	1.3	53.7
10:40	1022	7	3.5	43.5
11:40	1021.4	9.1	4.6	44.9
12:40	1019.7	9.6	5.1	44.6
13:40	1019.1	10	5.7	47.2
14:40	1018.4	8.4	4.6	52.7
15:40	1017.8	7.9	4.5	56.6

2. 实验数据分析

图 4-3 所示为雷达视线向上目标点的热信噪比与估计信噪比，角反射器的热信噪比与估计信噪比较高，与实际布设情况吻合，具体数值见表 4-3。

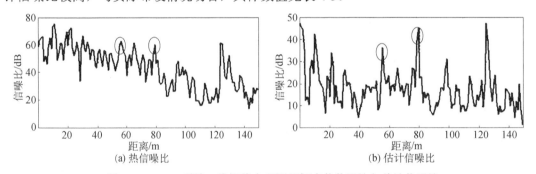

(a) 热信噪比　　　　　　　　　　　　　(b) 估计信噪比

图 4-3　IBIS-S 雷达一维视线向观测目标点热信噪比与估计信噪比

图（a）中的圆圈分别指角反射器 1（左侧）和角反射器 2（右侧）的热信噪比；图（b）中的圈分别指角反射器 1（左侧）和角反射器 2 的估计信噪比。

表 4-3　目标点热信噪比与估计信噪比值

信噪比	角反射器 1	角反射器 2
热信噪比/dB	62	59.6
估计信噪比/dB	36.4	45.2

以角反射器 1 所得数据进行大气参数改正，其大气效应形变序列如图 4-3 所示。

　　GB-SAR 雷达设备监测角反射器 1 所得位移趋势线如图 4-4 所示，角反射器位移沿 0 刻度线上下波动，最大形变量达 0.2mm，角反射器形变量于区间（−0.2mm，0.2mm）内波动。然而，角反射器静置于稳定环境内，其位移理论上应远小于 0.2mm。因此，监测数据中存在大气扰动相位，野外环境监测中大气扰动对监测数据精度有影响，长时间监测应规避大气扰动，并在数据中剔除大气扰动相位。

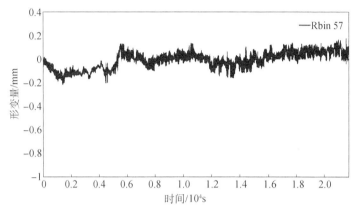

图 4-4　角反射器 1 大气效应位移序列

　　图 4-5 为大气扰动相位形变趋势。考虑到原始数据含有粗差及噪声影响，对原始数据进行分段处理，以 15min 为间隔，取每组数据中位数，共 25 组。

　　由式（4-17）与式（4-21）计算，测量结果明显改善，位移趋势线趋近于 x 轴，表明改正后数据剔除了大部分大气扰动相位，证明了该方法可有效消除大气相位。但是，如图 4-5 圆圈所示，改正结果仍然存在误差，这是由于一方面该方法不可避免地存在误差；另一方面大气参数数据的采集依赖于仪器的精度，此外场景内环境并不始终保持稳定，会对监测数据产生影响。表 4-4 描述了改正前后位移趋势线的相关评价指标，改正后的位移趋势线相较于改正前，与 x 轴的距离以及与 x 轴距离的均方根误差均较小。

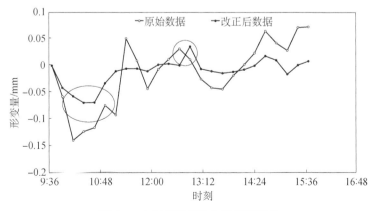

图 4-5　大气扰动相位与改正后相位

表 4-4　改正效果评价指标　　　　　　　　　　　　　（单位：mm）

项目	位移趋势线与 x 轴距离	位移趋势线与 x 轴距离的均方根误差
改正前	1.21	0.0612
改正后	0.44	0.0271

本节主要内容为揭示 GB-SAR 城市桥梁动挠度监测过程中气象因素在时空分布上的影响机制，通过对 Essen-Froom 模型以及北京市气象规律的研究，获取 GB-SAR 城市桥梁动挠度监测的最佳气象因素条件，辅助 GB-SAR 城市桥梁动挠度监测最佳时段选择，为获取高精度动挠度数据做好前期准备工作。

4.3　Essen-Froome 模型

4.3.1　Essen-Froome 模型理论推导

由于 Essen-Froome 大气折射率经验模型对于大气折射率的计算中并未涉及电磁波波长及频率，因此为了对 Essen-Froome 模型大气参数影响机理进行研究并对其规律进行揭示，需要了解 GB-SAR 雷达设备发射的电磁波物理特性。

GB-SAR 设备系统发射 Ku 波段电磁波，频率为 12～18GHz，电磁波波长为 2.5～16.67mm。由电磁波波段的划分可知 Ku 波段位于大气窗区（大气窗区，也被称作大气窗口，由于电磁波辐射能够较好地穿透大气的一些波段，分为射电、红外和光学窗区）内射电窗区的短波端，由射电窗区吸收理论可知，该波段在大气中传播主要受大气中氧分子与水汽的影响。氧分子在大气中混合均匀，且随时间的变化不大，所以氧气对 GB-SAR 设备的影响是自始至终的，然而水汽是一种变化很剧烈的物理量，在大气圈中主要存在于对流层内，此外，其日变化、年变化、季节变化、空间变化也存在着分布规律。因此，对水汽分布规律进行一定程度的揭示，合理规避水汽较大的时段，有助于提高 GB-SAR 设备监测精度。

GB-SAR 设备发射微波进行干涉测量，微波在大气中传播容易受到气象因素的影响，降低测量的精度。根据第十三届国际大地测量与地球物理学联合会大会决议，采用 Essen-Froome 经验公式计算微波在传播过程中的大气折射率，并通过相应计算去除大气扰动相位，提高监测数据精度，因此，以 Essen-Froome 经验公式为切入点，通过理论仿真模拟的方式研究气象因素对 GB-SAR 城市桥梁动挠度监测的影响机制。

为了分析气象因素对大气折射率的影响，首先对式（4-20）进行全微分，得到如下结果：

$$dn = \left(\frac{\partial n}{\partial t}dt + \frac{\partial n}{\partial P}dP + \frac{\partial n}{\partial e}de \right) \times 10^{-6} \tag{4-22}$$

$$\mathrm{d}t = \left(\frac{17.23}{T^2}e - \frac{103.49}{T^2} - \frac{991\,644.96}{T^3}e \right) \tag{4-23}$$

$$\mathrm{d}P = \left(\frac{103.49}{T} \right) \tag{4-24}$$

$$\mathrm{d}e = \left(\frac{495\,822.48}{T^2} - \frac{17.23}{T} \right) \tag{4-25}$$

式（4-22）为每组样本数据的系数值，假设在标准天气条件下，使 $t_0 = 20℃$，$P_0 = 760\mathrm{mmHg}$，$e_0 = 10\mathrm{mmHg}$，则每组物理量的系数值为

$$\begin{cases} \frac{\partial n}{\partial t}\big|(t,P,e) = 1.31 \\ \frac{\partial n}{\partial P}\big|(t,P,e) = 0.35 \\ \frac{\partial n}{\partial e}\big|(t,P,e) = 5.71 \end{cases} \tag{4-26}$$

根据误差传播规律构建大气折射率误差传播公式如下：

$$m_n^2 = [(l_t m_t)^2 + (l_P m_P)^2 + (l_e m_e)^2] \times 10^{-12} \tag{4-27}$$

式中，l_t、l_P 和 l_e 分别为 Essen-Froome 经验公式全微分计算得到的系数值；m_t、m_P 和 m_e 分别为大气温度、大气压和大气水汽压对大气折射率的影响因子。

根据式（4-26），当 m_t、m_P 和 m_e 值相同时，其分别对大气折射率有不同的影响，根据数值判断，水汽 e 对折射率影响最大，气温 t 次之，大气压 P 最小。

本书以北京市天气条件为基础，该城市气候类型为北温带大陆季风气候，四季分明，冬季最长，夏季次之，春秋短促。四季降水不均匀，水汽变化规律不一。据此将北京市四季典型气象数据（如表 4-5 所示为 1981～2010 年北京市大兴区累年历史数据均值，季节划分为春季：3～4 月，夏季：5～8 月，秋季：9～10 月，冬季：11～2 月），采用式（4-22）计算，得到北京市四季中三大气象因子对大气折射率变化的影响大小，如表 4-6 所示。

表 4-5　北京市四季典型气象数据

季节	气温/℃	水汽压/mmHg	大气压/mmHg
春	10.6	5.80	759.6
夏	24.15	20.16	751.5
秋	16.4	12.96	759.9
冬	−0.33	3.10	766.6

表 4-6　北京市四季中三大气象因子对大气折射率影响程度

季节	气温	水汽压	大气压
春	1.2268	6.0971	0.3647
夏	1.6366	5.5513	0.3481
秋	1.4646	5.8541	0.3574
冬	1.2165	6.5979	0.3793

如表4-6所示，水汽对大气折射率的影响远大于气温与大气压，即水汽变化是大气折射率变化的主要原因，大气折射率的波动会降低监测精度。因此水汽压变化对 GB-SAR 雷达设备监测数据精度影响最大，在 GB-SAR 设备实际监测中应当规避水汽波动较大的时段，该结论也与大气窗区水汽影响微波传播的结论一致。

4.3.2　气象扰动机理实验验证

1. 实验概况

本节通过实验法验证水汽压变化对 GB-SAR 雷达设备监测数据精度影响最大。实验以北京市四季划分，共计春、夏、秋、冬四次，其中，春季实验为 2019 年 3 月 17 日，夏季实验为 2018 年 8 月 2 日，秋季实验为 2018 年 10 月 5 日，冬季实验为 2018 年 12 月 1 日。四次实验场地均为北京建筑大学大兴校区学院楼 F 座南侧平坦开阔的空地，四次实验场地如图 4-6 所示。四次实验以角反射器为监测对象进行 6h 监测，获取大气扰动形变数据；间隔15min 采集大气压、气温、水汽压等气象数据，共 25 组。将上述 4 类数据归一化处理，以折线图的形式展示，采用相关性分析与回归分析加以验证。此外，实验中水汽含量以水汽压形式展示，水汽压表示大气中水汽含量的多少，水汽含量上升，水汽压随之上升；反之，则降。

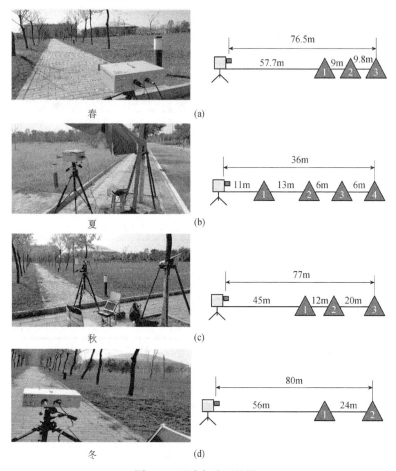

图 4-6　四季实验现场图

四次实验天气状况良好,适宜开展实验,日气象数据如表 4-7 所示。四次实验中实时气象数据采用台湾泰仕 TES-1160 温湿度计高精度大气压力计采集,部分四季气象数据如表 4-8～表 4-11 所示。

表 4-7　四次实验当日气象总体数据

日期	日平均气温/℃	日平均湿度/%	日最小湿度/%	日极端最低温/℃	日极端最高温/℃	日降水量/mm	风力/级
2019 年 3 月 17 日	12.5	20	19	4.9	20	0.0	3
2018 年 8 月 2 日	32.2	68	48	28.4	36.2	0.0	1～2
2018 年 10 月 5 日	17.7	71	36	12.6	25	0.0	1
2018 年 12 月 1 日	2.5	71	54	−2.6	7.9	0.0	1

表 4-8　春季气象数据

时刻	大气压/hPa	温度/℃	湿温/℃	相对湿度/%
10:22	1018.3	16.8	8	23.9
11:22	1016.9	19.9	9.3	18.7
12:22	1016.7	24.8	10.1	13.6
13:22	1015.8	24.4	10.5	13.5
14:22	1013.4	22.5	9.5	14.3
15:22	1012	21.6	9.2	14.3
16:22	1010.7	20.7	10.2	14

表 4-9　夏季气象数据

时刻	大气压/hPa	温度/℃	湿温/℃	相对湿度/%
10:00	1001.6	35.7	28.6	62
11:00	1001.4	38.2	29.4	53.7
12:00	1001.2	38.5	29.2	52
13:00	1001.1	39.4	29.3	50
14:00	1000.3	39.3	29.6	48.4
15:00	1000	39.4	28.9	46.5
16:00	999.5	38.9	28.5	47.6

表 4-10　秋季气象数据

时刻	大气压/hPa	温度/℃	湿温/℃	相对湿度/%
10:03	1016	22.2	15.4	55.7
11:03	1015.5	25.5	17.6	50.1
12:03	1014.8	27	18.1	43.6
13:03	1013.9	28.4	18.3	38.5
14:03	1013.4	29.6	18.7	34.3
15:03	1012.8	29.2	17.5	31.1

表 4-11   冬季气象数据

时刻	大气压/hPa	温度/℃	湿温/℃	相对湿度/%
9：40	1022.4	4.8	1.3	53.7
10：40	1022	7	3.5	43.5
11：40	1021.4	9.1	4.6	44.9
12：40	1019.7	9.6	5.1	44.6
13：40	1019.1	10	5.7	47.2
14：40	1018.4	8.4	4.6	52.7
15：40	1017.8	7.9	4.5	56.6

　　四次实验角反射器的估计信噪比与热信噪比如图 4-7 所示。结合实际布设可知，图 4-7（a）与图 4-7（b）分别为春季实验角反射器热信噪比与估计信噪比；图 4-7（c）与图 4-7（d）分别为夏季实验角反射器热信噪比与估计信噪比；图 4-7（e）与图 4-7（f）分别为秋季实验角反射器热信噪比与估计信噪比；图 4-7（g）与图 4-7（h）分别为冬季实验角反射器热信噪比与估计信噪比。图中圆圈标注位置为角反射器分辨单元。

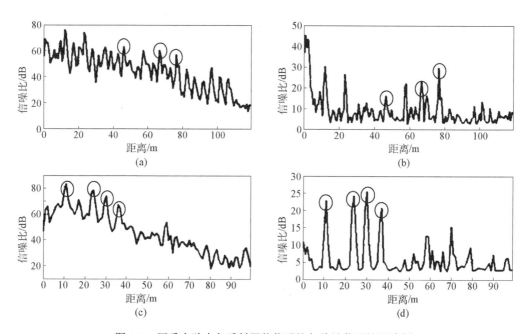

图 4-7   四季实验中角反射器热信噪比与估计信噪比强度图

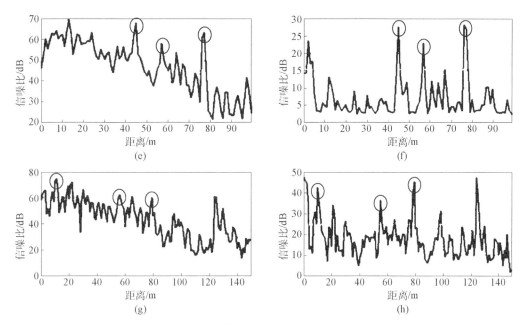

图 4-7 四季实验中角反射器热信噪比与估计信噪比强度图（续）

为了实验的严谨，对 IBIS-S 雷达参数进行统一的设定，如表 4-12 所示。

表 4-12 IBIS-S 雷达四季实验参数设置

参数设置	数值
距离向分辨率/m	1
采样频率/Hz	10
最大观测距离/m	150
天线增益/dB	3

2. 数据归一化分析

考虑到监测环境中存在随机误差、粗差等噪声，因此对 IBIS-S 雷达采集的每组角反射器大气扰动数据取中值，15min 间隔，绘制 6h 形变趋势线。此外，将对应气象数据绘制成折线图，如图 4-8～图 4-11 所示，（a）对应大气扰动趋势，（b）对应大气压变化趋势，（c）对应温度变化趋势，（d）对应水汽压变化趋势。其中，春季数据形变量较大，是由于数据采集当天 12 时过后起风，考虑到北京地区春季多风，该气象具有地区代表性，客观性强，因此保留。此外，大气扰动、大气压、温度、水汽压四个物理量有着不同的计量单位，为了方便对上述不同量纲物理量进行比较，引入数字信号处理中的数据归一化方法（曾静等，2014；王开燕等，2008），以凸现出物理量的本质含义，把数据映射到（0,1）区间，其原理如下：

$$x^* = \frac{x - x_{\min}}{x_{\max} - x_{\min}} + 1 \tag{4-28}$$

式中，$x_{\min}$ 为样本中最小值；$x_{\max}$ 为样本中最大值；x^* 为对应的归一化结果。

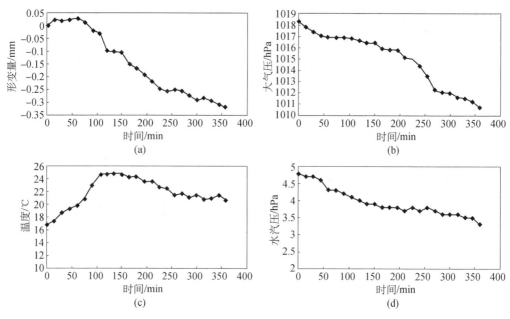

图 4-8　春季实验大气扰动及气象数据趋势图

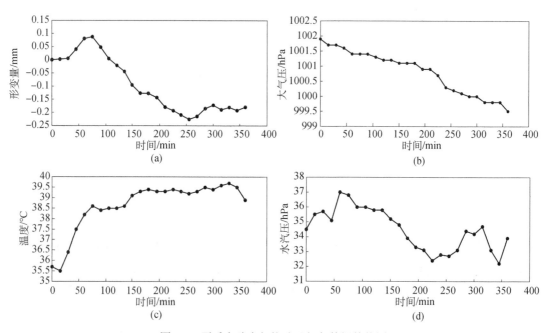

图 4-9　夏季实验大气扰动及气象数据趋势图

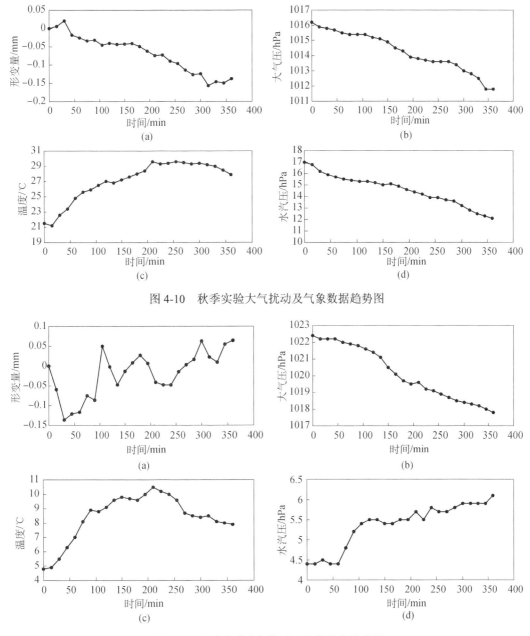

图 4-10　秋季实验大气扰动及气象数据趋势图

图 4-11　冬季实验大气扰动及气象数据趋势图

依据式（4-28）的原理计算得到四季实验中，大气扰动、大气压、温度、水汽压的变化趋势归一化值，绘制成图 4-12。

图 4-12 展示了四季中，大气扰动、大气压、温度、水汽压映射到（0，1）区间的归一化趋势线。在四季实验的趋势线中，大气扰动变化趋势与水汽压变化趋势具有相似的变化，两者相互关系较强。然而，大气压与温度的变化趋势线会造成干扰判断，如图 4-12（b）和图 4-12（c）夏、秋季实验中大气压变化趋势及图 4-12（d）冬季温度变化趋势同样

与大气扰动趋势相似。因此，为了排除干扰，精准确定大气扰动与水汽压之间的相互关系，引入回归分析与相关性分析。

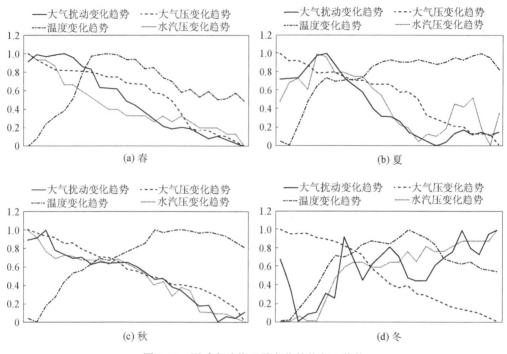

图 4-12　四季实验物理量变化趋势归一化值

3. 回归分析与数据相关性计算

回归分析（regression analysis）是确定两组或两组以上变量间关系的统计方法。回归分析按照变量的数量分为一元回归和多元回归；按照自变量和因变量之间的关系类型可分为线性回归分析和非线性回归分析。两个变量使用一元回归，两个以上变量使用多元回归。该方法广泛应用于各领域，如体育、气象等（石风淼，2017；周校，2015；张捍卫等，2011）。

采用线性多元回归分析构建回归方程表达式如下：

$$n = s + a_1 P + a_2 t + a_3 e \qquad (4-29)$$

式中，n 为大气扰动值；s 为常数；P 为大气压；t 为温度；e 为水汽压；a_1、a_2、a_3 分别为大气压、温度、水汽压的斜率，也称为 n 对应于 P、t、e 的偏回归系数，代表其他自变量保持不变的情况下，某一自变量的变化引起因变量变化的比率，数值越大表示变化影响程度越强，其值依照最小二乘法计算，计算公式如下：

$$a = \frac{\sum (X_i - \bar{X})(Y_i - \bar{Y})}{\sum (X_i - \bar{X})^2} \qquad (4-30)$$

式中，X_i 为自变量，即大气压、温度、水汽压的值；$\bar{X}$ 为一组样本均值；Y_i 为因变量，即大气扰动值；$\bar{Y}$ 为一组样本均值。此外，关于常数 s 的计算式如下：

$$s = \overline{Y} - a\overline{X} \tag{4-31}$$

依据上述计算式，得到四季实验的回归方程，见表 4-13。

表 4-13　四次实验回归方程与判定系数

季节	回归方程	复相关系数	判定系数
春	$n = -0.002P + 0.02t + 0.353e$	0.98	0.97
夏	$n = 0.4P - 0.16t + 0.67e - 0.003$	0.95	0.90
秋	$n = 0.12P + 0.13t + 1.04e - 0.15$	0.97	0.95
冬	$n = 0.17P - 0.47t + 1.09e + 0.169$	0.81	0.75

采用复相关系数与判定系数来评定回归方程拟合优劣。复相关系数取值范围在 (0,1)，是用来判断自变量与因变量之间线性关系密切程度的指标，数值越接近 1 则表示线性关系越强，反之则越弱。判定系数是用来度量回归方程的拟合优度的数值。取值范围在 (0, 1)，数值越大，说明回归方程越有意义，自变量对因变量的解释度越高，反之则解释度越低。表 4-13 中，首先，构建的方程复相关系数在 0.81~0.98，判定系数在 0.75~0.97，说明方程拟合情况良好，置信度高。其次，回归方程中各自变量因子的回归系数情况为，春季水汽压系数值为 0.353，大于大气压与温度的系数值 -0.002 与 0.02；夏季水汽压系数值为 0.67，大于大气压与温度的系数值 0.4 与 -0.16；秋季水汽压系数值为 1.04，大于大气压与温度的系数值 0.12 与 0.13；冬季水汽压系数值为 1.09，大于大气压与温度的系数值 0.17 与 -0.47。因此，回归方程展示了，当各自变量保持不变时，水汽压的变化对大气扰动值的影响比率最高，即水汽压变化对 GB-SAR 雷达设备监测数据精度影响最大。

相关系数（correlation coefficient）是最早由统计学家卡尔·皮尔逊设计的统计指标，是反映变量之间关系密切程度的统计指标，相关系数的取值区间在 (−1, 1)。1 表示两个变量完全线性相关，−1 表示两个变量完全负相关，0 表示两个变量不相关。其可划分为：0.8~1.0 极强相关，0.6~0.8 强相关，0.4~0.6 中等程度相关，0.2~0.4 弱相关，0.0~0.2 极弱相关或无相关，数据越趋近于 0 表示相关关系越弱。以下是相关系数的计算公式：

$$r_{xy} = \frac{S_{xy}}{S_x S_y} \tag{4-32}$$

S_{xy} 样本协方差计算公式：

$$S_{xy} = \frac{\sum\limits_{i=1}^{n}(X_i - \overline{X})(Y_i - \overline{Y})}{n-1} \tag{4-33}$$

S_x 样本标准差计算公式：

$$S_x = \sqrt{\frac{\sum\limits_{i=1}^{n}(X_i - \overline{X})^2}{n-1}} \tag{4-34}$$

S_y 样本标准差计算公式：

$$S_y = \sqrt{\frac{\sum_{i=1}^{n}(Y_i - \overline{Y})^2}{n-1}} \qquad (4\text{-}35)$$

式中，r_{xy} 表示样本相关系数；S_{xy} 表示样本协方差；S_x 表示 X 的样本标准差；S_y 表示 Y 的样本标准差。由于是样本协方差和样本标准差，因此分母使用的是 $n-1$，结果见表 4-14。

表 4-14　大气扰动与大气压、温度、水汽压相关系数

季节	大气压	温度	水汽压
春季	0.90	−0.25	0.93
夏季	0.80	−0.66	0.88
秋季	0.92	−0.80	0.96
冬季	−0.68	0.31	0.80

表 4-14 所示，四次实验所得数据存在不同程度的相关性。其中，四次实验监测所得大气扰动值与水汽压的相关系数最高，分别为 0.93、0.88、0.96、0.80，数值均大于等于 0.80，具有强相关性，此外该相关系数大于大气压、温度的相关系数。水汽压相较于大气压、温度，与折射率的相关性最高，且相关性强。经相关性计算，水汽压变化对大气扰动值的影响比率最高，即水汽压变化对 GB-SAR 雷达设备监测数据精度影响最大。

综上所述，大气压、温度、水汽压共同作用造成折射率的变化；归一化分析、回归分析、相关性分析这三种方法的结合应用证明水汽变化是大气折射率变化的主要原因，大气折射率的波动会降低监测精度，即水汽压变化对 GB-SAR 雷达设备监测数据精度影响最大。

4.3.3　北京市气象规律分析与揭示

本节以北京市大兴区 1981～2010 年历史气象为研究对象，数据包括 1981～2010 年北京市逐日的累年日平均气温、累年日平均水汽压、累年 20～20 时日降水量、累年 08～08 时日降水量、累年日平均风速等。

表 4-15 展示了北京市大兴区 1981～2010 年历史气象数据，由于数据量过大，截取一部分进行展示。

表 4-15　北京市大兴区 1981～2010 年历史气象数据

区站号	有效时段	日序	累年日平均气温/℃	累年日平均最高气温/℃	累年日平均最低气温/℃	累年日平均水汽压/hPa	累年 20～20 时日降水量/mm	累年 08～08 时日降水量/mm	累年日平均风速/(m/s)
54594	1981～2010 年	1	−3.7	1.7	−8.2	2.3	0	0.1	1.6
54594	1981～2010 年	4	−4	1.4	−8.5	2.2	0.2	0.2	1.6
54594	1981～2010 年	5	−4.1	1.4	−8.5	2.5	0.2	0.2	1.4
54594	1981～2010 年	6	−4.1	1.3	−8.6	2.6	0.3	0.2	1.7
54594	1981～2010 年	7	−4.2	1.3	−8.7	2.3	0.2	0.4	2
54594	1981～2010 年	23	−3.4	2.5	−8.4	1.9	0	0.1	2.3
54594	1981～2010 年	30	−2.4	3.6	−7.6	2.1	0	0	1.6
54594	1981～2010 年	31	−2.3	3.8	−7.5	2.1	0	0	2

本书只揭示水汽对 GB-SAR 设备的影响规律，因此选择相应涉及水汽的数据进行分析。将水汽压与降水量关系绘制成图，如图 4-13 所示，其中水汽压按月取均值，降水量选取我国电视和广播节目中常用的日 08~08 时降水量数据。

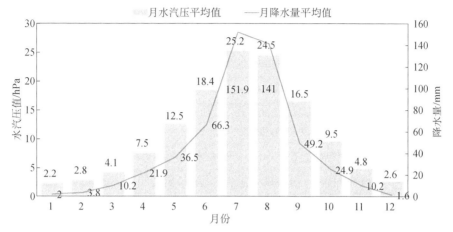

图 4-13　北京市大兴区 1981~2010 年累年月水汽压平均值与累年月降水量平均值

如图 4-13 所示，北京市 1981~2010 年的水汽压值与降水量基本呈正态分布，主要表现为 1~7 月水汽压与降水量逐步递增，9 月后逐步递减；7 月、8 月水汽压与降水量达到年最大值，5 月、6 月、9 月次之，3 月、4 月、10 月、11 月再次之，12 月、1 月、2 月为最小值；季节变化明显，夏季最高，春秋两季次之，冬季最低。由图 4-13 可知，水汽压值与降水量呈正相关关系。

依据式（4-29）与式（4-30）原理，分别计算不同情况下降水量与水汽压的一元回归方程与相关系数，一元回归方程如下：

$$e = Aw + B \qquad (4\text{-}36)$$

式中，e 为水汽压值；w 为降水量值；A 为系数；B 为常数。水汽压值与降水量的相关系数与回归方程结果见表 4-16，不同分类下的水汽压值与降水量值的一元回归方程系数相近，分别为 2.9023 与 3.3275，系数相近表示两种分类下的相互关系接近；两种分类下的相关系数分别为 0.76 与 0.8，相关性好。由此可知，北京市大兴区水汽压与降水量年变化相关性较强，呈正相关。

表 4-16　不同时次降水量与水汽压的关系

时间	样本数量/个	平均水汽压/hPa	平均降水量/mm	A	B	相关系数
08~08 时	365	10.953	1.411	2.9023	6.7401	0.76
20~20 时	365	10.922	1.423	3.3275	6.2168	0.8

查阅相关史籍《北京气候志》《北京城市气候与火灾》可知，北京市城区相对湿度与水汽压远大于郊区；相对湿度方面，水汽压均以冬季（1 月）为最小，春季次之，秋季再次之，夏季最大。

相对湿度的大小除了与空气中水汽含量有关外，还与气温的关系密切。北京地区一日之中气温有明显的日变化，所以湿度也有显著的日变化。夏季最大值出现在清晨 5 时，最小值出现在 15 时；冬季最大值出现在 7~8 时，最小值也出现在 15 时（徐亚明等，2013；宋艳玲等，2006）。

综上所述，结合前文内容，水汽变化规律与最佳监测时段可以归纳如下。

（1）按月份划分：11 月、12 月、1 月水汽压小，空气中水汽含量少，利于雷达监测；7 月和 8 月水汽压达到最大，空气中水汽充足，不利于雷达监测；5 月、6 月、9 月水汽压次之，空气中水汽含量较多，对雷达监测有一定程度的影响；3 月、4 月、10 月水汽压值再次之，空气中存在一定量水汽，比较利于雷达监测。

（2）按季节划分：冬季水汽压最小，空气中水汽含量少，利于雷达监测；夏季水汽压达到最大，空气中水汽充足，不利于雷达监测；春末夏初与夏末秋初水汽含量较多，对雷达监测有一定程度的影响；春季与秋季水汽含量较少，比较利于雷达监测。

（3）按日时划分：夏季 14 时至次日 5 时，相对湿度大，水汽压较大，空气中水汽含量充足，不利于雷达监测；5~14 时，相对湿度小，水汽压较小，空气中水汽含量相对较少，利于雷达监测。冬季 14 时至次日 7~8 时，相对湿度大，水汽压较大，空气中水汽含量充足，不利于雷达监测；8~14 时，相对湿度小，水汽压较小，空气中水汽含量相对较少，利于雷达监测。

实际工程中，涉及水汽压与相对湿度的计算较为复杂，天气预报并不会针对某一地区进行详细、全面的报道。对此，结合城市复杂的天气变化，本书简化水汽含量大小的判断条件，使之更具有实用性，对此计算水汽压与气温等气象因子的相关系数，见表 4-17。

表 4-17　水汽压与日平均气温、日降水量、日平均风速之间的相关系数

项目	日平均气温	日降水量	日平均风速
水汽压	0.93	0.8	−0.57

数据为 1981~2010 年北京市大兴区累年相关气象数据。水的蒸发将液态水转变为空气中的水汽，水汽的增加对 GB-SAR 雷达设备监测造成影响。而影响蒸发的主要气象因子为当日气温、降水量、风速、阳光照射等。其中，阳光照射不会被天气预报所播出，因此选择气温、降水量、风速计算，便于工程参考。

表 4-17 所示，水汽压值与日平均气温、日降水量、日平均风速存在一定的相关性。其中，水汽压与日平均气温相关系数达 0.93，具有强相关性，与日降水量相关系数为 0.8，同样具有较强相关性，而与日平均风速负相关，相关系数为−0.57，相关程度一般。上述相关性的计算目的在于辅助 GB-SAR 雷达设备监测的前期准备，帮助快速判断最佳气象条件，如当日气温高、风速小又有降水时则蒸发作用强，水汽压较大，不宜监测；反之则蒸发作用小，适宜监测。

4.4　顾及雷达波传输距离的 Essen-Froome 大气参数优化改正投影模型

4.4.1　顾及雷达波传输距离的大气参数优化改正投影模型构建

传统的大气参数改正方法是通过直接建立大气折射率与位移之间的数学关系计算大气参数改正值，并没有考虑 GB-SAR 设备布设和桥梁结构几何特征，制约了大气参数改正的精度。桥梁动挠度是指桥梁弯曲变形时投影方向的形变值，而 GB-SAR 设备直接测量的是桥梁的径向位移，需要进行投影计算。因此，本书拟建立 GB-SAR 城市桥梁动挠度监测时的仪器布设和桥梁结构几何特征与大气折射率的数学关系，构建大气参数优化改正投影模型，以有效地提高 GB-SAR 城市桥梁动挠度监测过程中大气参数改正的精度。通过实验论证了上述数学关系，在实际桥梁监测中取得了一定的成果，其推导过程如下（Liu et al.，2015）。

假设 GB-SAR 城市桥梁每次动挠度监测的大气折射率记为 $n_i(i=1,2,3\cdots)$。由于 GB-SAR 城市桥梁动挠度监测在水平方向和垂直方向的范围一般较小，可认为雷达波在传播路径上的大气是均匀的，据此可得经大气折射率改正的径向距离 R' 计算公式：

$$R' = R/n_i \tag{4-37}$$

式中，R 为 GB-SAR 雷达单元至监测目标点的径向距离。

如图 4-14 所示，假设 P 点是桥梁某距离分辨单元内反射最强的点，桥梁在动加载作用下弯曲变形至 P_1 点，考虑桥梁水平方向的位移很小，则 P_1 点必定仍在原距离分辨单元内。同时，雷达单元的径向距离也由 R 变为 R_1，经大气折射率 n_i 改正的径向位移 d_r 计算公式为

$$d_r = (R_1 - R)/n_i \tag{4-38}$$

式中，n_i 由式（4-22）得到。

如图 4-14 所示，假设雷达基点到桥身下表面的高度为 h，则根据直角三角形的几何特征，P 点的投影方向的位移 d_v 和径向位移 d_r 满足如下公式：

$$\left(\frac{R}{n_i} - d_r\right)^2 - (h - d_v)^2 = \frac{R^2}{n_i^2} - h^2 \tag{4-39}$$

将式（4-37）和式（4-38）代入式（4-39）中，可得顾及仪器布设和桥梁结构几何特征的大气参数改正理论模型，如下：

$$d_v = h - \sqrt{\frac{d_r(R_1 + R)}{n_i^2} + h^2} \tag{4-40}$$

通常情况下，径向距离 R_1 和 R 在 10m 以上，而二者之间的差值 d_r 则为亚毫米级。因此，式（4-40）可用径向距离 R 代替 R_1，且径向距离 R 与雷达基点到桥身下表面的高度 h

存在几何关系 $R = h / \sin \alpha$，据此，建立简化大气参数改正理论投影模型：

$$d_{v} = h - \sqrt{\frac{d_r \times 2h}{n_i^2 \sin \alpha} + h^2} \qquad (4\text{-}41)$$

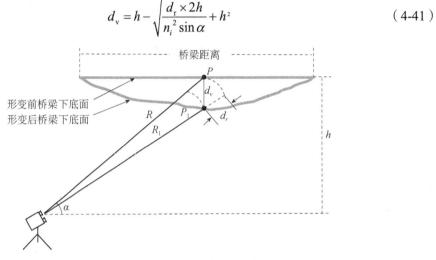

图 4-14　径向位移投影计算示意图

GB-SAR 设备雷达波在大气中传播时，雷达波信号的强度会随传播距离的延长而衰减，距离越长，衰减效果越强，反之越弱。雷达波信号强度的大小直接影响监测数据的精度。而精度下降，则意味着监测数据中夹杂着本不应该存在的噪声信号。因此，监测精度与传播距离存在着一定的数学关系。本书拟通过实验法确定顾及微波传输距离改正数 $f(h)$ 的大气参数优化改正投影模型，如下：

$$d_{v} = \left(h - \sqrt{\frac{d_r \times 2h}{n_i^2 \sin \alpha} + h^2} \right) - f(h) \qquad (4\text{-}42)$$

4.4.2　雷达监测精度与距离分析

1. 雷达方程

雷达波具有初始能量，该能量被目标截获沿原方向散射、反射回雷达。某距离下被监测目标的功率 w_1 为

$$w_1 = \frac{G p_i}{4\pi R^2} \qquad (4\text{-}43)$$

式中，G 为天线增益系数；p_i 为雷达的发射功率；R 为雷达至目标直线的距离。除上述关系外，考虑到被监测目标接收信号并反射的有效面积 σ，代入式（4-22）中，因此某距离下被监测目标的散射功率 w_2 为

$$w_2 = \frac{G p_i \sigma}{4\pi R^2} \qquad (4\text{-}44)$$

上述关系中，被监测目标可被定义为固定尺寸的发射源，因此其回波信号在各个方向上具有相同的功率并向四周以球面方向发散。考虑到微波辐射强度随着距离的增加而减

小，以 $4\pi R^2$ 的规律衰减，当雷达接收回波的面积为 S 时，雷达接收到的回波功率为 w_3：

$$w_3 = \frac{Gp_i\sigma S}{(4\pi R^2)^2} \qquad (4\text{-}45)$$

式（4-44）中，当某一监测过程中，天线增益系数 G、被监测目标有效面积 σ 与雷达接收面积 S 固定不变时，雷达至被监测目标的距离 R 影响着监测精度。当距离 R 增大时，回波功率出现衰减。此外，在工程中，还要确保被监测目标的回波功率不低于雷达本身的噪声 N_0。为了简便，常常把雷达方程写成 SNR 的形式：

$$\frac{w_3}{N_0} = \frac{Gp_i\sigma S}{(4\pi R^2)^2} \qquad (4\text{-}46)$$

因此，回波功率的衰减会降低 SNR，而 SNR 的降低则降低了监测精度。

2. 雷达监测精度与至被监测目标距离数据采集

本小节通过实验法进行相应的数据采集，以最小二乘法拟合求解两者的数学关系。

实验时间为 2018 年 12 月 8 日傍晚，实验地点位于北京建筑大学大兴校区学院楼 F 座地下一层楼道内，该场所位于地下，环境稳定，人员活动少，气象条件变化小，适宜开展实验。实验按照随机间距连续布设角反射器共计 15 个作为稳定点，GB-SAR 雷达单元与角反射器设为同一高度，连续进行短时间监测，获取角反射器稳定形变数据。实验场地如图 4-15 所示。IBIS-S 雷达参数见表 4-18。

图 4-15　雷达布设及场地角反射器布设示意图

表 4-18　IBIS-S 雷达参数设置

参数设置	数值
距离向分辨率/m	0.75
采样频率/Hz	10
最大观测距离/m	120

图 4-16 为两次实验所布设角反射器一维估计信噪比与热信噪比图。观察信噪比极值，获悉角反射器布设的准确位置。实验共计两次，两次实验所用的角反射器分别打乱布设顺序，保障客观、严谨性。采集若干组实验数据，两次实验分别筛选出 3 组，共 6 组数据，如图 4-17、图 4-18 所示。

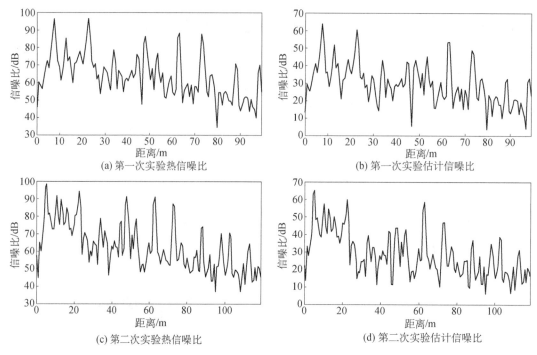

(a) 第一次实验热信噪比　　　　　　　　　　(b) 第一次实验估计信噪比

(c) 第二次实验热信噪比　　　　　　　　　　(d) 第二次实验估计信噪比

图 4-16　两次实验角反射器估计信噪比与热信噪比图

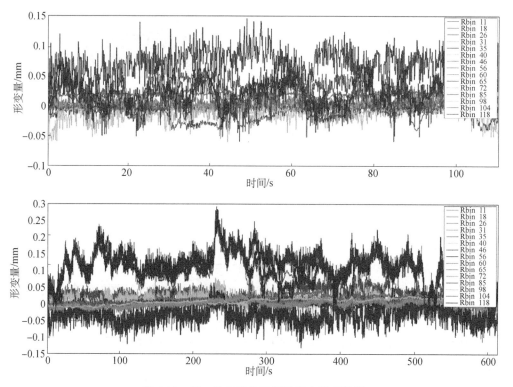

图 4-17　第一次实验角反射器稳定形变数据

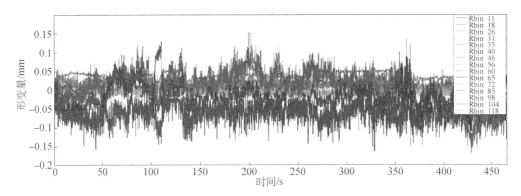

图 4-17　第一次实验角反射器稳定形变数据（续）（彩图请扫描封底二维码查看）

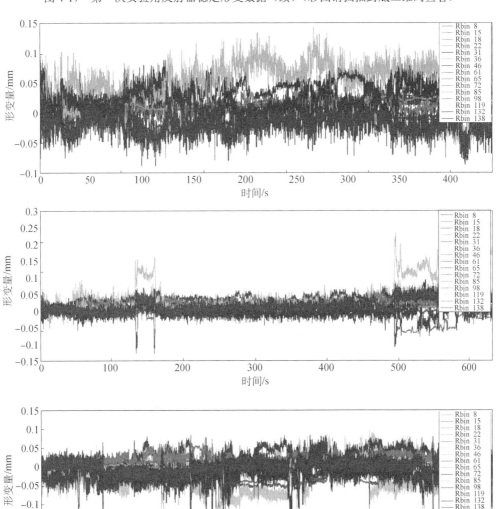

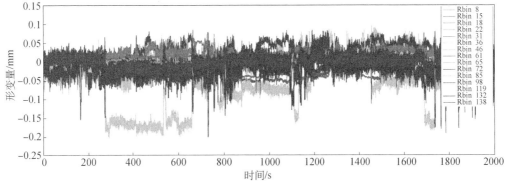

图 4-18　第二次实验角反射器稳定形变数据（彩图请扫描封底二维码查看）

图 4-17 与图 4-18 分别为两次实验数据，个别角反射器形变过大，猜测为环境中扰动所致。由于本次实验环境优良稳定，IBIS-S 雷达理论精度可达 0.001mm，微小扰动便可能产生较明显的波动，因而存在如图 4-17 和图 4-18 所示的扰动数据是合理的。将扰动数据剔除，最终分别筛选出 12 个角反射器数据作为拟合数据。

3. 曲线拟合及分析

对数据进行处理，两次实验中角反射器 SNR 如表 4-19 所示；分别计算每个角反射器某一组监测中形变数据的均值，如表 4-20、表 4-21 所示。

表 4-19　两次实验角反射器信噪比值

距离/m	信噪比/dB	实验 2 测距/m	信噪比/dB
5.2	96.5	5.2	98.4
10.5	85.4	10.5	91.9
12.7	96.9	12.7	89.6
15.7	70.9	15.7	84.9
22.5	69.2	22.5	94.2
33.7	78.7	33.7	78.7
45	64.2	45	77.1
48	76.1	48	91.1
53.2	86.4	53.2	78.4
63	76.9	63	90.7
72.7	88.5	72.7	87.1
88.5	88	88.5	74.1

表 4-20　第一次实验数据各个角反射器形变均值与距离关系

距离/m	第一组/mm	第二组/mm	第三组/mm
7.5	0.007 5	0.002 9	0.001 6
12.8	0.008 2	0.002 5	0.002 4
22.6	0.009 9	0.007 68	0.007 2
25.6	0.011 7	0.009	0.012 2
29.3	0.018 8	0.016 2	0.017
33.8	0.019 6	0.021 1	0.018 1
41.4	0.019 9	0.026 4	0.023 6
44.4	0.024 2	0.023 2	0.018 3
48.1	0.022 3	0.026 2	0.021 9
53.4	0.023 2	0.027 2	0.022 2
63.2	0.025 3	0.028 1	0.024 2
72.9	0.026 5	0.028 5	0.025 9

表 4-21　第二次实验数据各个角反射器形变均值与距离关系

距离/m	第一组/mm	第二组/mm	第三组/mm
5.2	0.012	0.0081	0.0072
10.5	0.0135	0.0073	0.0099
12.7	0.0171	0.008	0.008
15.7	0.0175	0.0084	0.0098
22.5	0.0195	0.0144	0.0121
33.7	0.0209	0.0183	0.0163
45	0.0207	0.0202	0.0208
48	0.0221	0.0226	0.0216
53.2	0.0238	0.0198	0.0225
63	0.0223	0.0256	0.0259
72.7	0.0256	0.0284	0.0273
88.5	0.0262	0.0289	0.03

如表 4-19 所示，角反射器 SNR 最小值为 71.4dB，最大值为 98.4dB，SNR 较高，数据可信度高；不同角反射器 SNR 存在不同值，可能由角反射器摆放角度不同所致。对每个角反射器数据取均值，以表示当前距离下角反射器的形变值，由于实验场地环境稳定，环境波动极小，因此可认为计算出的数据均值为环境影响、雷达设备系统误差、信号收发时的损耗以及雷达波信号因距离衰减产生的误差的集合。上述集合中，雷达设备系统误差、信号收发时的损耗对雷达影响极小，可以忽略；实验场地环境稳定，多组实验保证了客观性，环境影响被尽可能降到了最低；雷达波因距离衰减产生的误差是客观存在的，对雷达监测有一定影响，客观存在无法被消除与规避，因此对数据拟合，以数学函数的形式表达该客观存在。

本书采用 MATLAB 工具软件拟合。将 6 组数据分别以统一基函数的形式拟合，其拟合曲线如图 4-19 和图 4-20 所示。

如图 4-19 与图 4-20 所示，6 组数据均出现相似曲线，表明存在着上述物理规律，且其数学关系为二次曲线。据此，为进一步准确表达其关系，本书选择第一组实验第 3 次数据，以二次多项式 $f(x) = ax^2 + bx + c$，以 e 为底的指数函数 $f(x) = ae^{bx}$，幂函数 $f(x) = ax^b$ 三种基函数的形式对该二次曲线表达，图 4-21 展示了三种函数的拟合效果，表 4-22 展示了三种函数的拟合优度评价参数。

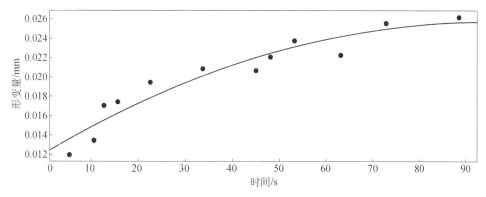

图 4-19　第一次实验数据拟合曲线

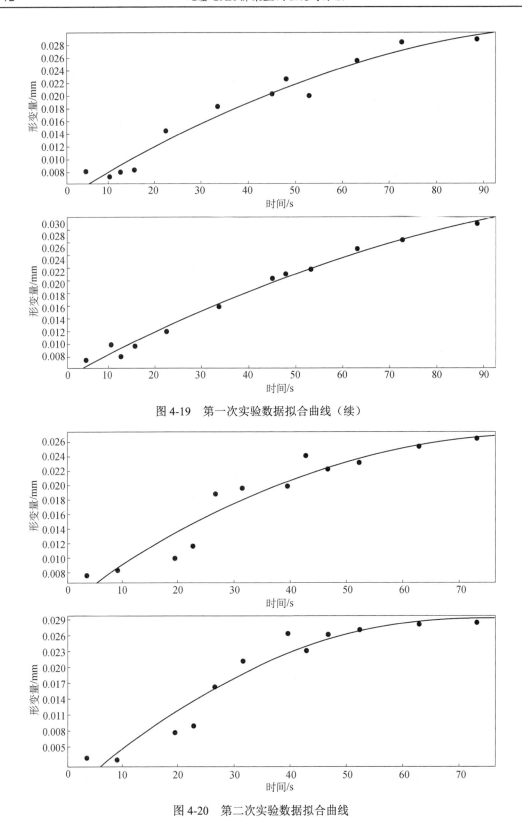

图 4-19　第一次实验数据拟合曲线（续）

图 4-20　第二次实验数据拟合曲线

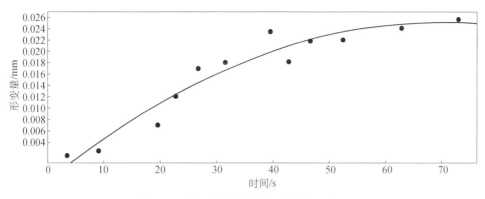

图 4-20　第二次实验数据拟合曲线（续）

图 4-21 展示了三种函数的拟合效果，曲线一为二次多项式，曲线二为以 e 为底的指数函数，曲线三为幂函数。如图 4-21 所示，曲线三在整体的走势中与数据在一定程度上背离，其在全局的拟合中较曲线一与曲线二存在较大差异。曲线一与曲线二在整体上与数据的偏移量较小，很难通过曲线走势评价优劣，因此引入拟合优度评价参数辅助判断。

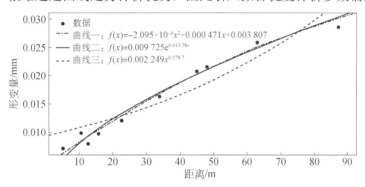

图 4-21　三种不同基函数拟合效果图

和方差、均方根误差表示拟合函数与实际曲线的偏离程度，其值越接近 0，表示拟合函数效果越好；修正决定系数与决定系数则代表了拟合函数对数据的解释能力，其值越接近 1，表示函数对数据的解释能力越强。通过对表 4-22 三种表达式分析可知，二次多项式 $f(x) = -0.000\,002\,095x^2 + 0.000\,471x + 0.003\,807$ 在和方差与均方根误差上，较其他函数更接近 0，表明其拟合效果与原始曲线最接近；其修正决定系数与决定系数较其他函数更接近 1，表明其对数据的解释能力最强。因此，该规律以

$$f(x) = -0.000\,002\,095x^2 + 0.000\,471x + 0.003\,807$$

的形式表达。最终顾及雷达波传输距离的 Essen-Froom 大气参数优化改正投影模型则可以表达为

$$d_v = \left(h - \sqrt{\frac{d_r 2h}{n_i^2 \sin \alpha} + h^2}\right) - (-0.000\,002\,095x^2 + 0.000\,471x + 0.003\,807) \quad （4-47）$$

表 4-22　三种函数拟合优度评价参数

函数表达式	和方差	决定系数	修正决定系数	均方根误差
$f(x)=-2.095\times10^{-6}x^2+$ $0.000\ 471x+0.003\ 807$	$94\ 404\times10^{-6}$	0.986 3	0.983 2	0.001 022
$f(x)=0.009\ 725\mathrm{e}^{0.013\ 78x}$	8.662×10^{-5}	0.873 6	0.861	0.002 943
$f(x)=0.002\ 249x^{0.578\ 7}$	1.567×10^{-5}	0.977 1	0.974 8	0.001 253

4.4.3　桥梁模型验证

本节为验证本书所提出的模型在桥梁监测中的可改性与准确性，利用 IBIS-S 系统分别对北京市不同的桥梁进行了监测实验，采集了多组数据进行验证，其中桥梁类型涉及损伤城市桥梁、古桥梁、高速桥梁、交通枢纽桥梁，涵盖了当前北京市现存的多种桥梁，取得了很好的效果。

1. 富丰桥实验概况与分析

富丰桥坐落于北京市西南四环，属于西南四环沿线，南北朝向，桥梁被科兴路与富丰路贯穿，基本信息如图 4-22（a）所示。图 4-22（b）围挡区域为北京市第 16 号地铁富丰桥站施工现场，地铁盾构采用暗挖法，呈东西向布置，在现场观察发现该桥梁桥墩位置布设了多个支撑柱，如图 4-22（b）和图 4-22（c）所示，猜测地铁施工使桥梁发生沉降，因此采用支撑柱保障桥梁结构安全。通过 GB-SAR 技术与 PS-InSAR 技术证明了地铁盾构施工会使桥梁产生沉降，进而使桥梁结构发生损伤（Liu et al.，2019）。

(a)

(b)　　　　　　　　　　　　(c)

图 4-22　富丰桥概况

目前运营地铁达 23 条，在建地铁达 17 条，地铁贯穿桥梁现象普遍，因此对该桥梁开展动挠度监测对于城市地铁贯穿桥梁的安全研究具有重要意义。

此次监测实验仪器布设如图 4-23 所示。监测桥梁为南北向桥梁的西侧桥，车辆由北向南行驶，将 GB-SAR 设备架设于桥梁南侧桥墩，角度设为 25°，仪器距离桥底面 3.5m，雷达波信号对准桥梁跨中点位置采集数据。气象数据见表 4-23。

首先通过前文中的式（4-22）计算大气折射率 n，n 为 1.000 347。

表 4-23　富丰桥监测气象数据

温度/℃	大气压/hPa	湿温/℃	饱和水汽压/hPa	相对湿度/%
22.7	998.6	11.9	27.7	23.8

桥梁下底面为钢筋混凝土结构，具有较强的信号反射能力，即使不人为安置角反射器，回波信号的强度也可以得到保障。桥梁下底面回波 SNR 均大于 40dB，如图 4-24 所示。本次实验雷达分辨率为 0.75m，多组数据采样频率分别为 199.69Hz、99.83 Hz、10.00 Hz，共采集 9 组数据。SNR 与距离的关系如图 4-25 所示，结合实际现场仪器布设关系，可推断跨中点位于雷达波发射视线向 18m 处（图中圆圈位置）。

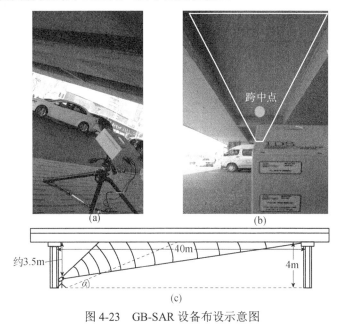

图 4-23　GB-SAR 设备布设示意图

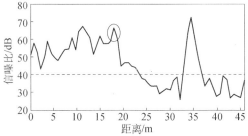

图 4-24　富丰桥底面反射信号信噪比分布图

对采集的数据进行筛选，得到 4 组典型过车时该位置的原始视线向动挠度值，明显信号位置用圆圈标注，如图 4-25 所示。

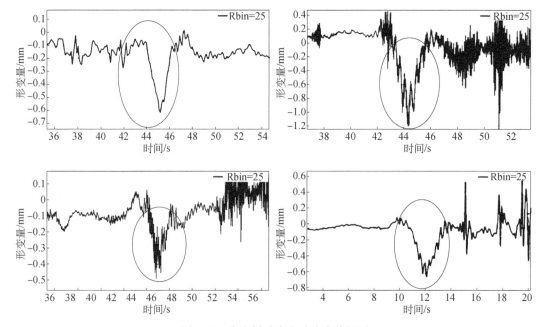

图 4-25　富丰桥跨中点动挠度数据图

如图 4-25 所示，该动挠度值较大，结合富丰桥损伤现状，该值较大为合理现象。其中最大视线向动挠度值为 1.204mm。此外，富丰桥为四环沿线桥梁，限速 80km/h，可发现过车时桥梁动态响应时间大致为 2～4s。上述数据经顾及雷达波传输距离的 Essen-Froom 大气参数优化改正投影模型改正后得到表 4-24，改正后数据精度平均提高 0.84%。

表 4-24　富丰桥跨中点动挠度值

数据组	改正前径向动挠度	改正前实际动挠度	改正后最终动挠度	精度提高百分比/%
1	−1.204	−2.849	−2.834	0.53
2	−0.489	−1.157	−1.144	1.12
3	−0.656	−1.552	−1.538	0.90
4	−0.616	−1.458	−1.446	0.82

2. 卢沟桥实验概况与分析

卢沟桥坐落于北京市丰台区宛平城文化旅游区，为我国四大名桥之一，是北京市现存最古老的石造联拱桥，如图 4-26 所示。整个桥身为石体结构，关键部位均有银锭铁榫连接，为华北最长的古代石桥。此外，我国近代历史上著名的七七事变，又称卢沟桥事变发生于此。综上所述，卢沟桥兼具极高的古建筑研究价值与革命历史意义。因此，获取高精度卢沟桥动挠度值有助于了解桥梁性能现状，对卢沟桥的保护具有重要意义与重大价值。

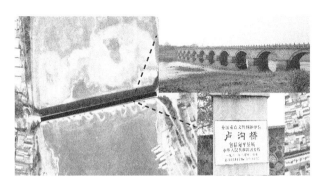

图 4-26　卢沟桥概况

卢沟桥监测布设如图 4-27（a）所示。由于卢沟桥为十一孔联拱桥，桥下为永定河，因此仪器布设在河岸上距离桥身直线距离 80m 处，仪器角度为 20°，距离向分辨率为 0.75m，雷达与卢沟桥桥面垂直距离为 4m，采样频率分别为 181.81Hz、99.96Hz、10Hz，采集 8 组数据。桥身为石质材料，雷达波信号反射良好。雷达正对桥身第四洞监测，SNR 如图 4-27（b）所示。采集气象数据见表 4-25。

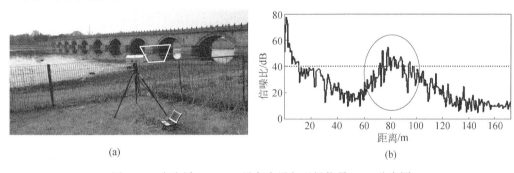

图 4-27　卢沟桥 GB-SAR 设备布设与现场信号 SNR 分布图

如图 4-27 所示，80m 处（圆圈位置）反射信号强，SNR 大于 40dB，结合场景布设，80m 范围为桥体第四拱洞。

表 4-25　卢沟桥监测气象数据

温度/℃	大气压/hPa	湿温/℃	饱和水汽压/hPa	相对湿度/%
24.6	1000.3	12.8	31.9	22.5

首先通过前文中的式（4-22）计算实验时刻大气折射率 n 为 1.000 359。对第四拱洞数据进行筛选，得到的数据如图 4-28 所示。通过式（4-47）对筛选出的四组数据进行改正计算，得到表 4-25。

实验中，桥面未驶过车辆及其他重型载具，桥梁负载主要为游客且人流量很小，不具备对桥梁造成较大形变的条件。当日瞬时风力较大，达到 3～4 级，因此实验所监测数据为风力影响下的桥梁动挠度。上述数据经顾及雷达波传输距离的 Essen-Froom 大气参数优化改正投影模型改正后得到表 4-26，改正后精度平均提高 16.47%。

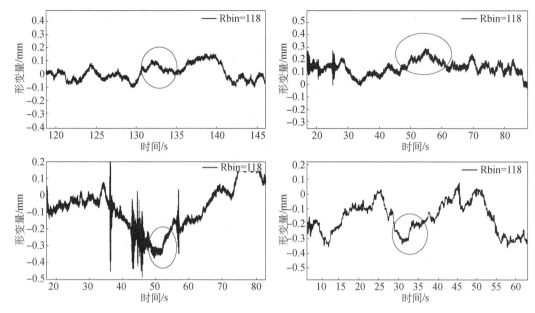

图 4-28　卢沟桥第四拱洞动挠度数据图

表 4-26　卢沟桥第四拱洞动挠度数据值

数据组	改正前径向动挠度	改正前实际动挠度	改正后最终动挠度	精度提高百分比/%
1	0.296	0.865	0.727	15.95
2	0.154	0.450	0.364	19.11
3	−0.368	1.076	0.911	15.33
4	−0.340	0.994	0.840	15.49

3. 京港澳高速桥实验概况与分析

京港澳高速（G4）是一条首都放射型国家高速，连接北京和广州、珠海、香港、澳门等南部重要城市，为中国南北交通大动脉，全长约 2285km。其中京港澳高速（北京段，原名京石高速公路）是北京最早建设的高速公路，也是中国大陆第三条开工建设的高速公路，被誉为"中国公路建设的新起点"。该公路起点为三环路六里桥，终点为房山琉璃河，全长 45.6km。综上所述，京港澳高速具有重要历史意义与重大交通价值，其沿线桥梁的安全关系到国家的经济、交通稳定，对沿线高速桥展开动挠度监测则具有重要意义。本书所选路段为京港澳高速宛平桥段，如图 4-29 所示。

图 4-29　京港澳高速宛平桥段概况

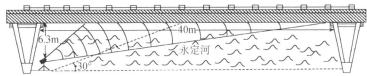

图 4-30　GB-SAR 设备布设示意图

京港澳高速宛平桥段东西走向分别设 4 车道，横跨永定河，布设示意图如图 4-30 所示，据现场实际环境，将 GB-SAR 设备布设在东河岸桥下第一跨位置，仪器角度为 30°，距离向分辨率为 0.75m，雷达距离桥身下底面垂直距离为 6.3m，采样频率分别为 181.48Hz、99.70Hz、10Hz，共采集 7 组数据。桥身下底面材质对雷达波信号反射性能良好。雷达正对桥身下底面进行监测。观测场景内 SNR 分布如图 4-31 所示。采集气象数据见表 4-27。

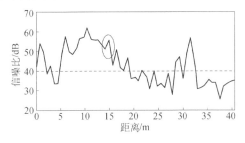

图 4-31　京港澳高速桥桥身下底面反射信号信噪比分布图

表 4-27　京港澳高速桥监测气象数据

温度/℃	大气压/hPa	湿温/℃	饱和水汽压/hPa	相对湿度/%
23	995.9	11.6	27.4	23.3

经式（4-22）计算此时刻大气折射率为 1.000 342。

如图 4-31 所示，场景内信噪比普遍大于 40dB，结合场景实际布设，红圈所示位置为跨中点，32m 处为远端桥墩。

图 4-32 为跨桥梁中点时车辆造成的动挠度数据图。经顾及雷达波传输距离的 Essen-Froom 大气参数优化改正投影模型改正后得到表 4-28，改正后数据精度平均提高 3.7%。

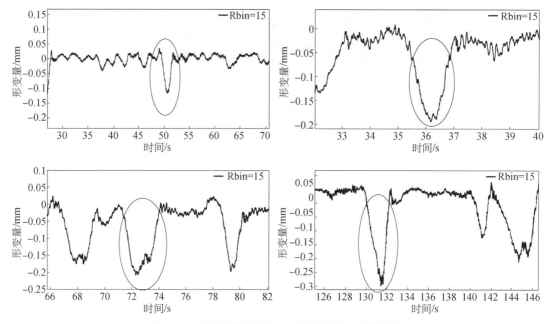

图 4-32　京港澳高速桥跨中点过车时动挠度数据图

表 4-28　京港澳高速跨中点动挠度值

数据组	改正前径向动挠度	改正前实际动挠度	改正后最终动挠度	精度提高百分比/%
1	−0.116	−0.242	−0.223	3.88
2	−0.195	−0.395	−0.381	3.54
3	−0.211	−0.430	−0.413	3.95
4	−0.297	−0.606	−0.585	3.46

4. 丰北桥实验概况与分析

丰北桥为北京市西四环沿线上桥梁，桥下有丰体南路与丰台北路，地下为地铁 14 号线；周边有丰台体育中心，曾承办北京奥运会，目前球场为中超球队北京人和主场，每逢比赛日车流量增大。该桥为通往京港澳高速的必经桥梁之一，车流量大且车辆类型复杂。周围学校、公园密集。该桥作为四环沿线，承载着该地区南北向较大的早晚高峰车流，如图 4-33 所示。综上所述，丰北桥作为重要交通枢纽，不仅承载着密集车流，且受周边复杂环境影响，因此对该桥梁展开动挠度监测具有重大价值与重要意义。

丰北桥主桥位于四环沿线，为南北走向双向桥梁，设 4 条车道，此外设有 6 座辅路桥。本次实验数据采集为主桥由南向北方向，现场数据 GB-SAR 设备布设如图 4-34 所示。GB-SAR 设备布设在路边高台上，仪器角度为 30°，距离向分辨率为 0.75m，雷达距离桥身下底面垂直距离为 7.1m，采样频率分别为 199.74Hz、99.70Hz、10Hz，共采集 8 组数据。桥身下底面材质对雷达波信号反射性能良好。雷达正对桥身下底面监测。观测场景内信噪比分布图如图 4-35 所示。采集气象数据见表 4-29。

图 4-33　丰北桥段概况

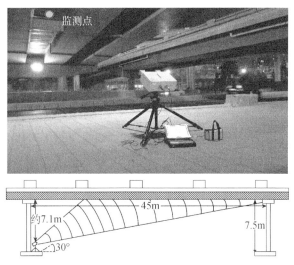

图 4-34　GB-SAR 设备布设示意图

表 4-29　丰北桥监测气象数据

温度/℃	大气压/hPa	湿温/℃	饱和水汽压/hPa	相对湿度/%
22.8	997.4	11.6	27.4	23

经式（4-22）计算此时大气折射率为 1.000 344。

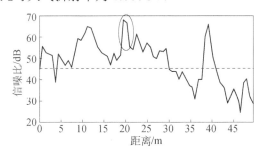

图 4-35　丰北桥桥身下底面反射信号信噪比分布

观察场景内信号强度分布如图 4-35 所示，场景内 SNR 普遍大于 45dB，结合场景实际布设，40m 处推测为对面桥墩。选择圆圈所示数据分析，得到图 4-36。

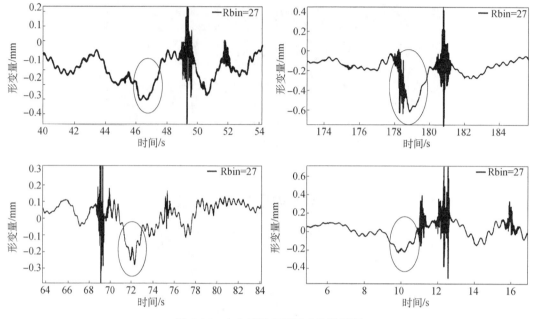

图 4-36　丰北桥过车瞬时动挠数据图

经顾及雷达波传输距离的 Essen-Froom 大气参数优化改正投影模型改正后得到表 4-30，改正后精度平均提高 2.1%。

表 4-30　丰北桥过车瞬时动挠数据

数据组	改正前径向动挠度	改正前实际动挠度	改正后最终动挠度	精度提高百分比/%
1	−0.331	−0.662	−0.649	2.0
2	−0.621	−1.242	−1.229	1.0
3	−0.280	−0.560	−0.547	2.3
4	−0.217	−0.434	−0.421	3.0

通过实验数据验证顾及微波传输距离的 Essen-Froome 大气参数优化改正投影模型。分别以不同类型桥梁（损伤桥梁、古代桥梁、高速桥、交通枢纽）实验验证该模型的可靠性与准确性，验证结果表明，该模型可以降低气象因素对雷达波传播的影响，该模型可提高 GB-SAR 城市桥梁动挠度监测的数据精度，平均提高 5.8%。综上所述，本章构建的顾及雷达波传输距离的 Essen-Froome 大气参数优化改正投影模型可以用来提高 GB-SAR 雷达设备监测数据精度。

参 考 文 献

刁建鹏，黄声享. 2010.CCTV 新台址主楼的倾斜变形特性研究. 测绘工程，19（2）：42-44.

董杰，董妍. 2014. 基于气象数据的地基雷达大气扰动校正方法研究. 测绘工程，23（10）：72-75.

盛裴轩. 2003. 大气物理学. 北京：北京大学出版社.

石风淼. 2017. 大气效应改正在 GB-SAR 变形监测中的应用. 武汉：武汉大学.

宋艳玲，叶殿秀，张强. 2006. 气象条件对铁饼比赛成绩的影响及其回归方程的建立. 应用气象学报，17（z1）：65-70.

王开燕，王雪梅，张仁健，等. 2008. 北京市冬季气象要素对气溶胶浓度日变化的影响. 环境科学研究，21（4）：132-135.

徐亚明，周校，王鹏，等. 2013. 地基干涉雷达 IBIS-S 桥梁动态形变监测研究. 武汉大学学报（信息科学版），（7）：845-849.

张捍卫，丁安民，雷伟伟. 2011. 空间大地测量学中的大气折射理论. 北京：测绘出版社.

周校. 2015. GB-SAR 环境改正及数据处理理论与方法研究. 武汉：武汉大学.

曾静，王美娥，张红星. 2014. 北京市夏秋季大气 $PM_{2.5}$ 浓度与气象要素的相关性. 应用生态学报，25（9）：2695-2699.

Fratini M，Parrini F，Pieraccini M，et al. 2009. Structural oscillation modes identification by applying controlled loads and using microwave interferometry. NDT & E International，42（8）：748-752.

Liu X L，Tong X H，Ding K L，et al. 2015. Measurement of long-term periodic and dynamic deflection of the long-span railway bridge using microwave interferometry. IEEE Journal of Selected Topics in Applied Earth Observations and Remote Sensing，8（9）：4531-4538.

Liu X L，Wang P P，Lu Z，et al. 2019. Damage detection and analysis of urban bridges using terrestrial laser scanning（TLS），ground-based microwave interferometry，and permanent scatterer interferometry synthetic aperture radar（PS-InSAR）. Remote Sensing，11（5）：580.

Peck E R，Khanna B N. 1966. Dispersion of nitrogen. Journal of the Optical Society of America，56（8）：1059-1063.

Pieraccini M，Fratini M，Parrini F，et al. 2006. Dynamic monitoring of bridges using a high-speed coherent radar. IEEE Transactions on Geoscience and Remote Sensing，44（11）：3284-3288.

第 5 章　GB-SAR 信号降噪

5.1　希尔伯特-黄变换

希尔伯特-黄变换（Hilbert-Huang transform，HHT）是一种适用于非线性、非平稳信号的数据分析方法。1998 年，由美国 NASA 的黄锷博士等首次提出 HHT 理论（Huang et al.，1998），Wu 和 Huang 等先后于 1999 年（Huang et al.，1999）、2003 年（Huang et al.，2003）、2004 年（Wu and Huang，2004）对该理论方法进行扩充和发展。HHT 理论由经验模态分解（empirical modal decomposition，EMD）和希尔伯特变换（Hilbert transform，HT）两部分算法组成，中心思想是通过 EMD 将原始序列分解为多个本征模态函数（intrinsic mode functions，IMF），并将 IMF 作为 Hilbert 变换的输入数据，通过 Hilbert 变换对各层 IMF 构造进行解析，获取瞬时频率与瞬时振幅，达到先分解后逐层分析的目的。

相较于传统信号处理方法，HHT 有其独特的优势。传统的傅里叶变换是将一个时间域上的函数经傅里叶变换后呈现出频率域上的复数函数，而此复数函数在不同频率下的振幅大小直接代表原时间域上的函数在各个频率上的组成权重，然后直接以频率作图来分析原时间域上的函数所对应的频率内容，建立傅里叶频率图。但是傅里叶变换是一个频率域的谱，只能反映在某一段时间内整个信号的频率特征，且在频谱图中无法确定频率所对应的具体时间，导致其在时间域分析上存在一定的局限性。为了获取更准确的时间域分析结果，20 世纪 80 年代在傅里叶变换的基础上，学者研究出小波变换信号处理方法。小波是指一个定义为有限长度且平均值为零的波形。在确定一个伸长、压缩或者变形的小波函数后，逐段平移，展开被分析信号，因此小波变换对信号局部特征的描述和分析具有更好的效果。小波变换具有运算量较小、凸显非稳态信号局部特性及分阶段滤波的优点，通过小波变换对原始信号进行分析，不仅可获得频率域上的频率分布，也可通过时间域观察到频率突变的时间点。但是在小波变换中，小波基函数的长度有限，选取比较困难，很难一次就达到理想的分解效果，同时在分解过程中会产生能量部分泄露，因而难以对信号做高精度的时频域分析。而 HHT 方法具有较高的局部性和适应性的分析优势，其中 EMD 的分解过程仅依据信号的局部时间尺度来进行，完全基于原信号的性质，应用 Hilbert 变换对分解后产生的 IMF 进行计算，可以得到信号频率在时间域上的分布情况（刘龙，2014；李舜酩等，2013）。

本节主要研究 HHT 基本原理，实现基于 HHT 理论 EMD 信号重构动态数据降噪处理方法，对 IBIS-S 系统所采集到的位移数据进行降噪处理和分析，证明 HHT 理论在地基雷达所采集的间序列信号降噪处理中的适用性。HHT 理论在地基雷达所采集的间序列信号降噪处理中的主要步骤为 EMD 信号分解和重构。EMD 方法可以将原始信号按照自身的时间尺度进行分解，得到由高频到低频的各阶 IMF。利用相关系数确定 EMD 分解得到各阶模态的序列类型，对噪声序列、周期序列以及趋势序列进行重构以达到降噪目的。

5.1.1　希尔伯特–黄变换原理

1. 希尔伯特变换（Hilbert 变换）

在自然界中通过某种方式或手段（包括地基雷达在内）所获取的信号均为实信号。在信号处理中可将实信号定义为复信号，通过对复信号的分析能够确定信号的瞬时幅值和瞬时相位，从而进一步计算信号的瞬时频率（徐佳和麻海凤，2013）。

对一个实信号 $x(t)$ 的复信号 $z(t)$ 定义为

$$z(t) = x(t) + jy(t) = a(t)\,\mathrm{e}^{jq(t)} \tag{5-1}$$

式中，$x(t)$、$y(t)$ 为复信号的实部和虚部。虚部是通过数学理论描述信号的瞬时量，以表现合理的物理意义。在明确定义实部和虚部后，可以求得信号的瞬时幅值 $a(t)$ 和瞬时相位 $\theta(t)$，如下式所示：

$$a(t) = \sqrt{x^2(t) + y^2(t)} \tag{5-2}$$

$$\theta(t) = \arctan \frac{y(t)}{x(t)} \tag{5-3}$$

瞬时频率 $\omega(t)$ 为瞬时相位的导数：

$$\omega(t) = \frac{\mathrm{d}\theta(t)}{\mathrm{d}t} = \frac{\dot{y}(t)x(t) - \dot{x}(t)y(t)}{a^2(t)} \tag{5-4}$$

Gabor（1947）将实信号 $x(t)$ 的 Hilbert 变换作为 $z(t)$ 的虚部 $y(t)$，使复信号 $z(t)$ 成为 $x(t)$ 的解析信号。

在给定一个函数或者信号定义为 $x(t)$，可定义其一维积分转换如下：

$$X(s) = \int_{\Omega} x(t)\varphi(t,s)\,\mathrm{d}t \quad t \in \Omega \tag{5-5}$$

$$x(t) = \int_{\Gamma} X(s)\Psi(t,s)\,\mathrm{d}s \quad s \in \Gamma \tag{5-6}$$

式中，$X(s)$ 为 $x(t)$ 的积分变换；而 $x(t)$ 为 $X(s)$ 的逆积分变换；$\varphi(t,s)$ 为积分变换的核函数；而 $\Psi(t,s)$ 为积分变换的共轭核函数。经过积分变换后，原为时间域上的函数 $x(t)$，转换为实数或复数自变量 $X(s)$ 的函数。令核函数 $\varphi(t,s)$ 和共轭核函数 $\Psi(t,s)$ 为

$$\varphi(t,s) = \frac{1}{\pi(s-t)} \tag{5-7}$$

$$\Psi(t,s) = \frac{1}{\pi(t-s)} \tag{5-8}$$

将式（5-7）和式（5-8）中的定义域 Ω 和 Γ 皆定义为实数集，即可得到 Hilbert 变换：

$$X(s) = \frac{1}{\pi} \int_{-\infty}^{\infty} \frac{x(t)}{\pi(s-t)} \mathrm{d}t \tag{5-9}$$

$$x(t) = \frac{1}{\pi} \int_{-\infty}^{\infty} \frac{X(s)}{\pi(t-s)} \mathrm{d}t \tag{5-10}$$

由式（5-9）和式（5-10）可知，Hilbert 变换是将一个时间域函数转换为另一个时间域函数。所以可将 Hilbert 变换以及其逆变换定义为

$$y(t) = H[x(t)] = \frac{1}{\pi} \mathrm{PV} \int_{-\infty}^{\infty} \frac{x(\tau)}{(t-\tau)} \mathrm{d}\tau \tag{5-11}$$

$$x(t) = H^{-1}[y(t)] = -\frac{1}{\pi} \mathrm{PV} \int_{-\infty}^{\infty} \frac{y(\tau)}{(t-\tau)} \mathrm{d}\tau \tag{5-12}$$

式中，PV 表示柯西主值；τ 和 t 为时间域上的实数集。

经由 Hilbert 变换后，将变换得到的 $y(t)$ 作为 $x(t)$ 解析信号的虚部，则有解析信号：

$$z(t) = x(t) + jy(t) = x(t) + jH[x(t)] = a(t)\mathrm{e}^{j\theta(t)} \tag{5-13}$$

解析信号的瞬时幅值、瞬时相位和瞬时频率可表示为

$$a(t) = \sqrt{x^2(t) + H^2[x(t)]} \tag{5-14}$$

$$\theta(t) = \arctan \frac{H[x(t)]}{x(t)} \tag{5-15}$$

$$\omega(t) = \frac{\mathrm{d}\theta(t)}{\mathrm{d}t} = \frac{\dot{H}[x(t)]x(t) - \dot{x}(t)H[x(t)]}{a^2(t)} \tag{5-16}$$

由上述公式可以看出 Hilbert 变换与传统傅里叶变换的最大不同之处在于，信号经过 Hilbert 变换后，振幅与频率皆为时间域上的函数，而传统傅里叶变换后两者均为常数，因此可以得知，Hilbert 变换可以求得信号的瞬时频率，而傅里叶变换得到的是平均频率。

在某些情况下，实数信号 $x(t)$ 为单分量或窄带信号，解析信号的相位导数所求得的瞬时频率具有物理意义。但是在实际情况中，经 Hilbert 变换后求得的瞬时频率会产生与实际意义不符的情况。所以，Huang 等（2003）提出 EMD 的方法将原始信号分解为符合 Hilbert 变换特性的 IMF。

2. 经验模态分解（EMD）

EMD 能将原始信号依据其本身的局部时间尺度进行分解，分离成数个具有 Hilbert 变换特性的高、低频 IMF，且经 Hilbert 变换后得到的瞬时频率能够反映信号的实际物理意义。在 EMD 分解过程中不需要构造基函数，属于直接且具有自适应性的分析方法。

IMF 可以是频率调制的，也可以是幅值调制的，且限于窄带信号上，这样会导致并非在所有情况下将 IMF 通过 Hilbert 变换后都能得到能够合理反映其物理机制的完美瞬时频率。所以 Huang 等（2003）将 EMD 方法引入，通过该方法把信号分解成所需的 IMF。

满足下述两个条件的函数就可以被称为 IMF。

（1）整个信号持续的时间内，在所获取的时间序列中，过零点的数目必须与极值点的数目相等或者至多只相差一个；

（2）在信号的任意时刻，由局部极大值点定义的上包络线和局部极小值定义的下包络线的平均值为零，各阶 IMF 关于时间轴对称。

条件（1）与传统的平稳、高斯正态过程的窄带要求相似，条件（2）是为了确保 IMF 经 Hilbert 变换后所得到的瞬时频率具有意义，以得到正确瞬时频率的必要条件。EMD 方法具体过程如下。

a）找到原始信号 $x(t)$ 中局部极大值和极小值点，然后利用三次样条插值得到上包络线和下包络线，计算上、下包络线的平均值，记为均值包络线 $m_1(t)$，将原始信号 $x(t)$ 减去均值包络线 $m_1(t)$，去掉低频信号后，得到新序列 $h_1(t)$：

$$h_1(t) = x(t) - m_1(t) \tag{5-17}$$

b）判断新序列 $h_1(t)$ 是否满足 IMF 的限制条件，若满足条件，则 $h_1(t)$ 为第一个本征模态函数；若不满足条件，将 $h_1(t)$ 取代 $x(t)$ 作为原始信号，重复步骤（1）可以得到上、下包络线的平均值 $m_{11}(t)$，进而求得新的差值 $h_{11}(t)$：

$$h_{11}(t) = h_1(t) - m_{11}(t) \tag{5-18}$$

c）再判断 $h_{11}(t)$ 是否满足 IMF 的限制条件，若仍未能满足条件，将以上步骤重复 k 次，直到 $h_{1k}(t)$ 满足 IMF 的限制条件为止：

$$h_{12}(t) = h_{11}(t) - m_{12}(t)$$
$$\cdots\cdots \tag{5-19}$$
$$h_{1k}(t) = h_{1(k-1)}(t) - m_{1k}(t)$$

经过 k 次循环后，可以得到第一个 IMF：

$$\text{IMF}_1(t) = h_{1k}(t) = c_1(t) \tag{5-20}$$

d）将原始信号的高频部分 $\text{IMF}_1(t)$ 从原始信号 $x(t)$ 中分离出来，得到信号余量 $r_1(t)$：

$$r_1(t) = x(t) - \text{IMF}_1(t) \tag{5-21}$$

e）将信号余量 $r_1(t)$ 作为一个新的原序列重复步骤 1～3，可以得到第二个满足 IMF 限制条件的分量 $c_2(t)$，重复步骤 n 次，可得到原始信号 $x(t)$ 的 n 个 IMF 分量，直到 $r_n(t)$ 余量成为一个不可分解的单调函数，循环结束，此余量 $r_n(t)$ 定义为趋势项函数：

$$r_2(t) = r_1(t) - c_2(t)$$
$$r_3(t) = r_2(t) - c_3(t)$$
$$\cdots\cdots \tag{5-22}$$
$$r_n(t) = r_{n-1}(t) - c_n(t)$$

出上述步骤可得

$$x(t) = \sum_{i=1}^{n} c_i(t) + r_n(t) \tag{5-23}$$

原始信号可由 n 个 IMF 和一个余量 $r_n(t)$ 组成，每个 IMF 表示一个简单的振动模态。

EMD 过程类似滤波过程，将原始信号依据其特征时间尺度进行分离，按照由高频至低频依次分解出来，因此在分离过程中会出现两个效应：①低频信号的 IMF 分量逐渐被排除；②信号波形会逐渐对称。但是当分离次数过多时，第二个效应会破坏原始信号原来具有物理意义的振幅大小，为了确保所分离出来的 IMF 在振幅和频率两个部分仍包含正确的物理意义，必须实现设定分离过程中的停止准则，使 IMF 具有良好的 Hilbert 变换特性。分解流程如图 5-1 所示。

当原始信号在时间尺度内出现间歇性特征时即发生突变，就会导致无法从时间尺度中有效分离出不同的模态分量，使得 IMF 所包含的物理意义无法合理地反映原始信号特性，各层 IMF 间会出现模态混叠现象，如某一段信号中，高频波中混有阶段性的低频波，在用 EMD 方法分解信号过程中会受到高频波的影响而无法识别低频波，可从傅里叶频谱中观察到模态混叠现象。为了有效地解决模态混叠现象，Huang 等（2003）提出了 EEMD 方法。EEMD 的原理是在对原始信号分解前，采用一定标准差的高斯白噪声对原始信号进行扰动。该方法利用高斯白噪声的统计特性，随着叠加次数的增加，叠加平均后可以对 IMF 干扰忽略不计。

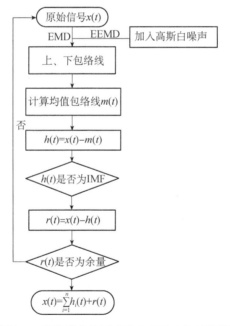

图 5-1　经验模态分解（EMD/EEMD）流程图

经过大量的数据统计测试，加入白噪声后造成与原始信号间的误差，Wu 和 Huang（2004）提出了白噪声经验公式：

$$\varepsilon_n = \frac{\varepsilon}{\sqrt{n}} \text{ 或 } \ln \varepsilon_n = -\frac{\varepsilon}{2} \ln N \qquad (5\text{-}24)$$

式中，n 为平均次数；ε 为加入白噪声的强度等级；ε_n 为最终误差的标准差。根据公式和大量数据检验，通常平均次数 n 取 50，添加噪声的标准差与原始信号的标准差之比为 0.1

时，噪声对分解的 IMF 影响最小，可以将高频噪声快速分解到低阶 IMF 中，使低频模态在 IMF 中得以表述。

经由 EEMD 方法，模态混叠情况得到了改善，EMD 的分离速度得以提升，IMF 间的正交性得以提高，原始信号的动态特性得以保存，使 Hilbert 变换对信号进行的分析更具有物理意义。

5.1.2　希尔伯特–黄变换应用

本节主要内容是基于 HHT 变换的原理，通过 EMD 振动信号重构方法实现对地基雷达所获取的监测数据降噪处理，并将该方法与卡尔曼滤波进行对比，证明其具有较强的降噪能力。

建筑物自身及环境等因素影响使得所采集的数据会存在大量的噪声，影响观测结果的准确性。Boudraa 和 Cexus（2007）提出了基于 IMF 分量的信号重构理论。贾瑞生等（2015）、张恒璟和程鹏飞（2014）等在原有理论基础上提出了信号重构方法，并对 GPS 数据进行处理，定性说明该方法的有效性。一方面，地基雷达所获取的数据具有非线性、非平稳特征，在 EMD 分解中具有较强的适用性；另一方面，地基雷达系统精度较高，不仅对被监测目标的微小振动反应灵敏，也对噪声本身有着较高的灵敏度。因此，可采用 EMD 振动信号重构方法对所采集的数据进行处理，用以得到高精度的观测结果，重构后可以得到相应的噪声序列、周期序列以及趋势序列。

根据地基雷达所采集到的位移时程数据，使用 EMD 对原始观测序列进行降噪处理，获得"干净"位移序列（Corsini et al.，2013），主要包括以下内容：首先，对原始序列进行 EMD 分解，得到 n 个 IMF（Barla et al.，2010）。其次，计算各阶 IMF 分量与原始序列的相关系数，如式（5-25）。最后，利用相关系数，确定各阶 IMF 分量的序列类型，对噪声序列、周期序列以及趋势序列进行重构以达到降噪目的。

$$R(x(t),\text{IMF}_i) = \frac{\sum_{t=1}^{n}[x(t)-\overline{x}][\text{IMF}_i(t)-\overline{\text{IMF}_i}]}{\sqrt{\sum_{t=1}^{n}[x(t)-\overline{x}]^2}\sqrt{\sum_{t=1}^{n}[\text{IMF}_i(t)-\overline{\text{IMF}_i}]^2}} \tag{5-25}$$

式中，$x(t)$ 为原始信号序列；IMF_i 为第 i 阶本征模态函数分量；n 为采样个数。

其中，

$$\overline{x} = \frac{1}{n}\sum_{t=1}^{n}x(t) \tag{5-26}$$

$$\overline{\text{IMF}_i} = \frac{1}{n}\sum_{t=1}^{n}\text{IMF}_i(t) \tag{5-27}$$

确定各阶 IMF 分量的序列类型时，需要对 IMF 分量与各分量与原序列相关系数的分布图进行考察，探索一系列相关系数中第一个局部极小值的相关系数所对应的 IMF_k 分量，以及第二个相关系数最高的极大值所对应的 IMF_j 分量。设定 IMF_k 分量为噪声序列与周期序列界限，IMF_j 分量为周期序列与趋势序列的界限，将 $\mathrm{IMF}_1 \sim \mathrm{IMF}_k$ 的 IMF 分量合成重构为噪声序列，将 $\mathrm{IMF}_{k+1} \sim \mathrm{IMF}_{j-1}$ 分量的 IMF 分量合成重构为降噪序列，将 IMF_j 及其之后的 IMF 分量合成重构为趋势序列，通过振动信号的分解与重构，可以有效地剥离噪声序列，得到振动信号的降噪序列以及趋势序列。

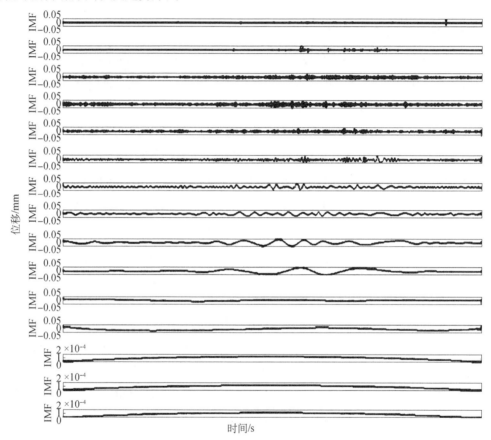

图 5-2　原始序列 EMD 分解为本征模态函数（IMF）

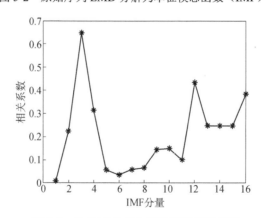

图 5-3　各 IMF 分量与原始序列相关系数

以某一含有较多噪声的序列为例。首先对原始位移序列进行 EMD 分解，分解结果如图 5-2 所示。计算各 IMF 分量与原序列相关系数，如图 5-3 所示，通过观察得出第 6 个 IMF 分量与原序列的相关系数为局部极小值点，说明该 IMF 分量与原始序列数据的相关性达到较低水平，故该 IMF 分量为噪声序列与周期序列界限，可以将第 1～6 个 IMF 分量合成为噪声序列；第 12 个 IMF 分量与原序列的相关系数为第二个局部极大值点，与原始序列数据存在着较高的一致性，故该 IMF 分量为周期序列与趋势序列的界限，将第 12～16 个 IMF 分量合成为趋势序列；将第 7 个 IMF 分量到第 11 个 IMF 模态进行合成，会得到线性降噪序列；将线性降噪序列与趋势项序列再次合成，得到原始序列剔除噪声后的周期项序列。重构结果如图 5-4（a）所示，黑色序列为 IBIS-S 系统所采集到的位移原始序列，红色序列为降噪后序列（即周期序列），蓝色序列为趋势序列。从图 5-4 中可以看出，通过 EMD 方法获取的周期序列与趋势序列与原序列有较好的一致性，振幅上与原序列起伏一致，若进行长时间观测，降噪序列可以完整反映其周期变化。如图 5-4（b）所示，蓝色序列为噪声序列，表现出噪声明显的随机特性。为了验证 EMD 降噪方法的可行性与准确性，用卡尔曼滤波方法对同组实验数据进行了降噪，得到降噪结果对比图，如图 5-5 所示。通过观察图 5-5 可以明显看出 EMD 降噪方法的降噪效果优于卡尔曼滤波方法，验证了用 EMD 方法通过对原始信号的分解，将高频噪声分离到阶数较低的 IMF 分量中，对阶数较高的 IMF 分量进行重构，可以得到"干净"的振动信号，证明了 EMD 方法对于噪声处理的可行性和优越性。

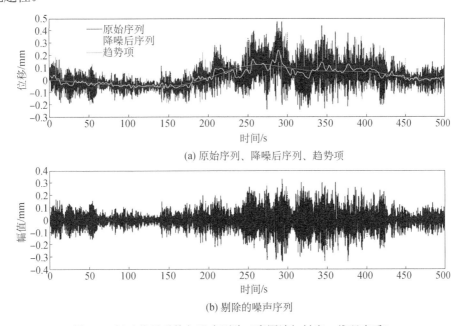

(a) 原始序列、降噪后序列、趋势项

(b) 剔除的噪声序列

图 5-4　振动信号重构与噪声剔除（彩图请扫封底二维码查看）

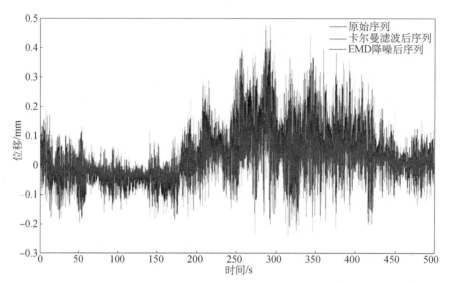

图 5-5　EMD 降噪与卡尔曼滤波降噪对比（彩图请扫封底二维码查看）

5.2　RDT-EEMD 信号降噪

5.2.1　随机减量技术原理

随机减量技术（random decrement technique，RDT）是一种利用时间平均，从随机振动信号中提取自由衰减响应或随机减量特征信号的方法，具有简单、易操作、物理意义明确、可行性高、效率高等优点，目前已经被大众广泛应用。随机减量技术对外部激励只有定性要求，所以对一些无法施加人工激振的大型结构，如高层建筑、大跨桥梁和海洋平台等的模态参数识别和机械系统的在线监测诊断提供了一种快捷、有效的方法（聂雪媛和丁桦，2012；韩建平等，2011；史文海等，2008；何旭辉等，2007；陈德成和姜节胜，1984）。

随机减量技术的基本原理是，为了提取出自由衰减响应的函数，设想一个受到平稳信号随机刺激的系统，它的响应是在初始的条件下对相对应的时间历程进行多段截取，并对截取的多段信号计算出总体的平均值。其最为核心的思路是使用平稳的均值为零的随机振动信号性质，通过计算机系统自动地辨别含有确定性信号与随机信号两种成分的实际测得的震动响应信号，将确定性信号分离出来，得到自由衰减震动响应信号。影响随机减量技术应用的因素主要包括：

1）外激励的影响

1982 年，Vandiver 等（1982）从数学观点，以单自由度的系统为例子，对随机减量技术进行了深入的探讨，指出了直观的论证中存在的缺陷，证明了当外激励为满足高斯分布、均值为零的白噪声时，随机减量特征信号等价于系统的自由振动响应，而对于通常情况下的零均值的随机过程，这个结论是不可能成立的。造成这种物理直观论证与数学严格证明之间差异的争论的要点在于如何进行多段的子信号有条件地截取。当外激励的平均值是非零常数时，增加的直流分量并不影响衰减曲线函数打印出图的形状和识别振动系统震动特性的精确度。在大多数实际工程应用中，系统的频率带宽并没有那么宽，但是只要外激励的频带足够宽，且同时满足各个模态经历的条件，仍然可以将随机减少量的特征信号近似地看作这个系统的自由振动的响应，这并不会导致明显的误差。通过上述分析可知，由于截取信号是附加的初始条件，故外激励可以从本质上影响随机减量技术的效果。诸多实际工程中时常含有强大的确定性周期的外界激励，所以无法实施随机减量技术。随机减量技术是当外激励为宽带随机激励时，用选定的初始值直接截取信号。当振动的时间历程中含有强大的周期成分时，按选定的初始条件截取信号实质上只是针对其中的周期成分，因此无法对其中的随机激励部分按理想的初始条件来截取。故周期成分和随机成分的相对大小是影响提取的随机减量特征信号的重要因素。周期成分与随机成分的比值越小，对提取的随机减量特征信号影响越小。综上所述，在进行多段信号的截取之前，就应当想办法消除周期成分，特别是在外部的随机激励不足的情况下，更应该注意减少周期成分对数据的影响，以此来达到满意的效果。

2）样本数量的影响

实际工作中进行随机减量特征运算的关键在于信号截取幅值。一般来说，结构响应信号的长度是定量，当截取阈值设置较大时，截取的子信号的段数会减少，这就使有效平均次数减少，降低效果。相反，若截取阈值设置太小，尽管有效平均次数增多，但由于小幅值产生的信号激振量的值小，干扰因素较多，效果也可能较差。所以在实际应用时，要确定合适的截取阈值和平均次数。一般情况下，平均次数取 500～1000 次。但是当地基雷达监测得到的结构响应信号长度较短时，截取阈值和平均次数之间是相互矛盾的，这就给随机减量技术的应用带来了很大的阻力。为了解决这个困难，学者将不相等概率抽样和多阶次抽样等抽样技术应用于随机减量技术中子信号段的提取，这明显提高了随机减量特征信号的质量，在一定程度上妥善地解决了子信号的段数不足这一问题。另外，截取出来的子信号的段数和数量越多，通过其所获得的结构系统振动特性的准确性就越高。但是由于截取的子信号段数越多，科研人员需要计算的值就越多，工作量就越大。当测量得到的结构相应的信号段很长时，非常有可能出现截取的子信号段的数量极大这种情况。因此为了减少计算量，只选择一部分子信号段进行结构系统的振动特性的计算。为了抽取具有代表性的子信号段，可以将多阶次抽样以及系统抽样等抽样技术应用于提取子信号段，从而获得比较准确的结构系统的振动特性，明显地改善随机减量特征信号的质量。

3）采样频率与触发条件

随机减量技术的实现过程仍然建立在离散数字信号的基础上。所以，首先应对随机信

号 $X(t)$ 进行采样，这个采样必须满足采样的定理，即采样频率应大于等于所得特征信号 $\delta X(t)$ 中最高频率成分的两倍，来确保特征信号可以识别出我们想要得到的结构最高频率。随机减量函数的触发条件主要有极值点触发条件、零穿越触发条件、常斜率触发条件和水平穿越触发条件等。目前，水平穿越触发条件在数据处理中的应用最为广泛，它其实是 Cole 获取样本单元的基本方法。零穿越触发条件是水平穿越触发条件的特殊情况，它用 $X(t)=0$ 截取出发点。极值点触发条件是选取随机响应函数的极值点作为触发点进行采样。根据不同的结构系统响应信号，应用不同触发条件会得到不同的结果，例如，利用水平穿越触发条件处理后通常得到有较大初始位移的自由衰减信号；利用常斜率触发条件可以得到给定初始速度值的自由衰减信号；利用极值点触发条件，对于结构响应信号小的情况，可以获得较为理想的识别效果。

5.2.2　集合经验模态分解

在信号处理过程中，信号最重要的一项标识是频率。传统的傅里叶变换分析方法并不能分析出信号的某一频率在什么时刻出现，因此，学者研究出同时在频率和时间上表示信号密度和强度的时间-频率分析方法，如所熟知的短时傅里叶变换方法和小波变换方法等。但是熟知的时间-频率分析方法的基本理论都是基于傅里叶分析理论发展得来的，这就意味着这些方法对非线性、非平稳信号的分析能力不足，受限于海森伯不确定性原理。

1. 瞬时频率

频率被定义为信号周期的倒数。对于正弦函数信号，它的频率是一个定值，$1/2\pi$。但是对于大多数信号，它们的频率是随一系列时间变化的函数，因此学者们定义了瞬时频率的概念。瞬时频率，即表面特征信号在局部时间点上的瞬间频率特性，能反映整个振动持续期信号频率的时间变化规律。

2. 固有模态函数 IMF

由瞬时频率定义可知，并不是任何一个信号都可以用瞬间的频率来衡量与思考，只有当目标信号满足只包括一种振动模式而没有复杂叠加波的情况时才可以采用瞬时频率。定义一个有具体物理或其他意义的瞬时频率的必要条件，就是要求这个函数关于局部的零平均值对称，且同时满足零交叉点和极值点数量相同。在此情况下，固有模态函数的概念被提出来且必须满足以下两个条件：①整个数据范围内，极值点和过零点的数量相等或者相差一个；②在任意点处，所有极大值点形成的包络线和所有极小值点形成的包络线的平均值为零。

第一个条件类似于求取平稳过程中的稳定信号，并且满足高斯分布的窄带信号条件。第二个条件，则是由局部的情况取代传统的全局情况。不对称的波形会引起瞬时频率不规则地波动。只有满足了上述条件所得到的瞬时频率才是正确的瞬时频率，且不包含由不对称波形造成的波动。

为了采用瞬时频率分析数据，必须要把随机数据归结为 IMF 组件，这样才可以为每个 IMF 组件定义瞬时频率。经验模式分解方法可以将数据归结为所需的 IMF 组件，将在下一小节介绍。

3. 经验模式分解 EMD

经验模式分解方法的大体思路是利用时间序列上下包络的平均值确定"瞬时平衡位置"，进而提取固有模态函数。这种方法基于如下假设。

（1）信号至少有两个极点，即一个极大值和一个极小值；

（2）信号特征时间尺度是由极值间的时间间隔来确定的；

（3）如果数据没有极值而仅有拐点，可以通过微分、分解、再积分的方法获得 IMF。

在这个假设的基础上，Huang 等（2003）进一步指出，可以用经验模式分解方法将信号的固有模态筛选出来。经验模式分解过程就是实现振动模式提取、筛选的过程，即该方法是由三次样条函数对极大值点和极小值点进行拟合得到的波动上、下包络线的平均值去确定"瞬时平衡位置"，进而提取出固有模态函数（任宜春和翁璞，2015；屈成忠等，2011；丁麒等，2009；Boudraa and Cexus，2007；陈隽和徐幼麟，2003）。

经验模式分解过程的基本过程可概括如下。

（1）寻找信号 $X(t)$ 所有局部极大值和局部极小值。为更好地保留原数据的特性，局部极大值定义为时间序列中的某个时刻的值，只要它满足既大于前一时刻的值也大于后一时刻的值即可。同理，局部极小值定义为小于前一时刻值且小于后一时刻值的时间序列中的某个时刻的值。使用三次样条函数进行拟合，获得上包络线 $X_{\max}(t)$ 和下包络线 $X_{\min}(t)$。

（2）计算上、下包络线的均值 $m(t) = (X_{\max}(t) + X_{\min}(t))/2$。

（3）用原信号 $X(t)$ 减去均值 $m(t)$，得到第一个组件 $h(t) = X(t) - m(t)$；由于原始序列的差异，组件 $h(t)$ 不一定就是一个 IMF，如果 $h(t)$ 不满足固有模态函数两个条件，就把 $h(t)$ 当成原始信号，重复上述过程，直到满足条件为止，这时满足固有模态函数条件的 $h(t)$ 作为一个 IMF，令 $I_1(t) = h(t)$，至此第一个 IMF 已经被成功地提取了。由于剩余的 $r(t) = X(t) - I_1(t)$ 仍然包含具有更长周期组件的信息，因此可以把它看成新的信号，重复上述过程，依次得到第二个 $I_2(t)$，第三个 $I_3(t)$，…，当 $r(t)$ 满足单调序列或常值序列条件时，终止筛选过程，可以认为完成了提取固有模态函数的任务，最后的 $r(t)$ 称为余项，它是原始信号的趋势项。由此可得 $X(t)$ 的表达式，即原始序列是由 n 个 IMF 与一个趋势项组成。

如上文所述，整个过程其实就像一个筛选过程，根据时间特性把固有模态函数从信号中提取出来。然而，当信号的时间尺度存在跳跃性变化时，对信号进行 EMD 分解，会出现一个 IMF 分量包含不同时间尺度特征成分的情况，称为模态混叠。模态混叠的出现一方面和 EMD 的算法有关，另一方面受原始信号频率特征的影响。Huang 等（2003）曾经提出了中断检测的方法来解决模态混叠现象，即直接对结果进行观察，如果出现混叠则重新分解，这种方法需要人为后验判断。针对传统经验模态分解方法所引起的模态混叠现象，在对 EMD 分解白噪声结果统计特性大量研究的基础上，Huang 等（2003）提出了通过加噪声辅助分析的集合经验模态分解方法，简称 EEMD 方法。EEMD 方法将白噪声加入信号来补充一些缺失的尺度，在信号分解中具有良好的表现（时世晨和单佩韦，2011）。EEMD 仿真系统的实现利用 MATLAB 平台，通过 GUI 控件实现了系统设计，科研人员可以更加直观、方便地进行比较分析，验证了 EEMD 方法能有效降低模态混叠影响。

4. 引入正态分布白噪声的 EEMD

降噪技术的目的是将噪声从我们测得的原始信号中减弱或者消除，在某些情况下，通过加入噪声的方法来进行辅助分析，这种方法被称作噪声辅助信号处理。最常见的噪声辅助信号处理方法就是在信号中加入白噪声来平滑脉冲干扰，进行预白化，如今这项技术已经被广泛用于各种信号分析领域（Monserrat et al.，2014；张恒璟和程鹏飞，2014；Wang et al.，2012；聂雪媛等，2009；熊飞和程远胜，2008；李传习和陈富强，2007）。EEMD 方法就是一种噪声辅助信号处理方法。

EEMD 方法是将白噪声加入待分解的信号中，利用白噪声频谱均匀分布的特点，即当信号加在遍布整个时间-频率空间分布一致的白噪声背景上的时候，不同时间尺度的信号会自动分布到合适的参考尺度上，因为零均值噪声的特点，信号经过多次被平均后，噪声信号将会相互抵消，集成均值的结果，从而达到降低模态混叠影响和降噪的目的。EEMD 方法的主要过程如下。

（1）将正态分布白噪声加入到原始信号中；

（2）将加入正态分布白噪声后的信号分解成各 IMF 分量；

（3）在平均曲线函数和细节信号函数中，每次加入新的正态分布白噪声；

（4）将每次得到的 IMF 集成均值作为最终结果。

5.2.3　实验与分析

在基于 RDT 和 EEMD 方法的基础上，本节提出了一种融合 RDT 和 EEMD 两种方法的降噪处理方法，并用该降噪方法对地基合成孔径雷达得到的桥梁健康监测信号进行降噪处理，分析降噪效果，验证该降噪方法的可行性和准确性。

1. 原始数据的获取与分析

GB-SAR 具有设备体积小、容易操作、轻松安置、测量效率高等优点，且能在不接触桥梁的情况下对桥梁进行监测。故采用 GB-SAR 设备实地监测天津某高铁桥梁，获得本节中所使用的桥梁监测原始数据。如图 5-6 所示，原始数据的采集时间约为 550s，表示从无列车经过时开始获取数据，直至某一辆列车经过后，再监测一段时间停止监测的总过程。

图中以时间（s）为横轴，振幅（mm）为纵轴展示了原始数据。从图 5-6 中可以明显看出，在 250～260s 这段区间内，振幅有明显的上下波动，此时间区间为列车经过监测点的时间。其他时间并没有列车经过，桥梁处于空载状态，但是图 5-6 中仍然有明显振幅，这些振幅中就包含了大量噪声，而且在列车经过时，振幅中仍然包含噪声，导致整个监测数据的精度大幅下降。本章研究的目的就是降低整个过程中的噪声，使图 5-6 中曲线区域稳定和平滑，提高监测数据精度。

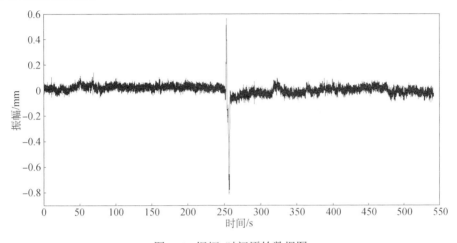

图 5-6　振幅-时间原始数据图

　　整个测量区间持续了三个阶段：无列车经过的空载情况，有列车经过的荷载情况，列车经过后的空载情况。通过这样一个整体的监测过程，获得的数据将会充分包含科学研究所需要的信息，同时，这些数据也将完整地反映桥梁在整个过程中的细微变化。GB-SAR 设备输出的数据格式为 xls 格式，第一列为时间向量，第二列为振幅向量，第三列为位移向量，这样的表格清晰、明显地反映了列车驶过被监测桥梁的过程。

　　2. RDT-EEMD 信号降噪效果与分析

　　为了充分证明融合 RDT、EEMD 的降噪方法的降噪能力，本节做了 EEMD 方法降噪对比实验。本书先对原始数据进行 EEMD 分解，将处理后的数据作为对照组数据。用 EEMD 分解法直接对数据进行降噪处理，首先需要生成外包线函数并且求出均值，如图 5-7 所示，红色的上下外包线将原始数据包裹后，生成绿色的均值线。

　　生成外包线和均值线后，EEMD 会根据频率对信号进行筛选，生成 8 个固有模态函数 IMF，如图 5-8 所示，其中，越先被筛选出来的数据频率越高，就意味着，噪声信号越被优先过滤出来，即图中的 IMF1～IMF4。依据这些固有模态函数的物理意义，判断前四组 IMF 均为高频率噪声函数，这里不再对噪声来源进行具体的区分，认定前四组分量包括绝大多数噪声。

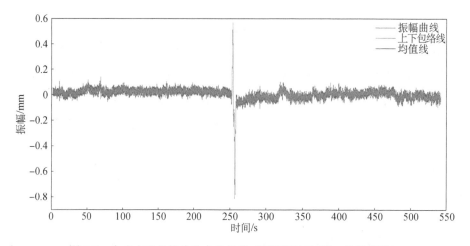

图 5-7　生成上下包络线并求出均值（彩图请扫封底二维码查看）

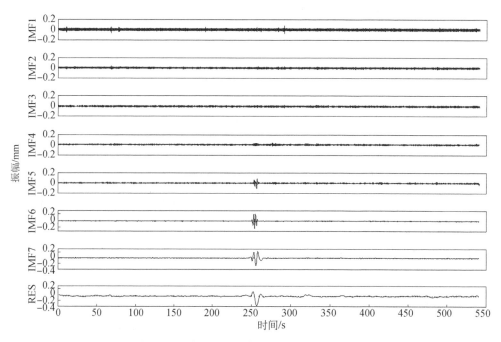

图 5-8　经过 EEMD 分解得到的 8 组 IMF 分量

　　确认噪声后，使用原始信号 $X(t)$ 分别减去 IMF1 分量、IMF1 分量与 IMF2 分量之和、前三个分量之和，得到去除不同噪声分量后的信号，如图 5-9 所示。通过观察对比发现，减去前三组 IMF 分量后数据已经明显趋于平稳，大部分噪声已经去除。原始信号 $X(t)$ 减去前四个分量和，将第 5~7 个 IMF 叠加，生成桥梁震动的函数，再将此函数叠加残差函数，生成降噪后的函数，并设该数据为对照组数据，如图 5-10 所示。从降噪后函数可以明显看出，其振幅明显小于原始信号，证明 EEMD 能有效去除平稳和非平稳信号中的噪声信息。

　　采用本节提出的 RDT-EEMD 信号降噪方法对同组原始信号 $X(t)$ 进行降噪处理，主要过程如下：①先用 RDT 对原始信号 $X(t)$ 进行第一次小幅度降噪；②用 EEMD 方法对第一次降噪后的信号再次降噪，得到最终降噪结果。

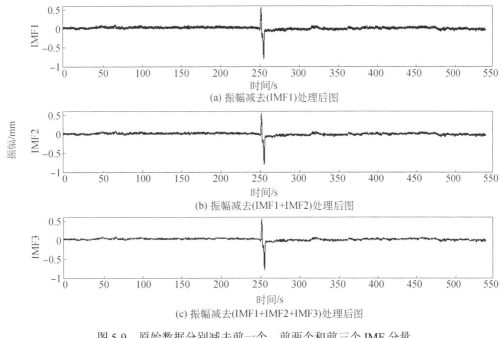

图 5-9 原始数据分别减去前一个、前两个和前三个 IMF 分量

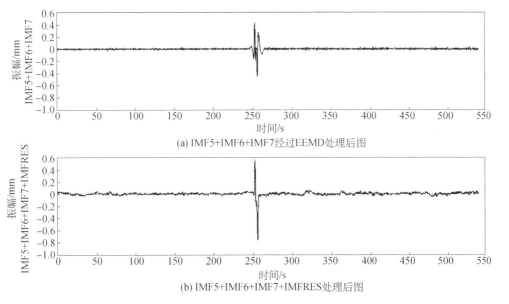

图 5-10 剩余 IMF 分量之和

随机减量技术处理原始信号时，先根据经验设置降采样值为 8 对数据进行降采样处理，再根据数据长度、离散程度等信息随机生成长度为原始信号 1/8 长度的数组。之后，建立与原始数据同维度的零矩阵，将随机减量生成的数组按降采样时的频率逐行插入零矩阵中，生成随机减量改正数矩阵，再与原始数据求和，得到 RDT 处理后第一次降噪的数据 $Xrdt(t)$，将它以二维图的方式表示，横轴为时间，纵轴为振幅，如图 5-11 所示。之后用 $Xrdt(t)$ 数据进行 EEMD 处理，生成多组 IMF，如图 5-12 所示。

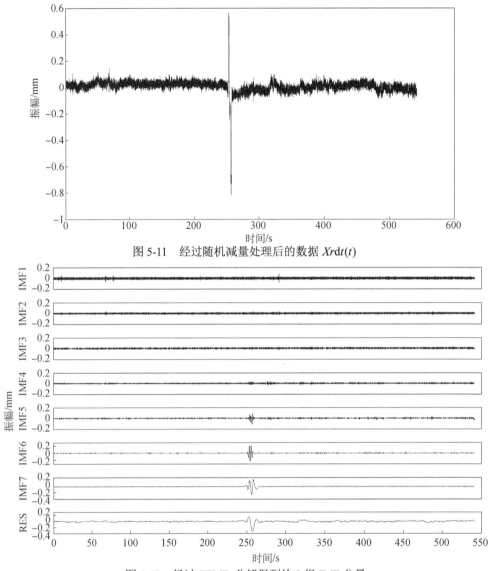

图 5-11　经过随机减量处理后的数据 $Xrdt(t)$

图 5-12　经过 EEMD 分解得到的 8 组 IMF 分量

依据 IMF 的物理意义，判断出前四组 IMF 均为高频率噪声函数。使用 $Xrdt(t)$ 分别减去 IMF1 分量、IMF1 分量与 IMF2 分量和、前三个分量和，得到去除不同噪声分量后的信号，如图 5-13 所示。原始信号 $X(t)$ 减去前四个分量和，将第 5～7 个 IMF 叠加，生成桥梁震动的函数，再将此函数叠加残差函数，生成最终降噪后的函数，并设该组数据为实验组数据，如图 5-14 所示。

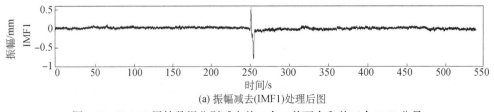

(a) 振幅减去(IMF1)处理后图

图 5-13　$Xrdt(t)$ 原始数据分别减去前一个、前两个和前三个 IMF 分量

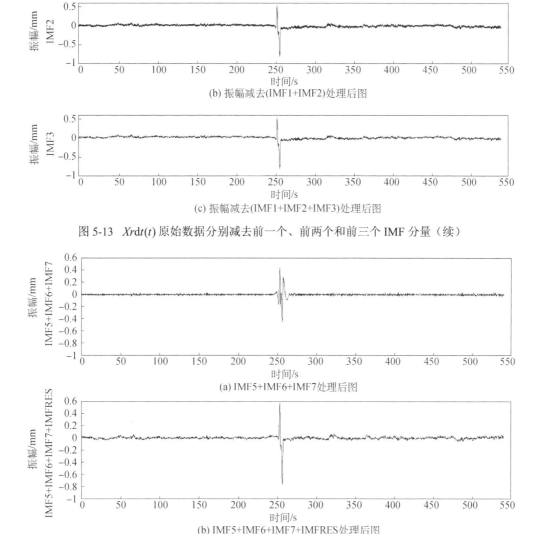

图 5-13　*Xr*dt(*t*) 原始数据分别减去前一个、前两个和前三个 IMF 分量（续）

(a) IMF5+IMF6+IMF7 处理后图

(b) IMF5+IMF6+IMF7+IMFRES 处理后图

图 5-14　剩余 IMF 分量之和

3. 降噪结果分析

　　实地监测获取的原始信号包含桥梁的固有振动参数、地球自转等参数、风的影响等物理量，当然也包括列车行驶过程中产生的震动。噪声的存在才使得数据精度降低，影响后续科学研究。经过研究发现，噪声都有各自的频率特点，噪声的频率在一般情况下要高于桥梁的固有振动频率几十倍、上百倍甚至上千倍。EEMD 根据频率来分解原始信号中的各个物理量，因此可以使用 EEMD 方法进行降噪处理。通过使用 EEMD 方法筛选频率的方式，尽可能地一层一层地把高频噪声信号过滤掉，留下有用信号，从而达到降噪效果，减少噪声的影响，使数据的可靠性和精度提升。

　　随机减量技术则是根据信号的长度，以及固有振动频率的数值设定采样间隔，首先对原始数据进行降采样的工作。因为建筑物的固有振动频率在 2Hz 左右，而 RDT 要求降采样频率至少为被测目标固有振动频率的倍数，且参考了其他诸多文献，在对建筑物和桥梁等结构进行随机减量处理时，设定的降采样的数值都是 8，所以在此经验基础上，本节对桥梁结构数据进行随机减量处理时，将降采样的数值设定为 8。之后，应用随机减量技术使数据的离散程度、降采样频率以及数据的长度生成数组作为改正数，即随机减量值，用原始数据加上这个改正数数组即可得到最后的结果 $Xrdt(t)$，如图 5-11 所示。通过随机减量技术对数据进行第一次降噪处理，已经去除了原始信号中的大部分噪声。但是其他 IMF 函数中仍然包括极少量噪声信息。为了进一步减少噪声的影响，提高数据的精度，需要使用 EEMD 方法对第一次降噪后的数据进行第二次降噪处理，生成最终降噪后的结果，如图 5-14（b）所示。

通过对比图 5-10 和图 5-14，由 RDT-EEMD 降噪方法得到的降噪信号振幅明显小于原始信号，能有效去除原始信号中的噪声，且信号更平滑，故该降噪方法的降噪效果优于单独的 EEMD 方法。

4. 精度评定

为了进一步证明 RDT-EEMD 降噪方法的降噪效果，对降噪后的数据进行精度评定。在进行精度评定时，一般情况下从定性和定量这两个方面进行评定。定量的指标在本节中被设定为两个参数：一个是降噪提高的精度，另一个则是降噪后数据的准确度。文中准确度的定义如下：首先，对原始信号直接进行 EEMD 处理来降噪，得出一组数据——对照组 $E(t)$；然后，先对原始信号进行 RDT 处理后再进行 EEMD 处理，得出第二组数据——实验组 $R(t)$，用 $R(t)$ 减去 $E(t)$，得到一个差值 $D(t)$，再用这个差值除以 $E(t)$，得到一个商值 $A(t)$，文中以这个商值作为提升的准确度，即式（5-28）：

$$A(t) = (R(t) - E(t))/E(t) \tag{5-28}$$

经过计算，相比于单独 EEMD 方法，本节提出的 RDT-EEMD 方法的降噪结果精度提高了 3.326%，验证了该方法对平稳和非平稳信号中的降噪效果优于单独 EEMD 方法。精度的提高并不能充分客观证明降噪效果，同时需要计算降噪后数据的精确度。为了进一步验证 RDT-EEMD 方法的可行性和可靠性，将以标准差这一参数来评定降噪后数据的精确度，标准差值越小，降噪精度越高，降噪效果越好，其计算公式如式（5-29）：

$$\sigma = \sqrt{\frac{1}{N}\sum_{i=1}^{N}(x_i - \mu)^2} \tag{5-29}$$

通过式（5-29）计算出利用 EEMD 方法处理后数据的标准差，记为对照组的标准差 σ_1，σ_1=0.043 701；计算出利用 RDT-EEMD 方法处理后数据的标准差，记为实验组的标准差 σ_2，σ_2=0.002 108。对比标准差 σ_1 和 σ_2，使用 RDT-EEMD 方法的标准差小于使用 EEMD 方法的标准差，证明了应用该方法的降噪效果优于单独 EEMD 方法。

用降噪精度或者标准差单独一个评价指标无法客观地评价降噪效果，故需综合两种评价指标，将综合提升降噪效果值定义为 40%准确度与 60%精确度的和，计算公式如式（5-30）：

$$综合提升降噪效果值 = (0.4A(t) + 0.6\sigma_2(t)) \times 100\% \tag{5-30}$$

通过上述公式计算可得，RDT-EEMD 方法的综合提升降噪效果值为 58.436%，证明了 RDT-EEMD 方法的整体降噪效果有了显著的提升，降噪性能有所提高。综上所述，本章提出的 RDT-EEMD 方法能有效去除 GB-SAR 桥梁检测信号中的噪声，且降噪效果优于单独 EEMD 方法。

5.3　W-ESMD 二级信号降噪

5.3.1　W-ESMD 降噪方法原理

GB-SAR 是近年来涌现的一种新型微形变监测技术，其合成孔径雷达和干涉测量技术具有高精度（0.01mm）、高采样频率（200Hz）和整体监测的优势。其可以解决传统形变监测技术的测量范围小、测量距离短、精度低、受环境影响等诸多问题（Liu et al.，2015；Monserrat et al.，2014；Negulescu et al.，2013；Stabile et al.，2013；Gentile and Bernardini，2010；Gentile and Bernardini，2008；Farrar et al.，1999）。自 1999 年非接触式微波干涉测量技术在大型桥梁振动监测中应用以来，其已经广泛应用于桥梁监测领域。但是，在应用 GB-SAR 设备采集中小跨径桥梁动挠度的过程中，由于受到环境、地动以及设备自身的影响，获取的动挠度数据中不可避免地存在噪声信息，桥梁动挠度测量的精度降低。小波阈值去噪方法是目前常用的一种信号去噪方法，它具有良好的时频局部化特性，是处理非平稳和瞬态信号的强大理论工具，在桥梁振动监测信号去噪中得到了广泛的应用（Yi et al.，2013b）。不同的小波阈值去噪方法适用于不同频率尺度的信号去噪（Ding and Selesnick，2015；Sendur and Selesnick，2002）。但是，不同的小波阈值准则适用于不同的噪声频率尺度，单个小波阈值准则不能充分考虑信号和噪声的分布，即单一的小波阈值去噪方法难以完全消除不同频率尺度的噪声信息（Donoho，1995）。针对上述技术问题研究了一种 W-ESMD 降噪方法，用于 GB-SAR 中小跨径桥梁动挠度降噪，降低地基微波干涉测量铁路桥梁动挠度中的噪声影响，提高中小跨径桥梁动挠度测量的精度。该降噪方法的流程图如图 5-15 所示。

1. 动挠度信号最优 ESMD 模态分解

（1）信号延拓。考虑动挠度信号 $s(t)$ 两端不可能同时存在极值点，采用波形特征匹配方法延拓输入响应信号，抑制端点效应。

（2）均值曲线提取。提取动挠度信号 $s(t)$ 的极大值和极小值序列 $N_i(i=1,2,\cdots,n)$，计算 $N_i(i=1,2,\cdots,n)$ 中相邻极值点的中点序列 $M_i(i=1,2,\cdots,n-1)$，采用 3 次 B 样条曲线插值拟

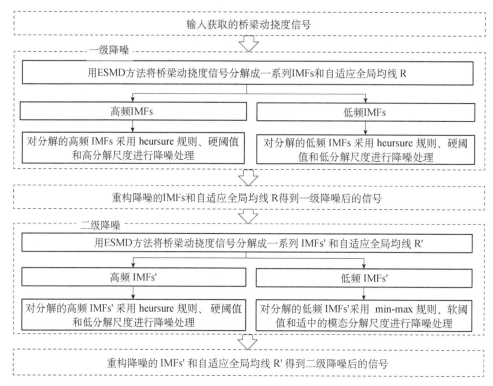

图 5-15　基于 W-ESMD 的 GB-SAR 桥梁动挠度信号两级降噪方法流程图

合相邻极值点的中点，根据拟合数据的残差标准差确定中点曲线插值模型，并根据曲线插值参加计算的中点个数，建立加权中点曲线的计算模型，获取中点序列 $M_i(i=1,2,\cdots,n-1)$ 的拟合曲线 $\overline{L}$。

（3）模态分解终止阈值准则。模态分解次数过少可能导致分解的 IMF 的对称性降低，而模态分解次数过多可能破坏信号内在的振幅变化，并导致分解出的 IMF 没有物理意义。同时，为避免模态分解出现死循环的问题，采用最大容许误差 ε 和最优筛选次数 K_0 两个参数实现动挠度信号最优 ESMD 模态分解。

最大容许误差 ε：最大容许误差 ε 的作用是防止模态分解次数过少或过多降低分解 IMF 的质量。设最大容许误差 $\varepsilon=k\sigma_0$，其中，k 为比例系数，$\sigma_0=\sqrt{\dfrac{1}{n}\sum_{i=1}^{n}\left(s_i-\overline{s}(t)\right)^2}$ 为 $s(t)$ 相对于 $\overline{s}(t)=\left(\sum_{i=1}^{n}s_i\right)/n$ 的标准差。

最优筛选次数 K_0：最优筛选次数 K_0 的作用是防止模态分解过程中单个最大容许误差 ε 可能引起的死循环效应。本次实验拟采用最小二乘法优化输入动挠度信号模态分解中的最后剩余模态函数，使其成为输入动挠度信号的自适应全局均线，确定最佳筛选次数 K_0。预设筛选次数区间 $[1,K_{\max}]$，则在满足 $|\overline{L}|\leqslant\varepsilon$ 或最大筛选次数 K（K 位于整数区间 $[1,K_{\max}]$）的前提下，依次重复对动挠度信号进行模态分解，得到不同最大筛选次数对应的

分解 IMF 和最后剩余模态函数，采用最小二乘法优化最后剩余模态函数，得到输入动挠度信号的自适应全局均线 R。令 $R = \{r_i\}_{i=1}^n$，计算动挠度信号相对于自适应全局均线 R 的标准差 $\sigma = \sqrt{\dfrac{1}{n}\sum_{i=1}^N (y_i - r_i)^2}$。在整数区间 $[1, K_{max}]$ 内，计算不同最大筛选次数对应的方差比率 $v = \sigma / \sigma_0$，则最小方差比率 v 对应的最大筛选次数即为最优筛选次数 K_o。

最终，根据最大容许误差 ε 和最优筛选次数 K_o，对挠度信号可以实现最优 ESMD 模态分解，得到一系列子信号 $\text{IMF}_i (i = 1, 2, \cdots, n)$ 和自适应全局均线 R。

2. 互信息熵法区分高频和低频 IMF

互信息熵法反映随机变量相互包含的信息量或相互间的统计依赖性。两个随机变量之间关联度越大，互信息越大；反之，则互信息越小。本节拟引入互信息熵法区分 ESMD 模态分解后的高频和低频 IMF，以便选择不同的小波阈值去噪方法有针对性地对高频和低频 IMF 进行降噪处理，具体步骤如下。

（1）计算 ESMD 模态分解每个子信号 $\text{IMF}_i (i = 1, 2, \cdots, n)$ 的能量熵 $E(\text{IMF}_i) = -lb(P(\text{IMF}_i) / P)$。其中，$P(\text{IMF}_i)$ 是 IMF_i 的能量，P 是动挠度信号的总能量，n 是 ESMD 分解 IMF 的个数。

（2）计算 ESMD 模态分解每个子信号 $\text{IMF}_i (i = 1, 2, \cdots, n)$ 的固有能量熵 $H(\text{IMF}_i) = -p(\text{IMF}_i) \lg(\text{IMF}_i)$，其中，$p(\text{IMF}_i) = E(\text{IMF}_i) / E$，$E(\text{IMF}_i)$ 为第 i 个 IMF 分量的能量熵，E 为整个信号的能量熵。

（3）计算 ESMD 模态分解的相邻 IMF 之间能量熵的相关性。根据信息论可知，相互独立的两个随机变量间的互信息量应等于零。因此，ESMD 模态分解的相邻 IMF 之间的能量熵从高频到低频 IMF 之间会出现从大到小、再到大的变化过程，其在中间必将出现一个转折点，通过此转折点可区分高频和低频 IMF。采用基本互信息熵计算模型 $I(\text{IMF}_i, \text{IMF}_{i+1}) = H(\text{IMF}_i) + H(\text{IMF}_{i+1}) - H(\text{IMF}_i, \text{IMF}_{i+1})$，快速、准确地寻找 ESMD 模态分解相邻 IMF 的转折点，以区分高频和低频 IMF。

3. 基于多小波阈值去噪方法和 ESMD 的中小跨径桥梁动挠度两级降噪模型

（1）桥梁动挠度信号一级降噪模型。采用最优 ESMD 模态分解方法把桥梁动挠度信号 $s(t)$ 分解为一系列子信号 $\text{IMF}_i (i = 1, 2, \cdots, n)$ 和自适应全局均线 R，通过互信息熵法区分高频和低频 IMF。针对分解的高频 IMF，采用 heursure 规则、硬阈值和高分解尺度进行降噪处理；针对分解的低频子信号，采用 heursure 规则、硬阈值和低分解尺度进行降噪处理。重构降噪的 IMF 和自适应全局均线 R，得到一级降噪后的信号 $s'(t)$。

（2）桥梁动挠度信号二级降噪模型。经过一级降噪模型处理的桥梁动挠度信号，大部分高频噪声已经消除。但 ESMD 分解的高频 IMF 仍有较多低频噪声信息未被处理。另外，考虑 ESMD 模态分解过程仍存在模态混叠效应的影响，一级降噪后的信号 $s'(t)$ 仍存在着少量的高频噪声信息和较多低频噪声信息。因此，需要构建二级降噪模型进一步消除噪声信息的影响。采用最优 ESMD 模态分解方法把一级降噪后的信号 $s'(t)$ 分解为一系列子信号 $IMF_i'(i=1,2,\cdots,n)$ 和自适应全局均线 R'。通过互信息熵法区分高频和低频 $IMFs'$，针对分解的高频 IMF，采用 heursure 规则、硬阈值和低分解尺度进行降噪处理；针对分解的低频 IMF，采用 min-max 规则、软阈值和适中的模态分解尺度进行降噪。重构降噪后的 IMF' 和自适应全局均线 R'，得到二级降噪后的信号 $s''(t)$。实现地基微波干涉测量桥梁动挠度信号的降噪处理。

4. 降噪质量评价指标

为了评价所提出的 W-ESMD 两级去噪算法的信号降噪质量，本节采用了信噪比（signal-noise ratio，SNR）、均方根误差（root-mean-square error，RMSE）、峰值局部相对误差（local relative error of peak value，LREPV）、方差根比（ratio of the variance root，RVR）和综合指标 Z 五个客观评价指标。

SNR 是有用信号功率与噪声功率的比值。一般来说，SNR 越大，去噪效果越好。

$$SNR = 10\lg\frac{\sum_{i=1}^{N}x(i)^2}{\sum_{i=1}^{N}(x(i)-\tilde{x}(i))^2} \tag{5-31}$$

式中，$x(i)$ 是原信号的第 i 个元素；$\tilde{x}(i)$ 是降噪信号的第 i 个元素；N 是信号的元素个数。

RMSE 是观测值与真值之间的偏差值。通常，RMSE 值越小，去噪效果越好。

$$RMSE = \sqrt{\frac{\sum_{i=1}^{N}(\overline{x}(i)-\tilde{x}(i))^2}{N}} \tag{5-32}$$

式中，$\overline{x}(i)$ 是无噪声的理想真实信号的第 i 个元素；$\tilde{x}(i)$ 是降噪信号的第 i 个元素；N 是信号的元素个数。

LREPV 定义为峰值的局部相对误差的平均值，用于测量原始信号的奇异性保持率。一般来说，LREPV 值越小，去噪效果越好。

$$LREPV = \frac{1}{N}\sum_{i=1}^{N}\left|\frac{V_i-V_j}{V_i}\right| \tag{5-33}$$

式中，V_i 是原信号的某部分的局部峰值；V_j 是降噪信号的相同部分的局部峰值。

RVR 是降噪信号的方差根与原始信号的方差根之比。一般来说，RVR 越小，去噪效果越好。

$$RVR = \frac{\sum_{i=1}^{N-1}\left[\tilde{x}(i+1)-\tilde{x}(i)\right]^2}{\sum_{i=1}^{N-1}\left[x(i+1)-x(i)\right]^2} \tag{5-34}$$

式中，$x(i)$ 是原信号的第 i 元素；$\tilde{x}(i)$ 是降噪信号的第 i 元素；N 是信号的元素个数。

一般来说，单一的评价指标往往具有一定的局限性，这可能导致降噪质量评价的错误判断。因此，引入了一个综合评价指标 $Z(M)$（Yi et al., 2013a）。它是由 SNR 归一化、RMSE 归一化、RVR 归一化和 LREPV 归一化组成的综合指标，如下所示。

$$Z(M) = P_{\text{RMSE}}(M) + P_{\text{SNR}}(M) + P_{\text{RVR}}(M) + P_{\text{LREPV}}(M) \tag{5-35}$$

式中，$P_{\text{RMSE}}(M)$ 表示 RMSE 归一化；$P_{\text{SNR}}(M)$ 表示 SNR 归一化；$P_{\text{RVR}}(M)$ 表示 RVR 归一化；$P_{\text{LREPV}}(M)$ 表示 LREPV 归一化。

$$P_{\text{RMSE}}(M) = \frac{\left(\text{RMSE}_{\text{max}} - \text{RMSE}(M)\right)}{\text{RMSE}_{\text{max}} - \text{RMSE}_{\text{min}}} \tag{5-36}$$

$$P_{\text{SNR}}(M) = \frac{\left(\text{SNR}(M) - \text{SNR}_{\text{min}}\right)}{\text{SNR}_{\text{max}} - \text{SNR}_{\text{min}}} \tag{5-37}$$

$$P_{\text{RVR}}(M) = \frac{\left(\text{RVR}_{\text{max}} - \text{RVR}(M)\right)}{\text{RVR}_{\text{max}} - \text{RVR}_{\text{min}}} \tag{5-38}$$

$$P_{\text{LREPV}}(M) = \frac{\left(\text{LREPV}_{\text{max}} - \text{LREPV}(M)\right)}{\text{LREPV}_{\text{max}} - \text{LREPV}_{\text{min}}} \tag{5-39}$$

式中，max 表示不同分解尺度中不同指标对应的最大值；min 表示不同分解尺度中不同指标对应的最小值。

5.3.2　W-ESMD 降噪方法应用与分析

实验桥梁是京津城际铁路现役桥梁，标准跨度为 30m，如图 5-16 所示。本次实验采用了 IBIS-S 仪器获取准确的动态时程数据。如图 5-16（b）所示，IBIS-S 仪器位于被监视铁路桥梁的中跨下方，桥上未安装无源雷达反射器。为了获得桥梁中间跨点的准确动挠度，在距地面 0.5m 的高度处将雷达单元的仰角设置为 90°，以便雷达上的两个天线单元可以垂直对准桥的中跨点。表 5-1 显示了 IBIS-S 系统的参数。

表 5-1　IBIS-S 系统的参数

参数	参数值
最大距离/m	200
工作频率/GHz	16.6～16.9
距离向分辨率/m	0.5
采样频率/Hz	200

1. 一级降噪

在本次实验中，原始信号是列车以约 250km/h 的速度通过受监控铁路桥梁时所监测的桥梁跨中点的动挠度。使用 ESMD 方法将原始信号分解为 5 个子信号，如图 5-17 所示，包括 4 个 IMF（IMF1～IMF4）和 1 个 R。显然，大量的高频噪声主要集中在 IMF1 和 IMF2 中，而低频噪声则存在于 IMF3 和 IMF4 中。

(a) 京津城际铁路图

(b) IBIS-S仪器布置图

图 5-16　京津城际铁路及 IBIS-S 仪器布置图

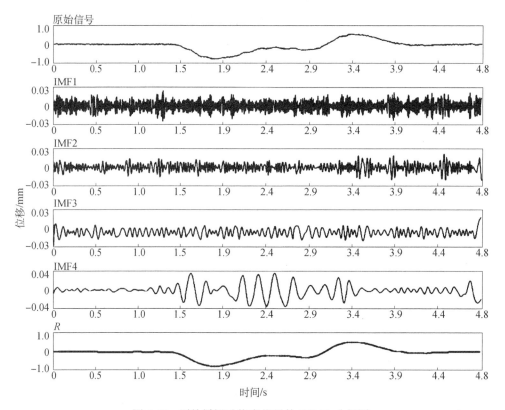

图 5-17　原始桥梁动挠度信号的 ESMD 分解图

采用小波阈值去噪算法，对于分解后的 IMF1 和 IMF2，采用 heursure 规则、软阈值和 30 分解尺度，以 sym6 小波基函数来降低高频噪声，确保了在常用的小波基函数中，该小波基函数去噪后的信号具有最高的信噪比。此外，根据分解尺度的确定算法，结合 heursure 阈值规则和软阈值法，采用 15 分解尺度来降低 IMF3 和 IMF4 中的高频噪声。然后，将去噪后的 IMF 重构为新信号，如图 5-18 所示。从图 5-18 中可以看出：①如图 5-18（a）所示，在区域 1 中，原信号子部分 1 的 RMSE 为 0.0196mm，一级降噪信号子部分 1 的 RMSE

为 0.0141mm，故降噪后精度提高了 28.1%。降噪后的信号更加平滑，这表明大部分高频噪声已通过一级去噪去除。此外，考虑到周期振动对监测桥梁的影响，该区域中的重构信号应沿 0mm 标准线上下均匀分布。然而，这部分重构信号的位移大多大于 0mm，这说明重构信号中还存在低频噪声。②如图 5-18（b）～图 5-18（d）所示，列车通过桥梁时获得 3 个关键动挠度子部分，其中高频噪声已通过一级去噪去除。然而，一级降噪信号子部分 3 波谷（图5-18（c））和子部分4波峰（图5-18（d））的 RMSE 分别为0.0185mm 和0.0186mm；这些值大于子部分 2 的 0.0169mm（图 5-18（b））。这些结果表明，在相对静止状态下，高频噪声对原始信号的子部分，如原始信号的子部分 1、子部分 3 和子部分 4 有较大的影响。综上所述，原信号中的大部分高频噪声已通过一级去噪去除。

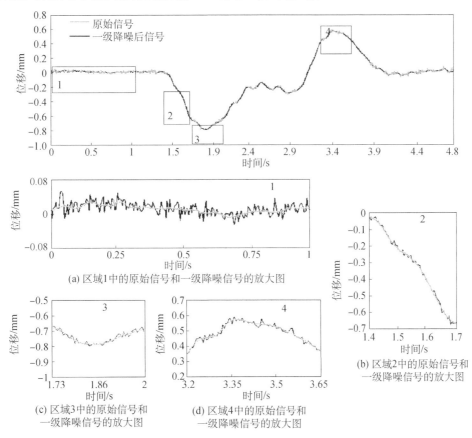

图 5-18　原始信号和一级降噪信号（彩图请扫描封底二维码查看）

2. 二级降噪

在对原始信号进行一级降噪后，一级降噪后的信号中仍然存在一些低频噪声和较少的高频噪声，从而导致动挠度的精度变低。因此，为了进一步消除低频噪声和较少高频噪声对一级降噪信号的影响，接着对一级降噪后的信号进行二级降噪。在本实验中，使用 ESMD 方法将一级降噪信号分解为 4 个 IMFs（IMF1～IMF4）和 1 个 R，如图 5-19 所示。

显然，在一级降噪信号分解得到的 4 个 IMFs 中，大部分高频噪声已去除。

如图 5-19 所示，IMF1 的信号仍然存在高频噪声。因此，根据本节中的小波阈值去噪算法，对于一级降噪信号分解得到的 IMF1，采用 12 分解尺度，利用 sym6 小波基函数，结合 heursure 规则和软阈值进一步降低高频噪声，从而避免了一级降噪后信号的过度降噪。对于一级降噪后信号分解得到的 IMF2～IMF4 采用 5 分解尺度，结合 min-max 规则和硬阈值来降低低频噪声。然后将降噪后的 IMF 再次重构得到最终的降噪信号，如图 5-20 所示。①如图 5-20（a）所示，区域 1 中的二级降噪信号的子部分 1 在 0mm 处沿标准线均匀分布。二级降噪信号的子部分 1 的 RMSE 为 0.0093mm，比一级降噪信号的子部分 1 提高了 31.9%。结果表明，采用二级降噪可以有效地降低一级降噪信号中的低频噪声。②如图 5-20（b）所示，整个二级降噪信号子部分 2 位于一级降噪信号子部分 2 之下，距离大约为 0.018mm。对于图 5-20（c）和图 5-20（d）所示的子部分 3 和子部分 4，二级降噪信号的大部分在一级降噪信号之下，但是具有不同的距离，距离为 0～0.023mm。然而，还有一小部分的二级降噪信号甚至在一级降噪信号之上。结果表明，低频噪声对微波干涉测量得到的原始信号的影响具有一定的随机性。

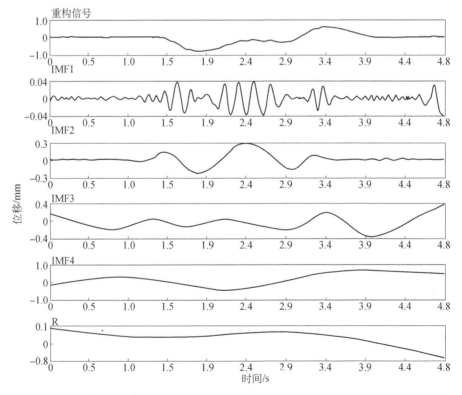

图 5-19　一级降噪信号的 ESMD 分解图

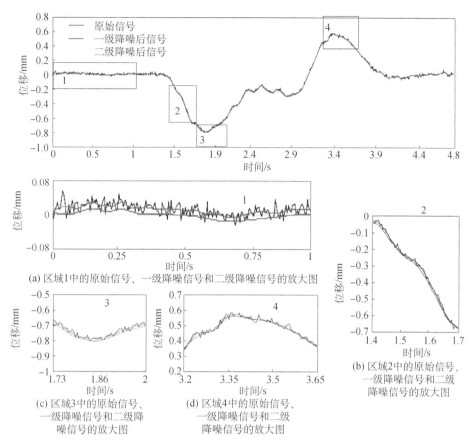

图 5-20　原始信号、一级降噪信号和二级降噪信号（彩图请扫描封底二维码查看）

3. 结果分析

为了验证所提出的 W-ESMD 两级降噪方法的鲁棒性，选取包括 min-max 规则、heursure 规则、sqtwolog 规则和 rigrsure 规则的四种小波阈值去噪方法，与 10 分解尺度的软阈值进行比较。比较结果显示在表 5-2 中。由表 5-2 可得：①所提出的降噪方法得到的 RMSE 为 0.0093mm，其他四种小波阈值去噪方法得到的 RMSE 约为 0.015mm，因此，所提出的降噪方法优于其他四种小波阈值去噪方法。此外，W-ESMD 两级降噪方法的 LREPV 为 0.008，远小于其他四种小波阈值去噪方法得到的数值。因此，从这两个指标可以看出，所提出的 W-ESMD 两级降噪方法比其他四种小波阈值去噪方法具有更强的降噪能力。②对于 RVR 指标，以上五种信号降噪方法具有相似的结果。所提出的降噪方法的 SNR 为 24.78 dB，在五种降噪方法的 SNR 中是最小值。因为低频噪声在原始信号和通过 W-ESMD 两级降噪方法得到的降噪信号之间的某些部分造成了一定的差异，如图 5-20（a）中所示的子部分 1。在这种情况下，单个指标（如 RVR 和 SNR）可能会导致对降噪质量评估的错误判断。因此，采用综合评价指标对五种降噪方法的降噪质量进行评估。如表 5-2 所示，提议的 W-ESMD 两级降噪方法的综合评价指标值为 2.8，这优于其他四种方法。结果表明，所提出的 W-ESMD 两级降噪方法具有强大的降噪能力，不仅可以有效地降低噪声对动挠度信号的影响，而且可以保留有用的振动信息。

表 5-2　五种降噪方法的各项评价指标的比较

项目	W-ESMD	min-max	heursure	sqtwolog	rigrsure
SNR/dB	24.78	27.32	28.164	26.67	28.82
RMSE/mm	0.009	0.015	0.016	0.0153	0.016
LREPV	0.008	0.026	0.565	0.107	2.617
RVR	0.087	0.087	0.093	0.078	0.105
Z（M）	2.8	2.1	1.9	2.3	2.0

5.4　MF-ESMD 二级信号降噪

数学形态学滤波器是一种非常典型的非线性信号处理和分析技术，近年来已得到快速发展（Hua et al.，2018；Hu and Xiang，2016；Li et al.，2016；Van et al.，2016）。该技术已广泛应用于信号，如振动信号和脉搏波信号分析（Li et al.，2018a；Lv et al.，2018；Bai et al.，2016）。基于数学形态学的形态学滤波是一种在保护信号细节的同时消除噪声的新型非线性滤波方法。数学形态学理论是信息理论、统计估计理论、自适应理论、随机噪声理论和其他理论的综合理论（Hua et al.，2018；Hu and Xiang，2016；Li et al.，2016；Van et al.，2016）。形态学滤波是一种噪声消除算法，适用于所有类型的噪声并具有较好的消除效果（Mukhopadhyay and Chanda，2002）。与传统的线性滤波相比，形态学滤波在一定程度上更有效，它克服了线性滤波的缺点，即在平滑噪声的同时，原始信号的某些主要特征也受到损害或变得模糊。因此，形态学滤波降噪后每个信号的主要形态特征保持得更完整（Zhou et al.，2018；Hu and Xiang，2016）。此外，形态学滤波器在减少脉冲噪声和白噪声方面更有效，并且不会引起频域的突然变化或时域的相位延迟（Zhou et al.，2018）。

5.4.1　MF-ESMD 降噪方法原理

为了有效消除噪声对地基微波干涉法获得的监测桥梁动挠度的影响，本节提出了一种基于形态学滤波器辅助的极点对称模态分解（MF-ESMD）降噪方法。ESMD 方法用于将获得的桥梁动挠度分解为一系列 IMF，并且根据 Spearman's Rho 算法去除噪声主导的 IMF。形态滤波器用于进一步消除重构信号中的残留噪声。MF-ESMD 降噪方法的流程图如图 5-21 所示。

1. 噪声主导的 IMF 去除

与 EMD 和 EEMD 方法相比，应用 ESMD 方法将信号分解为一系列具有物理意义的分量，具有更好的性能，可以更有效地分离噪声和有效信息（Liu et al.，2019）。此外，Spearman's Rho 算法作为一种非参数相关分析方法，在计算数据相关性的过程中只依赖于秩，这可以保证信号噪声处理的鲁棒性。因此，本节将 ESMD 方法与 Spearman's Rho 方法相结合，以去除地基微波干涉法测得的桥梁动挠度分解 IMF 中的噪声主导的 IMF。对于原始的桥梁动挠度信号，去除噪声主导的 IMF 的具体过程按照如下流程处理。

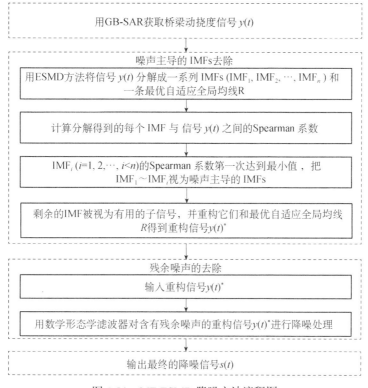

图 5-21　MF-ESMD 降噪方法流程图

（1）信号延拓。考虑动挠度信号 $y(t)$ 两端不可能同时存在极值点，采用波形特征匹配方法延拓输入响应信号，抑制端点效应。

（2）均值曲线提取。提取动挠度信号 $y(t)$ 的极大值点和极小值点，并计算相邻极值点的中点序列 $F_i(i=1,2,\cdots,n-1)$，采用 3 次 B 样条曲线插值拟合相邻极值点的中点，根据拟合数据的残差标准差确定中点曲线插值模型，并根据曲线插值参加计算的中点个数，建立加权中点曲线的计算模型，获取中点序列的拟合曲线 $\overline{L}$。

（3）模态分解终止阈值准则。模态分解次数过少可能导致分解的 IMF 的对称性降低，而模态分解次数过多可能破坏信号内在的振幅变化，并导致分解出的 IMF 没有物理意义。同时，为避免模态分解出现死循环，采用最大容许误差 ε 和最优筛选次数 K_0 两个参数实现动挠度信号最优 ESMD 模态分解。

最大容许误差 ε：最大容许误差 ε 的作用是防止模态分解次数过少或过多降低分解 IMF 的质量。设最大容许误差 $\varepsilon = k\sigma_0$，其中，k 为比例系数，$\sigma_0 = \sqrt{\dfrac{1}{n}\sum_{i=1}^{n}\left(s_i - \overline{s}(t)\right)^2}$，为 $s(t)$ 相对于 $\overline{s}(t) - \left(\sum_{i=1}^{n} s_i\right)/n$ 的标准差。

最优筛选次数 K_0：最优筛选次数 K_0 的作用是防止模态分解过程中单个最大容许误差 ε 可能引起的死循环效应。本实验拟采用最小二乘法优化输入动挠度信号模态分解中的最

后剩余模态函数，使其成为输入动挠度信号的自适应全局均线，确定最佳筛选次数 $K_\circ$。预设筛选次数区间 $[1, K_{max}]$，则在满足 $|\overline{L}| \leqslant \varepsilon$ 或最大筛选次数 K（K 位于整数区间 $[1, K_{max}]$）的前提下，依次重复对动挠度信号进行模态分解，得到不同最大筛选次数对应的分解 IMF 和最后剩余模态函数，采用最小二乘法优化最后剩余模态函数，得到输入动挠度信号的自适应全局均线 R。令 $R = \{r_i\}_{i=1}^{n}$，计算动挠度信号相对于自适应全局均线 R 的标准差 $\sigma = \sqrt{\dfrac{1}{n}\sum_{i=1}^{N}(y_i - r_i)^2}$。在整数区间 $[1, K_{max}]$ 内计算不同最大筛选次数对应的方差比率 $v = \sigma/\sigma_0$，则最小方差比率 v 对应的最大筛选次数即为最优筛选次数 $K_\circ$。

最终，根据最大容许误差 ε 和最优筛选次数 $K_\circ$，动挠度信号可以实现最优 ESMD 模态分解，得到一系列子信号 $\mathrm{IMF}_i(i = 1, 2, \cdots, n)$ 和自适应全局均线 R。

（4）对于分解的每个 IMF，噪声主导的 IMF 与原始动挠度信号具有较少的相似性。每个 IMF 与原始动挠度信号之间的 Spearman's Rho 数值在 $[-1, +1]$。IMF 的 Spearman's Rho 值越大，表示 IMF 与原始动挠度信号越相似（Li et al.，2018b；Xu et al.，2013）。通过系数的数值可以判断出噪声主导的 IMF，从而去除噪声主导的 IMF。$s(i)$ 表示分解的 IMF_i 与原信号 $X(t)$ 之间的 Spearman's Rho 值，其计算公式如下：

$$s(i) = \rho\big(y(t), \mathrm{IMF}_i(t)\big) = 1 - \frac{6\sum\limits_{i=0}^{N}\big(y(t) - \mathrm{IMF}_i(t)\big)^2}{(N^2 - 1)N} \qquad (5\text{-}40)$$

式中，IMF_i 表示第 i 个 $\mathrm{IMF}(i = 1, 2, \cdots, n)$；$N$ 指原始桥梁动挠度信号的元素个数。

2. 残余噪声的去除

噪声主导的 IMF 去除后，将其余的 IMF 重构成新的信号。但是由周围环境、人为操作和设备本身造成的少量噪声依然存在于重构信号中。采用形态滤波器减少重构信号中的残留噪声。数学形态学的基本形态变换为腐蚀、膨胀、开运算、闭运算以及它们的级联复合形式（Chen et al.，2016；Yadav et al.，2015；Sun et al.，2013；Alfaouri and Daqrouq，2008；Li et al.，2008）。定义 A 为信号，B 为结构元素。膨胀运算 $A \oplus B$、腐蚀运算 $A \ominus B$ 以及基于膨胀腐蚀运算的开运算 $A \circ B$ 和闭运算 $A \bullet B$ 的定义如下。

$$A \oplus B = \max\big\{A(i - j) + B(j)\big\} \qquad (5\text{-}41)$$

$$A \ominus B = \min\big\{A(i + j) - B(j)\big\} \qquad (5\text{-}42)$$

$$A \circ B = (A \ominus B) \oplus B \qquad (5\text{-}43)$$

$$A \bullet B = (A \oplus B) \ominus B \qquad (5\text{-}44)$$

式中，$1 < i < n$；$1 < j \leqslant k$；$i + j \leqslant n$；n 表示 A 的长度；k 表示 B 的宽度。

对于重构信号，开运算只是改变信号的极大值而保持极小值的形状。闭运算只是改变信号的极小值保持极大值的形状。因此，单独使用任何运算都无法获得良好的滤波效果。然而，这两个操作的平均值可能非常接近原始信号（Hu and Xiang，2016）。为了同时处理信号的极小值和极大值，提出了一种形态滤波器，以减少重建信号中的残余噪声，其公式如下所示：

$$s(t) = \frac{1}{2}\left[(y(t)^* \circ g_1 \bullet g_2)(n) + (y(t)^* \bullet g_1 \circ g_2)(n)\right] \qquad （5\text{-}45）$$

式中，$s(t)$ 是最终的降噪信号；$y(t)^*$ 是重构信号；n 是重构信号 $y(t)^*$ 的长度；g_1 和 g_2 是两个不同大小的结构元素，其长度都小于重构信号 $y(t)^*$ 的长度。

　　此外，结构元素是影响信号降噪效果的重要因素。最常用的结构元素包括线性结构元素、三角形结构元素和体结构元素。降噪效果受结构元素长度和形状的影响（Hua et al.，2018；Hu and Xiang，2016；Li et al.，2016；Van et al.，2016）。因此，在信号的实际处理中，根据需要分析的信号的特点和计算复杂度来设计结构元素（Hua et al.，2018；Hu and Xiang，2016；Li et al.，2016；Van et al.，2016）。在本节中，由于计算简单，选择了形状对分析影响不大的线性结构元素（Chan et al.，2014）。

5.4.2　仿真实验与分析

　　GB-SAR 设备获取的桥梁动挠度信号含有噪声是一个复杂的非平稳信号。因此，为了验证所提出的 MF-ESMD 降噪方法的可行性和准确性进行仿真实验。仿真信号 $Y(t)$ 是由三个不同频率的基本函数和一个高斯白噪声信号组成的非线性、非平稳模拟信号，其 SNR 为 20dB。

$$Y(t) = X_1 + X_2 + X_3 + W(t) \qquad （5\text{-}46）$$

式中，$X_1 = \cos(20\pi t + 2\sin(3\pi t))$；$X_2 = \sin(6\pi t)$；$X_3 = \cos(10\pi t)$；$W(t)$ 是高斯白噪声。基本函数 X_1、X_2 和 X_3，不含噪声的纯信号 $X(t) = X_1 + X_2 + X_3$ 以及含噪信号 $Y(t)$ 的波形分别如图 5-22 所示。

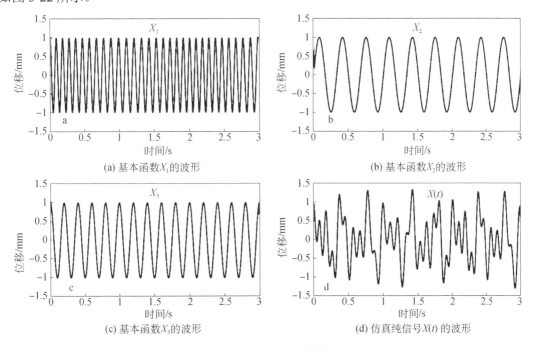

(a) 基本函数 X_1 的波形　　　　　　　　(b) 基本函数 X_2 的波形

(c) 基本函数 X_3 的波形　　　　　　　　(d) 仿真纯信号 $X(t)$ 的波形

图 5-22　仿真信号的波形

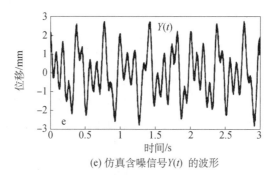

(e) 仿真含噪信号 $Y(t)$ 的波形

图 5-22　仿真信号的波形（续）

如图 5-23 所示，ESMD 方法将仿真信号 $Y(t)$ 分解成 8 个 IMF 和 R，相应的 Spearman's Rho 值如表 5-3 所示。从 IMF_1 开始，Spearman's Rho 值逐渐降低，直到首次出现 Spearman's Rho 最小值 0.0291，此时对应的分量为 IMF_3。这表明，分解得到的 $IMF_1 \sim IMF_3$ 与原始信号之间具有较少的相似特征。因此，前三个分量 $IMF_1 \sim IMF_3$ 被认为是噪声主导的 IMF，这

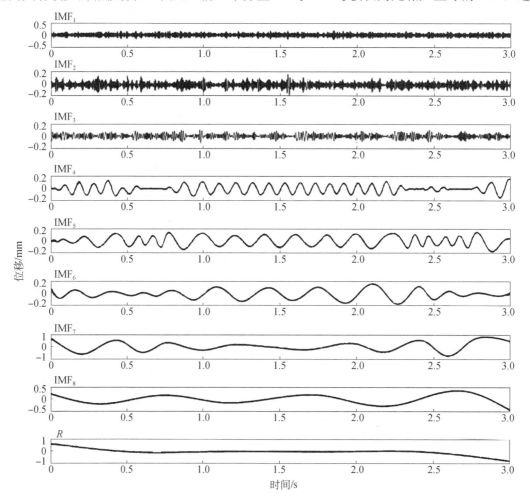

图 5-23　仿真信号 $Y(t)$ 的 ESMD 分解图

些噪声可能是由周围环境、风的推力、地面运动、复杂的交通活动、人为操作和设备本身等因素引起的。剩余的 IMF 被视为有用的子信号，与 R 一起重构为新的信号 $Y(t)^*$。

表 5-3　IMFs 和 R 相应的 Spearman's Rho 值

IMF$_1$	IMF$_2$	IMF$_3$	IMF$_4$	IMF$_5$	IMF$_6$	IMF$_7$	IMF$_8$	R
0.0505	0.0330	0.0291	0.5005	0.5644	0.5333	0.1554	0.0570	0.0706

对于重构信号 $Y(t)^*$，大部分明显的噪声得到了抑制。但是，重构信号 $Y(t)^*$ 中仍存在残余噪声。因此，采用形态学滤波器对重构信号进行降噪处理。用式（5-45）构建形态滤波器，其中结构元素为线性结构元素。接着利用形态学滤波器降噪得到最终的降噪信号 $S(t)$。图 5-24 显示了原始信号和降噪信号之间的比较结果。此外，为了验证所提出的 MF-ESMD 信号降噪方法的准确性和鲁棒性，选择了形态滤波法和 MF-EEMD 方法与所提出的 MF-ESMD 方法进行比较。使用形态滤波法和 MF-EEMD 方法得到的降噪信号与原始信号之间的比较结果分别如图 5-25（a）和 5-25（d）所示。通过对比发现：①对于信号的中间部分，如图 5-24（b）、5-25（b）和 5-25（f）所示，使用上述三种方法分别得到的降噪信号都与原始信号基本一致。结果表明，上述三种方法均能有效地消除仿真信号的中间部分含有的噪声。②对于信号的波峰和波谷部分，使用 MF-ESMD 方法得到的降噪信号与原始信号基本一致，但有些部分最大偏差为 0.006mm，如图 5-24（c）和 5-24（d）所示。然而，使用形态滤波法和 MF-EEMD 方法得到的降噪信号如图 5-25（c）、5-25（d）、5-25（g）和 5-25（h）所示，信号的峰值部分仍含有明显的噪声。结果表明，与形态学滤波法和 MF-EEMD 方法相比，MF-ESMD 方法对信号的峰值部分具有更好的降噪效果。

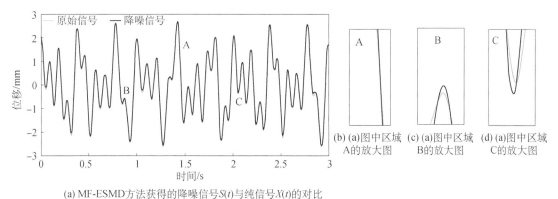

(a) MF-ESMD方法获得的降噪信号$S(t)$与纯信号$X(t)$的对比

图 5-24　降噪信号 $S(t)$ 与纯信号 $X(t)$ 对比图（彩图请扫描封底二维码查看）

为了进一步评价 MF-ESMD 方法的降噪效果，本节引用了 SNR 和 RMSE 两个客观评价指标。SNR 是有用信号功率与噪声功率的比值。SNR 能反映原始信号有效部分与噪声的比例关系，能反映算法的去噪能力（Liu et al.，2018；Smeds et al.，2015）。一般来说，SNR 越大，降噪效果越好。RMSE 是观测值和真值之间的偏差值，可以指示原始信号和降噪信号之间的差异，通常 RMSE 值越小，降噪效果越好（Liu et al.，2019，2018）。SNR 越大，

RMSE 值越小，降噪效果越好。

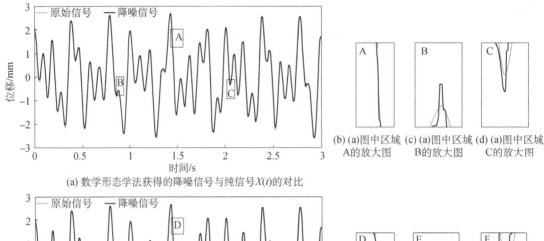

(a) 数学形态学法获得的降噪信号与纯信号X(t)的对比

(b) (a)图中区域 A的放大图　(c) (a)图中区域 B的放大图　(d) (a)图中区域 C的放大图

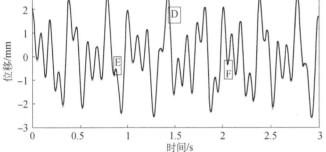

(e) MF-EEMD方法获得的降噪信号与纯信号X(t)的对比

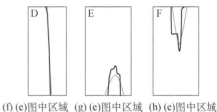

(f) (e)图中区域 D的放大图　(g) (e)图中区域 E的放大图　(h) (e)图中区域 F的放大图

图 5-25　数学形态学和 MF-EEMD 方法分别获得的降噪信号与纯信号 X(t) 对比图

（彩图请扫描封底二维码查看）

　　三种方法的评价指标值见表 5-4。从表 5-4 中可以看出：①所提出的 MF-ESMD 降噪方法得到的 RMSE 为 0.0361mm，比形态学滤波方法和 MF-EEMD 方法得到的 RMSE 值小且接近零。②仿真信号 $Y(t)$ 的 SNR 为 20dB。形态滤波方法得到的降噪信号的 SNR 为 26.3066dB，提高了 31.53%。用 MF-EEMD 方法得到的降噪信号的 SNR 为 26.4298dB，提高了 32.15%。用 MF-ESMD 方法得到的降噪信号的 SNR 为 30.6619dB，提高了 53.3%。结果表明，与形态滤波法和 MF-EEMD 法相比，MF-ESMD 方法对非线性、非平稳信号具有更强的降噪效果。

表 5-4　三种方法的评价指标值

项目	SNR/dB	RMSE/mm
数学形态学	26.3066	0.0595
MF-EEMD	26.4298	0.0587
MF-ESMD	30.6619	0.0361

5.4.3　实际应用与分析

为进一步验证所提出的 MF-ESMD 降噪方法的降噪能力，研究选择丰北桥作为实验对象。

丰北桥是北京最重要的交通枢纽之一，位于北京西四环，桥下是道路交叉口，如图 5-26（a）所示。IBIS-S 仪器位于桥的一侧，桥上未安装雷达反射器，如图 5-26（b）所示。因此，由于周围环境、地面运动、复杂的交通活动、人工操作以及设备本身，在采集的桥梁动挠度数据中不可避免地含有噪声。IBIS-S 仪器由雷达单元、个人控制计算机、电源单元和三脚架组成。通常情况下，采样率高达 200Hz，最大探测距离高达 1km，距离向分辨率高达 0.50m，位移测量精度高达 0.01mm。在这次实验中，雷达单元的高度角设置为 30°，以便雷达单元上的两个天线可以对准桥梁中心跨度的中跨点。范围分辨率设置为 0.5m，采样频率设置为 200Hz，数据采集时间为 60s。图 5-27 显示了采用 IBIS-S 获得的丰北桥动挠度。

(a) 丰北桥图片　　　　　　　　　　　　　　(b) IBIS-S仪器现场测量图

图 5-26　丰北桥以及 IBIS-S 仪器测量图

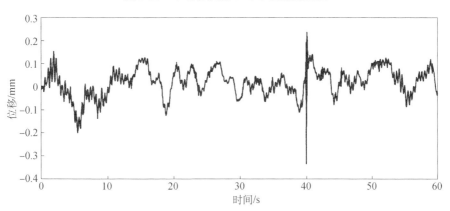

图 5-27　IBIS-S 仪器采集的丰北桥动挠度信号

　　如图 5-28 所示，ESMD 方法将原始丰北桥动挠度信号分解成 9 个 IMF 和 R，相应的 Spearman's Rho 值如表 5-5 所示。从 IMF_1 开始，Spearman's Rho 值逐渐降低，直到首次出现 Spearman's Rho 最小值 0.0380，此时对应分量为 IMF_2。这表明，分解得到的 IMF_1 和 IMF_2 与原始信号之间具有较少的相似特征。因此，前两个分量 $IMF_1 \sim IMF_2$ 被认为是噪声主导的 IMF。剩余的 IMF_S 被视为有用的子信号，与 R 一起重构为新的信号。

表 5-5　　IMFs 和 *R* 相应的 Spearman's Rho 值

IMF$_1$	IMF$_2$	IMF$_3$	IMF$_4$	IMF$_5$	IMF$_6$	IMF$_7$	IMF$_8$	IMF$_9$	R
0.0383	0.0380	0.1423	0.1522	0.2459	0.3558	0.4759	0.4149	0.3704	0.1148

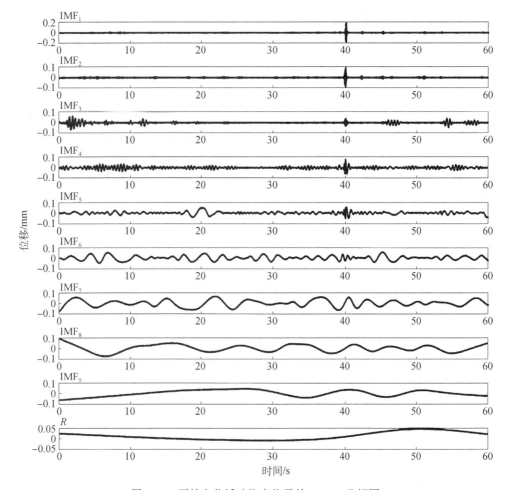

图 5-28　原始丰北桥动挠度信号的 ESMD 分解图

上述步骤大部分明显的噪声得到了抑制。但是，重构信号中仍存在残余噪声。因此，用式（5-45）建形态滤波器，利用形态滤波器对重构信号进行降噪处理，得到最终的降噪信号。图 5-29（a）显示了原始信号和用 MF-ESMD 方法得到的降噪信号之间的比较结果。此外，为了验证所提出的 MF-ESMD 方法的准确性和鲁棒性，又选择了形态滤波法和 MF-EEMD 方法与所提出的 MF-ESMD 方法进行比较。使用形态滤波法和 MF-EEMD 方法得到的降噪信号与原始信号之间的比较结果分别如图 5-29（b）和 5-29（c）所示。通过对比发现：①与原始信号［图 5-29（a）中的蓝色曲线］相比，使用 MF-ESMD 方法得到的降噪信号［图 5-29（a）中的红色曲线］更平滑、更稳定，故表明，该降噪方法能较好地消除原始信号中明显的噪声信息。②与形态滤波法和 MF-EEMD 方法相比，MF-ESMD 方法得到的降噪信号的波峰波谷处更平滑。结果表明，与形态滤波法和 MF-EEMD 方法相比，该降噪方法对信号峰谷处的噪声的抑制能力更强。

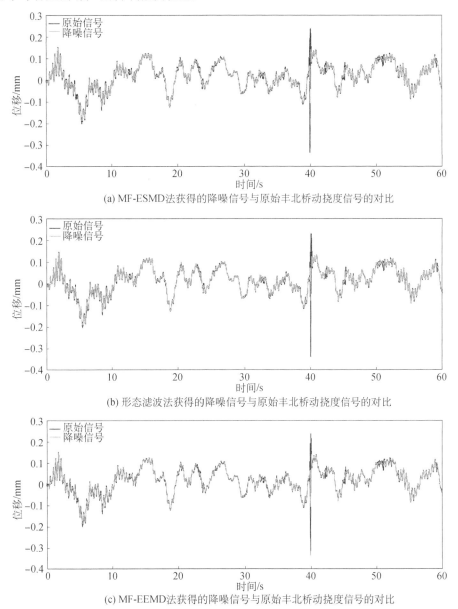

图 5-29　MF-ESMD 法、形态滤波法和 MF-EEMD 法分别获得的降噪信号与原始丰北桥动挠度信号的对比图
（彩图请扫描封底二维码查看）

　　本节中，由于复杂的影响因素，得到的时间序列位移中存在多种噪声。利用 SNR 和 RMSE 这两种指标很难评价信号去噪的质量。因此，采用平滑度（root of variance ratio，RVR）和噪声抑制比（noise rejection ratio，NRR）两个新的评价指标来评价信号去噪的质量。RVR 是降噪后信号的方差根与原始信号的方差根之比，能反映噪声信号的平滑度（Liu et al.，2018）。RVR 越小，降噪效果越好。NRR 可以反映抑制干扰和提高 SNR 的能力。与 RVR 相反，NRR 越大，降噪效果越好（Liu et al.，2019）。

$$\text{RVR} = \sum_{n-1}^{N-1}\left(\tilde{s}(n+1)-\tilde{s}(n)\right)^2 \Big/ \sum_{n-1}^{N-1}\left(s(n+1)-s(n)\right)^2 \tag{5-47}$$

$$\text{NRR} = 10(\lg\sigma_1^2 - \lg\sigma_2^2) \tag{5-48}$$

式中，$s(n)$ 是原信号的第 n 个元素；$\tilde{s}(n)$ 是降噪信号的第 n 个元素；N 是信号的元素个数；σ_1^2 是原信号的方差；σ_2^2 是降噪信号的方差。

表 5-6 显示了通过形态滤波法、MF-EEMD 法和 MF-ESMD 法获得的降噪信号的 RVR 和 NRR 值。由表可以得出：①MF-ESMD 法的 RVR 为 0.0524，比形态滤波法和 MF-EEMD 法的值更小，更接近于零。②MF-ESMD 法的 NRR 为 3.5220，优于形态滤波法和 MF-EEMD 法。而形态滤波法的 NRR 为−4.9465，为负值。如图 5-29（b）所示，当采样时间约为 40s 时，原始信号中存在强噪声，模糊了有用信号的特征。因此，形态滤波法不能区分有用信号和噪声信息，它可能将有用的子信号当作噪声信息来处理。对于 MF-EEMD 法和提出的 MF-ESMD 法，在重构有用子信号时，大部分明显的噪声都得到了抑制。重构信号中只有些许的弱噪声，接着利用形态滤波器进一步降低了重构信号中的噪声。结果表明，MF-ESMD 法具有良好的降噪能力，不仅有效地降低了噪声对动挠度信号的影响，而且同时保留了有用的信息。

表 5-6　三种方法的 RVR 和 NRR 值

方法	RVR	NRR
形态滤波法	0.1361	−4.9465
MF-EEMD	0.1650	1.5240
MF-ESMD	0.0524	3.5220

5.5　SOBI 信号降噪

盲源分离（BSS）技术可以分离多个传感器在同一时域中获取的多个源信号，而无须任何先验信息，即使不同信号的混合模型是未知的（Cardoso，1998）。BSS 技术现已成功应用于无线通信、图像处理、语音信号处理和生物医学信号处理等领域（Poncelet et al.，2007）。盲源分离方法是一种相对稳健的方法，它使用样本数据的二阶统计信息（具有不同时间延迟的相关矩阵）和源信号的时序结构特征来实现源信号的盲分离（Belouchrani et al.，1997）。近年来，SOBI 方法已成功应用于信号处理和机械故障检测等领域（Illner et al.，2015；Wheland and Pantazis，2014）。本节采用的 GB-SAR 技术具有高达 0.5m 的距离向分辨率，在同一时域中对被监测桥梁目标中的多个监测点测量其动态时序位移。所获得的相邻监测点的时序位移具有相同的噪声信息，尤其是以不同速度和重量行驶的车辆而引起的设备自身的瞬时振动的噪声。通常使用 GB-SAR 设备获得的桥梁动挠度信号是一个将有用信号与噪声混合的复杂的非平稳时序位移数据。因此，可以将获得的三个相邻监测点的时序位移数据视为有用信号和噪声信号的线性混合，本节提出了一种改进的 SOBI 信号降噪方法，以减少噪声对使用 GB-SAR 设备获得的时序位移的影响，尤其是因速度和重量不同的车辆行驶而引起的设备自身瞬时振动噪声的影响。

5.5.1　改进的 SOBI 降噪方法原理

SOBI 方法使用联合近似对角化处理协方差矩阵，可以求解源信号和混合矩阵的最佳估计，从而实现不同的源信号的盲分离，是一种相对稳健的盲源分离方法（Belouchrani et al., 1997）。SOBI 方法基于原始观测数据的二阶统计量，利用相对较少的数据点便可以估计出不同的源信号分量，分离多个高斯噪声源（Seppänen et al., 2015）。通过考虑线性混合模型以及使用 GB-SAR 设备获得的时序位移数据的特征，本节提出选择同一时域中三个相邻监测点的时序位移作为原始信号以获得三个相邻监测点中的中间点的降噪信号。这三个时序位移可以看作有用信息和噪声信息的线性混合。

改进的 SOBI 信号降噪方法的基本原理是基于不同源信号的时间相关性和协方差矩阵的联合近似对角化，从观测信号中分离出噪声分量并置零处理，通过混合矩阵逆向重构信号以获得降噪后信号。图 5-30 显示了改进的 SOBI 信号降噪方法应用于使用 GB-SAR 设备获得的桥梁时序位移的流程图，包括以下 4 个关键技术：①将观测信号 $X(t)$ 进行白化处理以获得白化数据 $Z(t)$，去除各信号分量之间的二阶相关性，并计算白化数据 $Z(t)$ 的采样协方差矩阵。②对不同时延的协方差矩阵进行联合近似对角化处理，得到正交矩阵。③使用正交矩阵计算源信号的估计值 $Y(t)$ 和混合矩阵 A。④使用快速傅里叶变换在频域中转换源信号的估计值 $Y(t)$，并使用频率特性识别噪声信号分量。对噪声信号分量进行置零处理，得到新的独立分离信号分量矩阵 $Y_z(t)$，利用混合矩阵 A 进行逆向重构，得到恢复原始幅度的降噪信号 $Y_N(t)$。

同一时域下三个相邻监测点的时序位移数据作为混合信号，记为 $X(t) = [x_1(t)x_2(t)x_3(t)]^T$，$S(t) = [s_1(t)s_2(t)s_3(t)]^T$ 表示源信号，假定它们之间彼此独立。$Y(t)$ 表示源信号的估计值。改进的 SOBI 降噪方法应用于使用 GB-SAR 设备获得桥梁的时序位移的详细步骤如下（Illner et al., 2015；Liu et al., 2013；Belouchrani et al., 1997）。

（1）从三组原始观测信号（三个相邻监测点的监测数据）估计样本协方差 $R(0)$，用 λ_1、λ_2、λ_3 表示最大特征值，h_1、h_2、h_3 为相对应的特征向量。

（2）在假设存在白噪声的情况下，噪声方差的估计值 σ^2 是 $R(0)$ 的最小特征值的平均值。白化信号是 $Z(t) = [z_1(t)z_2(t)z_3(t)]^T$，其中，$z_i(t) = (\lambda_i - \sigma^2)^{-\frac{1}{2}} h_i \times x(t)$，$(i = 1, 2, 3)$。这其中会产生一个白化矩阵：

$$W = \left[(\lambda_1 - \sigma^2)^{-\frac{1}{2}} h_1, \cdots, (\lambda_3 - \sigma^2)^{-\frac{1}{2}} h_3 \right]^T \tag{5-49}$$

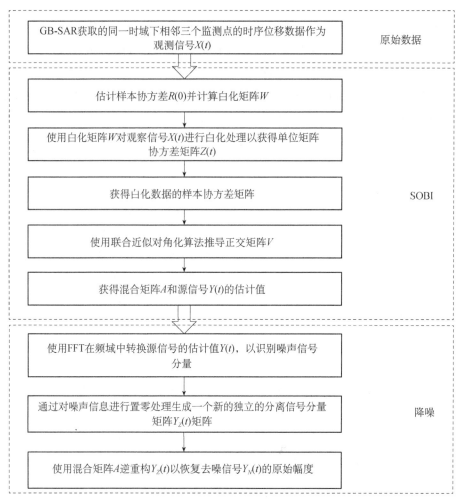

图 5-30　利用改进的 SOBI 信号降噪方法处理 GB-SAR 设备获得的桥梁的时序位移信号的流程图

（3）对观测信号 $X(t)$ 进行白化处理，以去除各个分量间的二阶相关性，并使 $Z(t)$ 的协方差矩阵为单位阵，其中，W 为白化矩阵：

$$Z(t) = W \times X(t) = W \times A \times S(t) = V \times S(t)　（5-50）$$

（4）对于固定的时延 $\tau \in \{\tau_j | j=1,2,\cdots,k\}$，通过 $Z(t)$ 计算白化数据的样本协方差矩阵 $R(\tau) = E\left[Z(t)Z^{\mathrm{T}}(t+\tau)\right] = AR_Z(\tau)A^{\mathrm{T}}$；

（5）对所有的 $R(\tau_j)$，采用联合近似对角化算法得出正交矩阵 V；

（6）源信号的估计值为 $Y(t) = BX(t) = V^{\mathrm{T}}WX(t)$，混合矩阵 A 的估计值为 $A = W^{-1}V$，其中 W^{-1} 为白化矩阵 W 的伪逆矩阵；

（7）对分离的信号分量利用快速傅里叶变换（FFT）算法进行时频域转换，结合频率分析找出噪声信号分量并进行置零处理，并利用混合矩阵的估计值 A 进行逆向重构得到降噪后信号：

$$Y_N(t) = A \times Y_Z(t)　（5-51）$$

式中，$Y_N(t)$ 为重构的降噪后信号分量；A 为混合矩阵的估计值；$Y_Z(t)$ 为将源信号的估计值 $Y(t)$ 中噪声分量置零处理后的源信号估计矩阵。

5.5.2　降噪模型实验与分析

丰北桥位于北京西四环与丰台北路的交界处，如图 5-31 所示。桥下有一条道路穿过，GB-SAR 设备架设于道路的一侧，如图 5-31（b）所示。不同速度和重量的车辆在道路上行驶时会不可避免地引起设备自身的瞬时振动，使所获得的桥梁时序位移中产生噪声信息。因此，为了验证改进的 SOBI 信号降噪方法应用于使用 GB-SAR 设备获得的时序位移的可行性，选择丰北桥作为实验桥。在本次实验中，用 IBIS-S 仪器（一种典型的基于微波干涉测量系统）来获取桥梁动挠度的精确动态时序位移。IBIS-S 仪器包括一个雷达单元、一个控制计算机、一个电源单元和一个三脚架。在典型的测量条件下，采样率高达 200Hz，最大检测距离高达 1km，距离向分辨率高达 0.5m，位移测量精度可达 0.01mm。如图 5-31 所示，IBIS-S 仪器位于桥下道路的一侧，桥上未安装无源雷达反射器。雷达单元的高度角设置为 30°，以便雷达单元上的两个天线可以对准桥梁中心跨度的中跨点。距离向分辨率为 0.5m，采样频率为 200Hz，数据采集时间为 45s。

(a) 丰北桥	(b) IBIS-S动挠度测量

图 5-31　丰北桥和 IBIS-S 仪器布设

图 5-32（a）显示了丰北桥跨中点的时序位移变化（X1，图 5-31（a））。由于周围环境和设备本身的影响，获得的时序位移不可避免地包含噪声信息。因此，为了提高获得的丰北桥跨中点时序位移数据的准确性，利用与跨中点具有相似噪声信息且位于跨中点前后两个相邻监测点（X2 和 X3，图 5-31（b）和（c））的时序位移作为另外两组观测信号，通过改进的 SOBI 方法对丰北桥的跨中点数据进行信号降噪。图 5-32（b）和图 5-32（c）显示了两个相邻监测点的时序位移变化。由图 5-32 可知，获得的三个时序位移的曲线存在一些波动，这是由车辆的瞬时过载引起的。

使用改进的 SOBI 方法对原始观测信号进行处理，获得了三个分离的信号分量，即 S1、S2 和 S3，如图 5-33 所示。由图可知：①如图 5-33（a）所示，分离信号 S1 与丰北桥跨中点的原始时序位移 X1 波形一致，具有反向位移，可看作实际监测数据。②如图 5-33（b）和图 5-33（c）所示，在分离的 S2 和 S3 信号的两条曲线中存在异常突变，可认为是噪声信号。

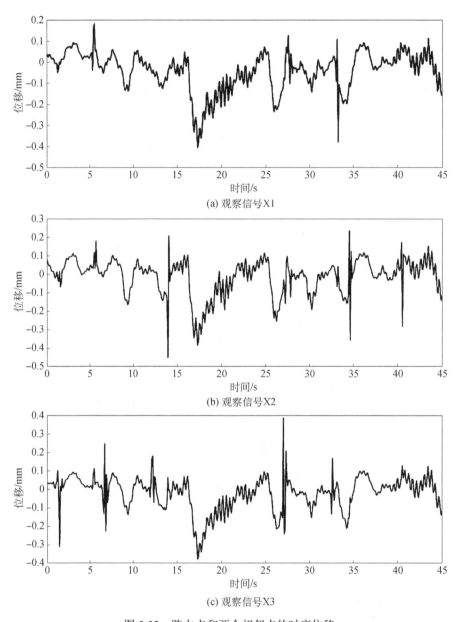

图 5-32　跨中点和两个相邻点的时序位移

这可能是由 IBIS-S 仪器附近的过往车辆引起的，从而导致 IBIS-S 仪器多次振动。此外，这两条曲线上的波动数值较小，可能是由周围环境引起的，例如风推力和地面运动。图 5-34 显示了三组原始观测信号的频谱，三组观测信号具有相同的 1.46Hz 一阶主频率。在使用改进的 SOBI 方法得到的分离信号 S1 的频谱中，一阶主频率与三组观测信号的频率相同，如图 5-35（a）所示，这进一步表明分离信号 S1 为有用信号。但是，对于使用改进的 SOBI 方法分离出的信号 S2 和 S3 的频谱，整个频域内无序且不规则，如图 5-35（b）和图 5-35（c）所示，这表明分离信号 S2 和 S3 是噪声信号。

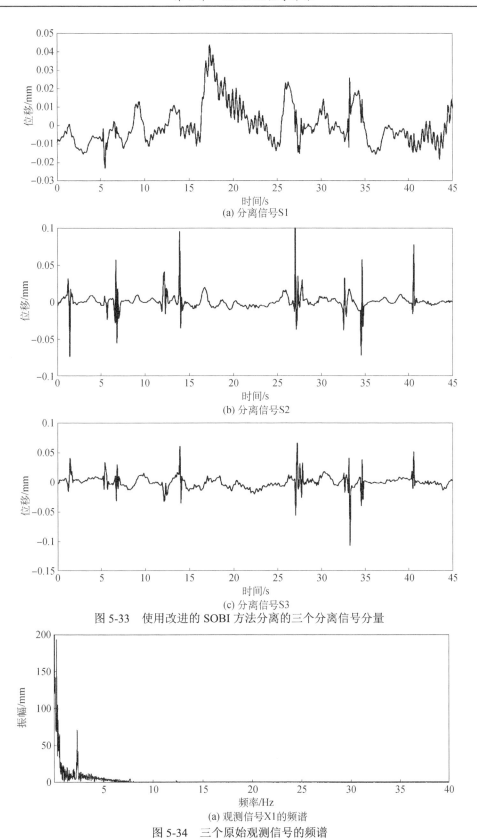

(a) 分离信号S1

(b) 分离信号S2

(c) 分离信号S3

图 5-33　使用改进的 SOBI 方法分离的三个分离信号分量

(a) 观测信号X1的频谱

图 5-34　三个原始观测信号的频谱

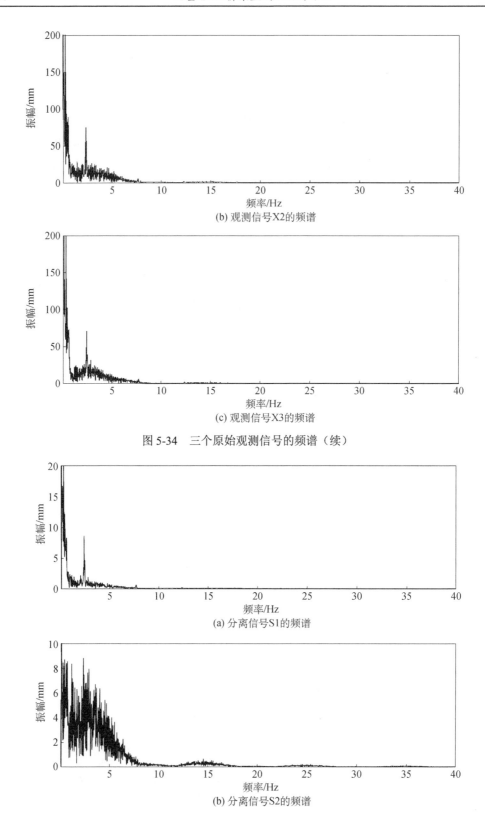

(b) 观测信号X2的频谱

(c) 观测信号X3的频谱

图 5-34　三个原始观测信号的频谱（续）

(a) 分离信号S1的频谱

(b) 分离信号S2的频谱

图 5-35　使用改进的 SOBI 方法分离后的三个分离信号的频谱

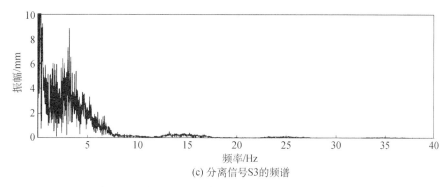

(c) 分离信号S3的频谱

图 5-35　使用改进的 SOBI 方法分离后的三个分离信号的频谱（续）

通过对分离出的噪声信号置零处理，使用混合矩阵对分离信号进行逆向重构，从而获得跨中点的降噪后信号，如图 5-36 所示。红色曲线是跨中点时序位移的原始观测信号，蓝色曲线为降噪后信号。与原始信号相比，降噪后的信号更稳定、平滑。此外，如图 5-36 中的 6 个黑框所示，原始信号与降噪信号之间的变化较大，此时间范围与分离信号 S2 和 S3 的曲线突然变化的时间范围相同，如图 5-35（b）和图 5-35（c）所示。结果表明，IBIS-S 仪器附近过往车辆引起的噪声信息得到了有效去除。

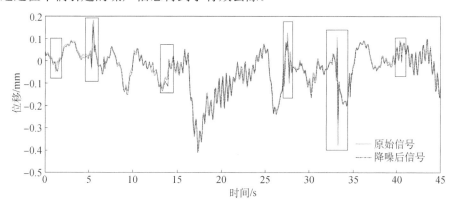

图 5-36　丰北桥跨中点的时序位移信号降噪对比图（彩图请扫描封底二维码查看）

为了评估改进的 SOBI 信号降噪方法的信号降噪效果，本节使用噪声抑制比（noise rejection ratio，NRR）（蔡剑华等，2019）、噪声模（noise mode，NM）、信号能量比（signal energy ratio，SER）（吕立蕾，2016；吕立蕾等，2011）和 RMSE（蔡剑华等，2019）4 个客观指标进行评估。

NRR 可以反映抑制干扰和改善 SNR 的能力。NRR 定义为

$$NRR = 10(\lg \delta_1^2 - \lg \delta_2^2) \tag{5-52}$$

式中，δ_1 和 δ_2 分别表示信号降噪之前和之后的信号标准方差。

SER 和 NM 是从能量角度考虑的指标。SER 反映了去噪信号与原始信号之间的能量相似性，而 NM 反映了总体噪声水平。SER 和 NM 定义为

$$SER = \sqrt{\sum_{n=1}^{N} y^2(n)} \Bigg/ \sqrt{\sum_{n=1}^{N} s^2(n)} \tag{5-53}$$

$$NM = \sqrt{\sum_{n=1}^{N} (y(n) - s(n))^2} \tag{5-54}$$

式中，$s(n)$ 代表原始观察信号；$y(n)$ 代表降噪后的信号；N 代表采样点总数；n 代表采样点数。

RMSE 用于表示观察值与真实值之间的偏差。RMSE 定义为

$$RMSE = \sqrt{\frac{1}{N} \sum_{n=1}^{N} (y(n) - s(n))^2} \tag{5-55}$$

式中，$s(n)$ 代表原始观察信号；$y(n)$ 代表降噪后的信号；n 代表采样点数。

通常，NRR 和 NM 值越大，SER 值越接近 1，RMSE 值越小，信号降噪效果越好。

为了验证改进 SOBI 信号降噪方法对 GB-SAR 设备获取的时序位移数据的降噪的可靠性，选择与 EMD 和 EEMD 的降噪方法进行对比，结果如表 5-7 所示。该表的结果表明：①改进的 SOBI 信号降噪方法的 NRR 和 NM 为 6.7116dB 和 3.7622mm，远优于 EMD 和 EEMD 方法。此外，对于改进的 SOBI 信号降噪方法，SER 为 1.0012，比其他两种方法更接近 1。因此，根据这三个指标，改进的 SOBI 信号降噪方法在使用 GB-SAR 设备进行动态测量信号降噪方面，具有比 EMD 和 EEMD 方法更强大的能力。②对于改进的 SOBI 信号降噪方法，RMSE 为 0.012mm，它比 EMD 方法小，但比 EEMD 方法大。这可能是改进的 SOBI 信号降噪方法消除了在 IBIS-S 仪器附近行驶车辆造成的噪声，导致 RMSE 降低。如果在不使车辆经过 IBIS-S 仪器附近的情况下进行现场实验，尽管使用 EEMD 信号降噪方法可以获得较小的 RMSE，但很难找到合适的时间范围来获取桥梁的动态时序位移数据。最终结果表明，改进的 SOBI 信号降噪方法具有很强的降噪能力，不仅可以降低周围环境引起的噪声，而且可以降低监测仪器振动引起的噪声。

表 5-7　三种方法的四种评价指标值

指标	EMD	EEMD	SOBI
NRR/dB	−2.3393	3.2862	6.7116
NM/mm	2.5066	0.7211	3.7622
SER	0.9870	0.9947	1.0012
RMSE/mm	0.0264	0.0073	0.0120

由于 GB-SAR 技术具有距离向分辨率较高的优势，因此，获得的相邻监视点的时序位移具有相似的噪声。因此，本节为了提高使用 GB-SAR 设备获得的桥梁动态时序位移的准确性，提出了一种改进的 SOBI 信号降噪方法，通过使用在相同时域中获得的三个相邻监视点的动态时序位移来减少噪声的影响，获得三个相邻监测点中的中间点的降噪信号可有效去除由设备本身的瞬时振动及经过车辆引起的噪声。更具体地说，研究中提出的结果明确强调了以下内容。

（1）通过充分考虑 GB-SAR 技术距离向分辨率较高的特点，选择在相同时域中三个相邻监测点的动态时序位移作为输入信号，通过使用改进的 SOBI 信号降噪方法来获得三个相邻监视点之间的中间点的降噪时序位移。使用频谱分析方法可从分离信号中有效地确定噪声分量，并使用混合矩阵逆向重构来恢复降噪信号的原始幅度。结果表明，改进的 SOBI 信号降噪方法不仅降低了周围环境引起的噪声，而且降低了监测仪器振动引起的噪声。

（2）与使用 EMD 和 EEMD 信号降噪方法相比，将改进的 SOBI 信号降噪方法应用于 GB-SAR 设备获得的桥梁时序位移时，在 NRR、NM 以及 SER 指标方面有进一步改善。结果表明，改进的 SOBI 信号降噪方法具有强大的信号降噪能力。

参 考 文 献

蔡剑华，肖永良，黎小琴. 2019. 基于频率域经验模式分解阈值滤波的核磁共振测井信号去噪. 地球物理学进展，34（2）：509-516.

陈德成，姜节胜. 1984. 随机减量技术的方法与理论. 振动与冲击，12（4）：31-40.

陈隽，徐幼麟. 2003. HHT 方法在结构模态参数识别中的应用. 震动工程学报，16（3）：383-388.

丁麒，孟光，李鸿光. 2009. 基于 Hilbert-Huang 变换的梁结构损伤识别方法研究. 振动与冲击，28（9）：180-183.

韩建平，李林，王洪涛，等. 2011. 基于 Hilbert-Huang 变换和随机减量技术的模态参数识别. 世界地震工程，27（1）：72-77.

何旭辉，余志武，陈政清. 2007. 基于 EMD 和随机减量技术的大型桥梁模态参数识别. 铁道科学与工程学报，4（4）：6-10.

贾瑞生，赵同彬，孙红梅，等. 2015. 基于经验模态分解及独立成分分析的微震信号降噪方法. 地球物理学报，58（3）：1013-1023.

李传习，陈富强. 2007. 基于 HHT 的结构损伤特征量与异常判断. 长沙理工大学学报（自然科学版），4（3）：29-33.

李舜酩，郭海东，李殿荣. 2013. 振动信号处理方法综述. 仪器仪表学报，34（8）：1907-1915.

刘龙. 2014. 基于振动测试的结构损伤识别若干方法的研究. 上海：上海交通大学出版社.

吕立蕾，龚威，宋沙磊，等. 2011. 地物反射率探测激光雷达回波信号的小波去噪. 武汉大学学报（信息科学版），36（1）：56-59，65.

吕立蕾. 2016. 多光谱激光雷达小波去噪效果评价体系. 海洋测绘，36（4）：72-75.

聂雪媛，丁桦. 2012. 基于随机减量技术的模态参数识别方法探讨. 机械设计，29（8）：1-5.

聂雪媛，郭杏林，刘彬，等. 2009. 一种新的随机减量函数的构造及分析. 计算机力学报，26（2）：258-263.

屈成忠，连旭伟，于游江. 2011. 基于 HHT 的输电塔结构损伤识别. 水电能源科学，29（1）：146-147.

任宜春，翁璞. 2015. 基于改进 Hilbert-Huang 变换的结构损伤识别方法研究. 振动与冲击，34（18）：195-199.

时世晨，单佩韦. 2011. 基于 EEMD 的信号处理方法分析和实现. 现代电子技术，34（1）：88-90，94.

史文海，李正农，陈联盟. 2008. 随机减量技术的研究现状及进展. 防灾减灾工程学报，28（增刊）：52-57.

熊飞，程远胜. 2008. 基于 HHT 方法的时变多自由度系统的损伤识别. 振动、测试与诊断，28（2）：122-

125.

徐佳，麻海凤. 2013. 希尔伯特—黄变换理论及其在重大工程变形监测中的应用. 北京：煤炭工业出版社.

张恒璟，程鹏飞. 2014. 基于 EEMD 的 GPS 高程时间序列噪声识别与提取. 大地测量与地球动力学，
　　34（2）：79-83.

Alfaouri M，Daqrouq K. 2008. ECG signal de-noising by wavelet transform thresholding. American Journal of
　　Applied Sciences，5（3）：276-281.

Bai T，Li D，Wang H Q，et al. 2016. A PPG Signal De-Noising Method Based on the DTCWT and the
　　Morphological Filtering. Naples：International Conference on Signal Image Technology Internet Based
　　Systems.

Barla G，Antolini F，Barla M，et al. 2010. Monitoring of the Beauregard landslide （Aosta Valley，Italy）
　　using advanced and conventional techniques. Engineering Geology，116（3-4）：218-235.

Belouchrani A，Abed-Meraim K，Cardoso J F，et al. 1997. A blind source separation technique using second-
　　order statistics. IEEE Transactions on Signal Processing，45（2）：434-444.

Boudraa A，Cexus J. 2007. EMD-based signal filtering. IEEE Transactions on Instrumentation and Measurement，
　　56（6）：2196-2202.

Cardoso J F. 1998. Blind signal separation：Statistical principles. Proceedings of the IEEE，86（10）：2009-2025.

Chan J C，Ma H，Saha T K，et al. 2014. Self-adaptive partial discharge signal de-noising based on ensemble
　　empirical mode decomposition and automatic morphological thresholding. IEEE Transactions on Dielectrics and
　　Electrical Insulation，21（1）：294-303.

Chen J L，Pan J，Li Z P，et al. 2016. Generator bearing fault diagnosis for wind turbine via empirical wavelet
　　transform using measured vibration signals. Renewable Energy，89（4）：80-92.

Corsini A，Berti M，Monni A，et al. 2013. Rapid assessment of landslide activity in Emilia Romagna using GB-
　　InSAR short surveys. Landslide Science and Practice，2：391-399.

Ding Y，Selesnick I W. 2015. Artifact-free wavelet denoising：Non-convex sparse regularization，convex
　　optimization. IEEE Signal Processing Letters，22（9）：1364-1368.

Donoho D L. 1995. De-noising by soft-thresholding. IEEE Transactions on Information Theory，41（3）：613-627.

Farrar C R，Darling T W，Migliori A，et al. 1999. Microwave interferometers for non-contact vibration
　　measurements on large structures. Mechanical Systems and Signal Processing，13（2）：241-253.

Gabor D. 1947. Theory of communication. Journal of the Institution of Electrical Engineers-Part I：General，
　　94（73）：58.

Gentile C，Bernardini G. 2008. Output-only modal identification of a reinforced concrete bridge from radar-based
　　measurements. Ndt & E International，41（7）：544-553.

Gentile C，Bernardini G. 2010. An interferometric radar for non-contact measurement of deflections on civil
　　engineering structures：Laboratory and full-scale tests. Structure and Infrastructure Engineering，6（5）：521-
　　534.

Hu A J，Xiang L. 2016. Selection principle of mathematical morphological operators in vibration signal processing.
　　Journal of Vibration and Control，22（14）：3157-3168.

Hua Z，Liu J H，Duan S Q. 2018. A preprocessing method for flutter signals based on morphological filtering. 9th
　　International Conference on Mechanical and Aerospace Engineering：IEEE，430-434.

Huang N E，Shen Z，Long S R，et al. 1998. The empirical mode decomposition and the Hilbert spectrum for
　　nonlinear and non-stationary time series analysis. Proceedings of The Royal Society A Mathematical Physical and
　　Engineering Sciences，454（1971）：903-995.

Huang N E，Shen Z，Long S R. 1999. A new view of nonlinear water waves: The Hilbert spectrum. Annual Review of Fluid Mechanics，31 (1): 417-457.

Huang N E，Wu M C，Long S R，et al. 2003. A confidence limit for the empirical mode decomposition and Hilbert spectral analysis. Proceedings of The Royal Society A Mathematical Physical and Engineering Sciences, 459 (2037): 2317-2345.

Illner K，Miettinen J，Fuchs C，et al. 2015. Model selection using limiting distributions of second-order blind source separation algorithms. Signal Processing，113 (8): 95-103.

Li H J，Wang R Q，Cao S Y，et al. 2016. A method for low-frequency noise suppression based on mathematical morphology in microseismic monitoring. Geophysics，81 (3): 159-167.

Li J W，Tong Y F，Guan L，et al. 2018a. A UV-visible absorption spectrum denoising method based on EEMD and an improved universal threshold filter. RSC Advance，8 (16): 8558-8568.

Li Y F，Liang X H，Liu W W，et al. 2018b. Development of a morphological convolution operator for bearing fault detection. Journal of Sound and Vibration，421: 220-233.

Li Z，He Z J，Zi Y Y，et al. 2008. Customized wavelet denoising using intra-and inter-scale dependency for bearing fault detection. Journal of Sound and Vibration，313: 342-359.

Liu H T，Xie X B，Xu S P，et al. 2013. One-unit second-order blind identification with reference for short transient signals. Information Sciences，227: 90-101.

Liu X L，Li S N，Tong X H. 2018. Two-level W-ESMD Denoising for dynamic deflection measurement of railway bridges by microwave interferometry. IEEE Journal of Selected Topics in Applied Earth Observations and Remote Sensing，11 (12): 4874-4883.

Liu X L，Tong X H，Ding K L，et al. 2015. Measurement of long-term periodic and dynamic deflection of the long-span railway bridge using microwave interferometry. IEEE Journal of Selected Topics in Applied Earth Observations and Remote Sensing，8 (9): 4531-4538.

Liu X L，Wang H，Huang M，et al. 2019. An improved second-order blind identification (SOBI) signal Denoising method for dynamic deflection measurements of bridges using ground-based synthetic aperture radar (GBSAR). Applied Sciences，9 (17): 3561.

Lv J，Yu J. 2018. Average combination difference morphological filters for fault feature extraction of bearing. Mechanical Systems and Signal Processing，100: 827-845.

Monserrat O，Crosetto M，Luzi G，et al. 2014. A review of ground-based SAR interferometry for deformation measurement. Journal of Photogrammetry and Remote Sensing，93 (1): 40-48.

Mukhopadhyay S，Chanda B. 2002. An edge preserving noise smoothing technique using multiscale morphology. Signal Processing，82 (4): 527-544.

Negulescu C，Luzi G，Crosetto M，et al. 2013. Comparison of seismometer and radar measurements for the modal identification of civil engineering structures. Engineering Structures，51: 10-22.

Poncelet F，Kerschen G，Golinval J，et al. 2007. Output-only modal analysis using blind source separation techniques. Mechanical Systems and Signal Processing，21 (6): 2335-2358.

Sendur L，Selesnick I W. 2002. Bivariate shrinkage functions for wavelet-based denoising exploiting inter scale dependency. IEEE Transactions on Signal Processing，50 (11): 2744-2756.

Seppänen J，Turunen J，Koivisto M，et al. 2015. Measurement based analysis of electromechanical modes with Second Order Blind Identification. Electric Power Systems Research，121: 67-76.

Smeds K，Wolters F，Rung M. 2015. Estimation of signal-to-noise ratios in realistic sound scenarios. Journal of the American Academy of Audiology，26 (2): 183-196.

Stabile T A，Perrone A，Gallipoli M R，et al. 2013. Dynamic survey of the Musmeci Bridge by joint application of ground-based microwave radar interferometry and ambient noise standard spectral ratio techniques. IEEE Geoscience and Remote Sensing Letters，10（4）：870-874.

Sun H，Zi Y，He Z，et al. 2013. Customized multiwavelets for planetary gearbox fault detection based on vibration sensor signals. Sensors，13（1）：1183-1209.

Van M，Franciosa P，Ceglarek D. 2016. Rolling element bearing fault diagnosis using integrated nonlocal means denoising with modified morphology filter operators. Mathematical Problems in Engineering，（3）：1-14.

Vandiver J K，Dunwoody A B，Campbell R B，et al. 1982. A mathematical basis for the random decrement vibration signature analysis technique. Journal of Mechanical Design，104（2）：307-313.

Wang T，Zhang M，Yu Q，et al. 2012. Comparing the applications of EMD and EEMD on time-frequency analysis of seismic signal. Journal of Applied Geophysics，83：29-34.

Wheland D，Pantazis D. 2014. Second order blind identification on the cerebral cortex. Journal of Neuroscience Methods，223：40-49.

Wu Z H，Huang N E. 2004. A study of the characteristics of white noise using the empirical mode decomposition method. Proceedings of The Royal Society A Mathematical Physical and Engineering Sciences，460（2046）：1597-1611.

Xu W，Hou Y，Hung Y S，et al. 2013. A comparative analysis of Spearman's rho and Kendall's tau in normal and contaminated normal models. Signal Processing，93（1）：261-276.

Yadav S K，Sinha R，Bora P K. 2015. Electrocardiogram signal denoising using non-local wavelet transform domain filtering. IET Signal Processing，9（1）：88-96.

Yi T H，Li H N，Gu M. 2013a. Experimental assessment of high-rate GPS receivers for deformation monitoring of bridge. Measurement，46（1）：420-432.

Yi T H，Li H N，Gu M. 2013b. Wavelet based multi-step filtering method or bridge health monitoring using GPS and accelerometer. Smart Structures and Systems，11（4）：331-348.

Zhou X，Shan D，Li Q. 2018. Morphological filter-assisted ensemble empirical mode decomposition. Mathematical Problems in Engineering，（11）：1-12.

第6章 GB-SAR 桥梁损伤识别

6.1 基于直接插值法的桥梁损伤识别

ESMD 方法是学者王金良和李宗军在 2013 年提出的 HHT 方法的一种改进方法（Brunori et al.，2015）。与 HHT 方法不同的是，ESMD 方法将外部包络线插值改为内部极点对称插值，允许残差分量具有一定数量的极值点，根据最小二乘原则来优化残差部分，这种残差分量能较好地反映整个数据的演化趋势，从而获取趋势函数，即 AGM 曲线，它降低了确定筛选次数的难度，提高了分解 IMF 的精度，并在一定程度上抑制了模态混叠效应。HHT 方法和 ESMD 方法均包含两部分：一是 EMD；二是自适应时-频谱分析。通过使用 HHT-EMD 方法与 ESMD 方法对一个仿真信号进行分解，仿真信号由三个子信号组成，三个子信号具有不同的频率，并添加了 SNR 为 10dB 的高斯白噪声（Liu et al.，2018）。结果表明，ESMD 方法优于 HHT-EMD 方法，其分解后的 IMF 分量与用于合成仿真信号的三个原始子信号拟合程度更高，模式混合效应得到明显抑制。在时-频谱分析方面，首先需要应用 HHT 方法对 IMF 子信号进行希尔伯特变换得到解析信号，由解析信号可获得振幅与相位函数，瞬时频率就是相位函数对时间求导所得。因此该方法必须要先假设信号本身是局部光滑的，并且输入数据的相位函数的导数必须是存在的（Brunori et al.，2015；Dijkstra and Dixon，2010），也就是说 HHT 方法求出的瞬时频率仅在局部区域存在意义。

6.1.1 ESMD 模态分解

对于给定的时序位移信号 $s(t)$，利用 ESMD 方法进行数据分解的主要步骤如下。

（1）求出信号 $s(t)$ 的所有局部极大值点和极小值点，并将相邻极值点的中点枚举为 $F_i(i=1,2,\cdots,n-1)$。然后，对于 F_i 中的奇偶中点，分别构造两条曲线 L_1 和 L_2，并利用三次 B 样条插值，进一步计算它们的平均曲线 $L^*=(L_1+L_2)/2$。

（2）$\bar{s}$ 表示原始信号的平均值，确定原始信号相对于总平均值 $\bar{s}=\left(\sum\limits_{t=1}^{n}s(t)\right)/n$ 的方差 $\sigma_0=\sqrt{\dfrac{1}{n}\sum\limits_{t=1}^{n}(s(t)-\bar{s})}$，并设置容许误差为 $\varepsilon=0.001\sigma_0$，以保证 IMF 分解的质量。

（3）确定最优筛选次数 K_0 或根据容许误差 ε 进行信号分解，以避免 IMF 分解过程的无止境循环。该过程如下。

（a）预设最大筛选次数 $K_{\max}$，对 $s(t)-L^*$ 重复步骤（1）和（2），直到 $|L^*|\leq\varepsilon$，得到

$\mathrm{IMF_1}$；

（b）对 $s(t)-\mathrm{IMF_1}$ 重复上述步骤以获得 $\mathrm{IMF_2}$、$\mathrm{IMF_3}$，直到获得 AGM 曲线。然后根据 AGM 曲线数值记为 $r(t)$，计算信号的方差 σ，$\sigma=\sqrt{\dfrac{1}{n}\sum_{t=1}^{n}\left(s(t)-r(t)\right)^2}$；

（c）以有限整数间隔更改筛选次数，并重新计算相对于 AGM 曲线的方差。然后重复步骤（a）和（b），以根据最小值获得最佳筛选次数 $K_\circ$。

（4）利用最优筛选次数 $K_\circ$ 和允许误差 ε，对时序位移信号 $s(t)$ 进行信号分解，得到一系列的 IMF 子信号以及一条 AGM 曲线。ESMD 算法流程如图 6-1 所示。

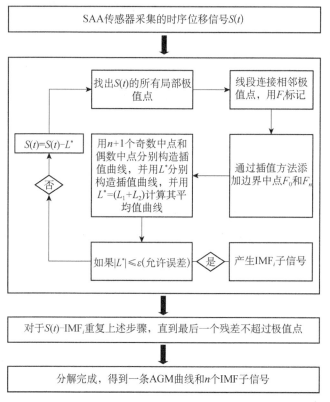

图 6-1　ESMD 算法流程图

6.1.2　ESMD 时-频分析

对于获得瞬时频率的传统方法，如希尔伯特变换、傅里叶变换和小波变换，其本质是在每个积分变换中使用不同的基函数进行伸缩平移，以确定基函数在目标函数中的占比，进而通过积分大小判断目标函数的频率大小，因此目标信号应是周期震荡才能满足条件。然而本书的钢筋混凝土框架剪力墙结构逐渐崩塌所获得的信号是非周期震荡的，因此提出直接内插法来解决类似的问题，详细的直接内插算法如下所示。

将每个 IMF 分解为 $(t_k, Y_k), k=1,2,\cdots,N$，$t_k$ 代表时间，Y_k 是每个 IMF 的值（位移速度

或加速度）。查找满足 $Y_{k-1} < Y_k \geqslant Y_{k+1}$ 或 $Y_{k-1} \leqslant Y_k > Y_{k+1}$ 或 $Y_{k-1} > Y_k \leqslant Y_{k+1}$ 或 $Y_{k-1} \geqslant Y_k < Y_{k+1}$ 的每个 IMF 的所有准极值点，并将其计算为 $E_i = (t_i, y_i), i = 1, 2, \cdots, m$。然后根据表 6-1 中的伪代码计算频率插值坐标 (a_i, f_i)。另外，根据表 6-2 中的伪代码为左边界点和右边界点添加频率插值坐标的边界点。

通过使用所有离散点 (a_i, f_i) 的三次样条插值得到曲线 $f(t)$，瞬时频率曲线如下：

$$f^*(t) = \max\{0, f(t)\} \tag{6-1}$$

傅里叶频谱和希尔伯特时-频谱是结构健康监测总能量分析中使用最多的频谱方法，将总能量投射到一系列频率上。然而，每个 IMF 的频率和能量在任何时候都会发生变化，而所产生的总能量本身也会随之发生变化。因此，本书提出了总能量的时间变化来分析结构的稳定性。表示第 j 个 IMF 几乎符合 $x_j(t) = A_j(t)\cos\theta_j(t)$，$1 \leqslant j \leqslant n$ 的数学表达式，式中 $A_j(t)$ 是实际振荡的振幅曲线；总能量可以以动能的形式定义为

$$E(t) = \frac{1}{2}\sum_{j=1}^{n} A_j^2(t) \tag{6-2}$$

表 6-1 计算频率插值坐标的伪代码

```
If  y_i = y_{i+1}  then
      a_i = t_i ,  f_i = 0
      If  E_i and E_{i+1} are adjacent extreme points then
          a_{i-1} = (t_i + t_{i-2})/2 ,  f_{i-1} = 1/(t_i - t_{i-2})
a_{i+2} = (t_{i+3} + t_{i+1})/2 ,  f_{i+2} = 1/(t_{i+3} - t_{i+1})
Else if  E_i and E_{i+1} are not adjacent extreme points then
a_{i-1} = t_{i-1} ,  f_{i-1} = 1/[(t_{i+2} - t_{i-2}) - (t_{i+1} - t_i)]
a_{i+2} = t_{i+2} ,  f_{i+2} = 1/[(t_{i+3} - t_{i-1}) - (t_{i+1} - t_i)]
Else
a_i = (t_{i+1} + t_{i-1})/2 ,  f_i = 1/(t_{i+1} - t_{i-1})
End if
```

表 6-2 用线性插值法添加边界点的伪代码

对于左侧边界点	对于右侧边界点
If $y_1 = Y_1$ then	If $y_m = Y_N$ then
$a_1 = t_1$, $f_1 = 0$	$a_m = t_N$, $f_m = 0$
Else	Else
$a_1 = t_1$	$a_m = t_N$
$f_1 = (f_3 - f_2)(t_1 - a_2)/(a_3 - a_2) + f_2$	$f_m = (f_{m-1} - f_{m-2})(t_N - a_{m-1})/(a_{m-1} - a_{m-2}) + f_{m-1}$
If $f_1 \leqslant 0$ then	If $f_m \leqslant 0$ then
$a_1 = t_1$, $f_1 = 1/2(t_2 - t_1)$	$a_m = t_N$, $f_m = 1/2(t_m - t_{m-1})$
End if	End if
End if	End if

6.1.3　ESMD 与 HHT 方法比较

桥梁结构在车辆荷载、风力、降雨和其他环境灾害等因素的影响下，出现损伤或性能退化是不可避免的。Lee 等（2006）的研究中，对于桥梁这类具有振动信号特点的结构损伤识别当中，振动频率是比较敏感的损伤指标，因此，时频分析是桥梁结构损伤判定的常用方法，目前应用最广泛的时频分析方法有短时傅里叶变换（STFT）、小波变换（WT）、希尔伯特-黄变换（HHT）。由于 STFT 使用固定的窗函数，在处理非平稳信号时，时间和频率分辨率难以同时达到最优，这使得 STFT 的应用受到限制（Roveri and Carcaterra，2012）。WT 在本质上依然是一种基于线性叠加原理的自适应窗口傅里叶方法，因此，只能处理线性变化的非平稳信号，而小波基的选取依赖于先验知识，并直接影响小波分析结果（Yi et al.，2013；袁开明等，2015）。HHT 是一种基于经验模态分解（HHT-EMD）和 Hilbert 谱的自适应分析方法，适用于非线性非平稳信号的处理。HHT 既不需要预先确定函数，也不需要预设窗口长度，已广泛地应用于振动信号的结构损伤识别领域（Huang et al.，2009）。但在模态分解过程中，HHT 方法的筛选次数难以确定，分解得到的模态之间存在混叠现象（Gan et al.，2014）。

一般地，在考虑荷载作用的桥梁结构设计中，桥梁的动力响应信号应该是线性的，然而在环境激励作用下，桥梁结构产生的响应信号往往是非线性非平稳的。

ESMD 是 HHT 的新发展，同样适用于非线性非平稳信号的处理，HHT 方法和 ESMD 方法均包含两部分：一是模态分解（EMD）；二是自适应时-频谱分析（Wang and Li，2013）。二者都能够将复杂的响应信号分解成一系列简单子信号，即本征模函数（IMF）和一条趋势函数曲线 R，但其在模态分解和时-频谱分析时采用的插值方法存在本质的不同，接下来将进行这两种方法的对比说明。

（1）与 HHT-EMD 方法不同，ESMD 方法将外部包络线插值改为内部极点对称插值，根据最小二乘原则来优化残差部分，从而获取趋势函数，即最适应全局均线，并由此确定最佳筛选次数，提高分解的 IMF 子信号精度。为了验证 ESMD 方法与 HHT-EMD 方法相比的有效性，在 SNR 为 20dB 的 3 个子信号中加入高斯白噪声，模拟了一个非线性非平稳信号 $s(t) = s_1(t) + s_2(t) + s_3(t) + w(t)$。其中，$s_1(t) = \cos(20\pi t + 2\sin(2t))$，$s_2(t) = \sin(4\pi t)$，$s_3(t) = \cos(2\pi t)$，$w(t)$ 为高斯白噪声。模拟信号 $s(t)$ 及其分量信号 $w(t)$、$s_1(t)$、$s_2(t)$、$s_3(t)$ 如图 6-2 所示。

分别使用 ESMD 方法和 HHT-EMD 方法将仿真信号分解为一系列 IMF 子信号和趋势项 R。如图 6-3 所示，红色曲线为仿真信号，蓝色曲线为分解得到的 IMF 子信号。如图 6-3（a）所示，通过使用 HHT-EMD 方法，将仿真信号分解为 5 个 IMF 子信号。尽管由于模式混合问题存在一些局部误差，但分解后的 IMF2 与分量信号 $s_1(t)$ 很接近。然而，子信号 IMF4 和 IMF5 与分量信号 $s_2(t)$ 和 $s_3(t)$ 有很大出入。如图 6-3（b）所示，通过使用 ESMD 方法，将仿真信号分解为 4 个 IMF 子信号，数量上等于用于仿真信号的分量信号的个数。此外，模式混合问题、过冲和下冲问题几乎消失，$IMF_2 \sim IMF_4$ 子信号与分量信号 $s_1(t)$、$s_2(t)$ 和 $s_3(t)$ 拟合程度非常高，表明 ESMD 方法在模态分解方面优于 HHT-EMD 方法。

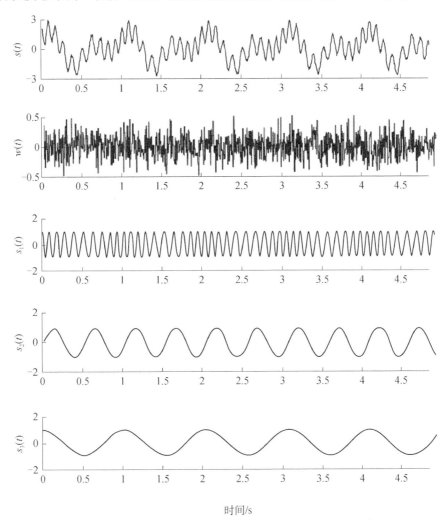

图 6-2　仿真信号与分量信号

（2）在时-频谱分析方面，HHT 方法首先需要对 IMF 子信号进行希尔伯特变换得到信号 $d(t)$，进而得到解析信号 $Z(t)$，由解析信号 $Z(t)$ 可获得振幅 $A(t)$ 与相位函数 $\theta(t)$，瞬时频率 $\omega(t)$ 即相位函数 $\theta(t)$ 对时间求导所得，也就是说，其求出的瞬时频率仅在局部区域存在意义。

$$d(t) = H\big[\mathrm{IMF}(t)\big] = \frac{1}{\pi}\int_{-\infty}^{\infty}\frac{\mathrm{IMF}(\tau)}{t-\tau}\mathrm{d}\tau \qquad (6\text{-}3)$$

$$Z(t) = \mathrm{IMF}(t) + id(t) \qquad (6\text{-}4)$$

$$A(t) = \sqrt{\mathrm{IMF}^2(t) + d^2(t)} \qquad (6\text{-}5)$$

$$\theta(t) = \arctan\left(\frac{d(t)}{\mathrm{IMF}(t)}\right) \tag{6-6}$$

$$\omega(t) = \frac{\mathrm{d}\theta(t)}{\mathrm{d}t} \tag{6-7}$$

式中，$d(t)$ 为进行希尔伯特变化所得信号；$Z(t)$ 为解析信号；$A(t)$ 为振幅函数；$\theta(t)$ 为振动信号的瞬时相位；$\omega(t)$ 为瞬时频率。

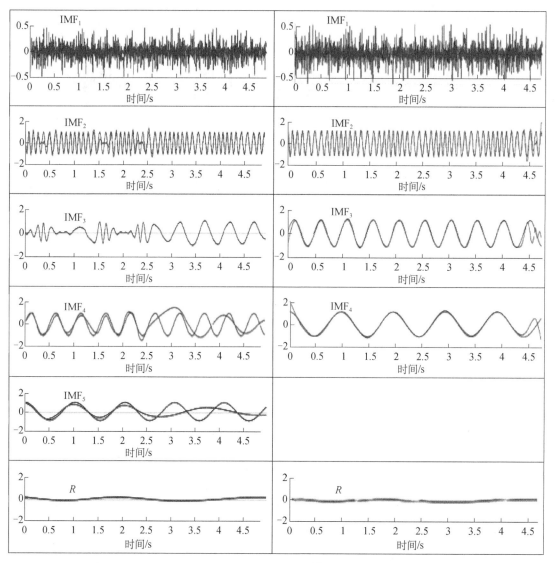

(a) HHT-EMD方法分解的IMF子信号（红色）和　　　　　　(b) ESMD方法分解的IMF子信号（红色）和
　　　分量信号（蓝色）对比　　　　　　　　　　　　　　　　　分量信号（蓝色）对比

图 6-3　HHT-EMD 方法和 ESMD 方法分解仿真信号得到的 IMF 子信号（彩图请扫描封底二维码查看）

　　然而，对于时间序列信号的时频分析往往需要周期和瞬时意义兼顾，因此，HHT 方法的时-频谱分析难以表达具有一段时间长度的周期性振荡信号瞬时频率的物理意义。为了解决 HHT 方法在周期和瞬时频率之间存在的固有矛盾，ESMD 方法采用直接插值法对信号的瞬时频率和振幅进行计算，能够弥补 HHT 方法在时-频分析方面存在的缺陷。直接插值法的基本思路如下。

遍历每个 IMF 子信号，寻找所有极值点 (t_{e_i}, y_{e_i}) 和 $(t_{e_{i+1}}, y_{e_{i+1}})$，计算两个相邻极大值点和极小值点之间的时间间隔 Δt；

把 Δt 视为局部周期并赋值给极大值与极小值之间的中点；

将这些局部周期值取倒数得到局部频率值 $f_{i-1} = 1/\left(t_{e_i} - t_{e_{i-2}}\right)$，再做三次样条插值得到光滑的时间-频率变化曲线，在此过程中，若 IMF 子信号中有等值段，直接将其频率定义为零。

在进行 HHT 方法与 ESMD 方法的对比分析后，说明无论在模态分解还是时-频分析方面，ESMD 方法均表现出更加优越的性能。

6.2　基于数据驱动随机子空间的桥梁损伤识别

DATA-SSI 是 De Moor 和 Van Overschee 于 1996 年提出的，是随机子空间识别算法之一（Yu and Ren，2005）。该方法利用线性代数方法（如 SVD 分解和最小二乘法）从输出观测值中估计状态向量，然后从这些估计的状态向量中实现状态空间模型。考虑到结构模态的个数决定了状态空间模型的阶数，在估计状态向量阶段，根据投影矩阵的奇异值的结构模态和噪声模态分区来确定模型的阶数。DATA-SSI 方法将未来输出的行空间投影到过去输出的行空间中，既保留了过去的所有信息，也可以据此预知未来信息，它在识别过程中用到了很多成熟的线性代数工具，如正交投影、SVD 和卡尔曼滤波等，被称为最稳健和最精确的输出系统方法之一。

6.2.1　子空间正交投影理论

DATA-SSI 方法将未来输出的行空间投影到过去输出的行空间，该运算大大缩减了数据量，同时也是辨识方法的理论基础（此部分的矩阵 A 和矩阵 B 仅限于解释正交投影理论）。

某一矩阵的行空间投影到矩阵 A 的行空间上，数学表达为

$$\Pi_B \overset{\text{def}}{=} A^{\mathrm{T}}\left(AA^{\mathrm{T}}\right)^{-1} A \qquad (6\text{-}8)$$

式中，$(\cdot)^{-1}$ 表示矩阵的伪逆，矩阵 B 的行空间在矩阵 A 的行空间上的投影：

$$B/A \overset{\text{def}}{=} B\Pi_A = BA^{\mathrm{T}}\left(AA^{\mathrm{T}}\right)^{-1} A \qquad (6\text{-}9)$$

某一矩阵的行空间投影到矩阵 A 的行空间的正交补上的数学表达为

$$\Pi_{A^{\perp}} = I_j - \Pi_A \qquad (6\text{-}10)$$

将矩阵 B 的行空间投影到矩阵 A 的行空间的正交补上可以表示为

$$B/A^{\perp} \overset{\text{def}}{=} B(I - \Pi_A) = B\left(I - A^{\mathrm{T}}\left(AA^{\mathrm{T}}\right)^{-1} A\right) \qquad (6\text{-}11)$$

于是两个几何算子 Π_A 和 $\Pi_{A^\perp}$ 可将矩阵 B 分解成两个行空间正交的矩阵：

$$B = B\Pi_A + B\Pi_{A^\perp} \qquad (6\text{-}12)$$

图 6-4 是矩阵在二维空间的正交投影，B/A 表示矩阵 B 投影在矩阵 A 的行空间上，$B/A^\perp$ 表示矩阵 B 投影在矩阵 A 的行空间的正交补上。

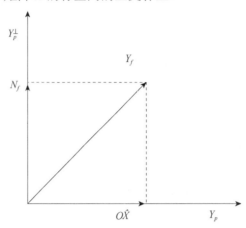

图 6-4　正交投影的几何表示

6.2.2　Hankel 矩阵构建与 SVD 分解

由输出的时序数据直接构成的 Hankel 矩阵：

$$H = \begin{bmatrix} Y_p \\ \hline Y_f \end{bmatrix} = \left[\begin{array}{cccc} y_0 & y_1 & \cdots & y_{j-1} \\ y_1 & y_2 & \cdots & y_j \\ \cdots & \cdots & \cdots & \cdots \\ \hline y_{i-1} & y_i & \cdots & y_{i+i-2} \\ y_i & y_{i+1} & \cdots & y_{i+j-1} \\ y_{i+1} & y_{i+2} & \cdots & y_{i+j} \\ \cdots & \cdots & \cdots & \cdots \\ y_{2i-1} & y_{2i} & \cdots & y_{2i+j-2} \end{array}\right] \qquad (6\text{-}13)$$

式中，$2i$ 是 H 矩阵的行数；j 是 H 矩阵的列数；Y_p 是由 H 矩阵上半部分组成的"过去"部分的行空间；Y_f 是由 H 矩阵下半部分组成的"将来"部分的行空间。

DATA-SSI 法的主要思路是把"将来"输出的子空间 Y_f 投影到"过去"输出的子空间 Y_p 上，完整保留过去信息的同时预测系统将来的状态，对响应信号构建的 Hankel 矩阵进行 QR 分解得到投影矩阵 O_i 和 O_{i-1}。

$$O_i = Y_f / Y_p \qquad (6\text{-}14)$$

$$O_i = Y_f^- / Y_p^+ \qquad (6\text{-}15)$$

$$O_i = Y_f / Y_p = Y_f Y_p^t (Y_p Y_p^t)^{-1} Y_p \qquad (6\text{-}16)$$

式中，将 Y_p 增加一个行块变成 Y_p^+；将 Y_f 减少一个行块变成 Y_f^-；运算符 $(\cdot)^{-1}$ 表示矩阵的伪逆矩阵。

为了得到好的结果，在 SVD 分解前选择不同的加权方式对投影矩阵 O_i 加权。三种常见的加权矩阵有 PC（principal components）、UPC（unweighted principal components）和 CVA（canonical variate algorithm）。对加权投影矩阵 $W_1 O_i W_2$ 进行 SVD 分解，可得

$$P = W_1 O_i W_2 \tag{6-17}$$

$$P = USV^t = \begin{pmatrix} U_1 & U_2 \end{pmatrix} \begin{pmatrix} S_1 & 0 \\ 0 & 0 \end{pmatrix} \begin{pmatrix} V_1^t \\ V_2^t \end{pmatrix} \tag{6-18}$$

式中，W_1 和 W_2 是两个可逆加权矩阵；U 和 V 是 SVD 分解得到的酉矩阵；矩阵 S 是由奇异值组成的对角矩阵；子矩阵 S_1 是由非零奇异值组成的对角矩阵，包含信号子空间对应的所有奇异值；t 是系统实际模态阶数的两倍。

6.2.3　卡尔曼滤波状态序列及模态参数识别

卡尔曼滤波模型在随机子空间法辨识过程中起着至关重要的作用，主要用于求取系统矩阵和输出矩阵部分。卡尔曼滤波的目的是利用 k 时刻的输出、已计算出的系统矩阵及噪声协方差得到状态向量 x_{k+1} 的最优估计 $\hat{x}_{k+1}$。假设初始状态估计 $\hat{x}_0 = 0$，初始状态协方差估计 $P_0 = E\left[\hat{x}_0 \hat{x}_0^{\mathrm{T}}\right] = 0$，观测到的所有输出为 $(y_0, \quad y_1, \quad \cdots, \quad y_k)$。这里需要的非稳态卡尔曼滤波序列 $\hat{x}_{k+1}$ 可以用递归公式推导出：

$$\hat{x}_{k+1} = A\hat{x}_k + K_k \left(y_k - C_2 \hat{k}_k \right) \tag{6-19}$$

$$K_k = (G - AP_k C_2^{\mathrm{T}})(\Gamma_0 - C_2 P_k C_2^{\mathrm{T}})^{-1} \tag{6-20}$$

$$P_{k+1} = AP_k A^{\mathrm{T}} + (G - AP_k C_2^{\mathrm{T}})(\Gamma_0 - C_2 P_k C_2^{\mathrm{T}})^{-1}(G - AP_k C_2^{\mathrm{T}})^{\mathrm{T}} \tag{6-21}$$

卡尔曼滤波状态估计集合形成卡尔曼滤波状态序列 $\hat{x}_i$ 如下：

$$\hat{X}_i = \begin{pmatrix} \hat{x}_i, & \hat{x}_{i+1}, & \hat{x}_{i+2}, & \cdots, & \hat{x}_{i+j-1} \end{pmatrix} \in \mathfrak{R}^{N \times j} \tag{6-22}$$

随机子空间辨识的基本思路是将投影矩阵 O_i 分解为可观测矩阵 T_i 和卡尔曼滤波器状态序列，可观测性矩阵 T_i 表示如下，移除 T_i 最后一行得到 T_{i-1}。

$$T_i = W_1^{-1} U_1 S_1^{1/2} \tag{6-23}$$

根据可观测矩阵，计算卡尔曼滤波器状态序列 $\hat{X}_i$ 和 $\hat{X}_{i+1}$。

$$\hat{X}_i = T_i^{-1} O_i \tag{6-24}$$

$$\hat{X}_{i+1} = T_{i-1}^{-1} O_{i-1} \tag{6-25}$$

随机子空间方法的理论基础是估计一个状态向量序列，并利用该序列提取系统的动态特性。根据随机离散事件状态空间模型，有

$$\begin{pmatrix} \hat{X}_{i+1} \\ Y_{i|i} \end{pmatrix} = \begin{pmatrix} A \\ C \end{pmatrix} \hat{X}_i + \begin{pmatrix} \rho_{w(i)} \\ \rho_{v(i)} \end{pmatrix} \tag{6-26}$$

由于 $\hat{X}_i$、$\hat{X}_{i+1}$ 和 $Y_{i|i}$ 为以已知量，系统矩阵 A 和输出矩阵 C 很容易通过最小二乘法获

得。$\rho_{w(i)}$ 和 $\rho_{v(i)}$ 为最小二乘法的残差，与系统状态无关，式（6-26）可以估计为

$$\begin{pmatrix} A \\ C \end{pmatrix} = \begin{pmatrix} \hat{X}_{i+1} \\ \hat{Y}_{i|i} \end{pmatrix} \hat{X}_i^{-1} \qquad （6-27）$$

式中，特征向量矩阵 Ψ 和对角特征值矩阵 Λ 可以由下式获得

$$A = \Psi \Lambda \Psi^{-1} \qquad （6-28）$$

为了提取各模态对应的频率和阻尼比，将特征值 λ_q 映射到连续时间复平面上：

$$\lambda_{cq} = \frac{\ln(\lambda_q)}{\Delta t} \qquad （6-29）$$

式中，λ_{cq} 为连续时间复平面中第 q 个模态的特征值；Δt 为时间步长。最终估计第 q 个模态的固有频率 f_q、阻尼比 ξ_q 和振型 φ，即模态参数。

f_s 为采样频率，估计的固有频率、阻尼比和振型为

$$f_q = | f_s \ln(\lambda_q) | / 2\pi \qquad （6-30）$$

$$\xi_q = -\mathrm{Re}\,(f_s \ln(\lambda_q)) / | f_s \ln(\lambda_q) | \qquad （6-31）$$

$$\varphi = C\varphi \qquad （6-32）$$

6.2.4　模态阶数估计

1. 模态阶数估计的问题

模型阶数估计是估计信号中存在的频率分量数量的过程。在大多数基于 SSI 的方法中，模型阶数是基于加权投影矩阵的显性奇异值来估计的。Jiang 等（2016）提出了一种基于奇异值均值的算法。如果 $\beta_1, \beta_2, \cdots, \beta_k$ 是加权投影矩阵的奇异值，则其平均值计算为

$$\beta_{\mathrm{avg}} = \frac{1}{k} \sum_{i=1}^{k} \beta_i \qquad （6-33）$$

模态阶数 r 为

$$r = \begin{cases} a, \beta_{a+1} \leqslant \beta_{\mathrm{avg}} \leqslant \beta_a, \mathrm{int}(a/2) = a/2 \\ a+1, \beta_{a+1} \leqslant \beta_{\mathrm{avg}} \leqslant \beta_a, \mathrm{int}(a/2) < a/2 \end{cases} \qquad （6-34）$$

这种方法的主要缺点是，特别是在噪声条件下，所考虑的信号的模型阶次被严重高估。造成这种高估的主要原因是，在这种情况下，主模和平凡模对应的奇异值之差最小。通过实例证明了这一点。

$$\begin{aligned}
& x_1 = A + B + C + D \\
& A = 1\cos(2\pi \times 0.4t) \times \exp(-0.0909t) \\
& B = 0.9\cos(2\pi \times 0.5t) \times \exp(-0.35t) \\
& C = 0.7\cos(2\pi \times 0.6t + (\pi/6)) \times \exp(-0.001t) \\
& D = 0.4\cos(2\pi \times 1.1t + (\pi/4)) \times \exp(-0.666t)
\end{aligned} \qquad （6-35）$$

式中，x_1 具有四个频率分量，长度为 30s，采样率为 50Hz。用于生成 Hankel 矩阵 Y_f 和 Y_p 的 i 和 j 的值分别设置为 200 和 1000。该信号被 SNR 为 50dB 的白噪声污染。对 Hankel 的

过去矩阵和将来矩阵进行投影加权计算得到投影矩阵，再对该加权投影矩阵进行奇异值分解得到奇异值的对角矩阵。表 6-3 给出了对角矩阵的奇异值及其行位置。

表 6-3　x_1 奇异值及其行位置

项目	1	2	…	8	9	10	11	…	35	…	200
奇异值 （白噪声）	2.36	2.36	…	2.32	7.75×10^{-3}	1.82×10^{-3}	1.55×10^{-3}	…	2.55×10^{-3}		8.76×10^{-4}
奇异值 （50dB 噪声）	2.23	2.23	…	1.92	1.72	1.72	1.67		1.08	…	0.002

从表 6-3 中可以看出，当信号没有被噪声污染时，加权投影的前 8 个奇异值很高，其余的奇异值很低。所以前 8 个奇异值代表主模，其余的奇异值代表不重要模态。然而，当信号被噪声污染时，由于连续奇异值之间的差异较小，因此很难区分主振型。

发现被破坏信号的奇异值的平均值为 0.8720，并且使用式（6-34）估计只有四个频率分量的信号的模型阶数为 98。由于模型阶次估计过高，可以通过稳态图法从一般模态中滤除真实模态。在该算法中，将模型阶数从初始值变为更高的值来计算分离的离散系统状态矩阵。这些离散系统状态矩阵中频繁出现的特征值代表了系统的主模态。在运行该算法后，识别出信号的四种主要模式。然而，将该算法应用于滤波过程，增加了 SSI 方法的计算复杂度，因此，本章采用 EMO 算法对模型阶数进行精确估计。

2. 精确模型阶次算法

EMO 算法是 Jain 和 Singh（2012）提出的一种模型阶估计算法。该方法的基本概念是白噪声功率谱密度曲线基本平坦，且与噪声功率相等。自相关矩阵 R_x 的特征值/奇异值显著地代表被测信号的功率谱密度，因此信号与噪声子空间的连接点会发生显著变化。然而，这种变化不能直接识别，因为不能为变化的信号和 SNR 定义阈值。连续特征值的相对差（RD）能够突出信号和噪声子空间之间的边界，定义为

$$RD = \frac{\lambda_i - \lambda_{i-1}}{\lambda_{i+1}} \quad i = 2,3,\cdots,M-1 \tag{6-36}$$

图 6-5 使用 RD 图进行模型阶估计。其中，λ_i 是第 i 个特征值，因此 $\lambda_i \geqslant \lambda_{i-1}$，$M$ 是自相关矩阵 R_x 的总尺寸。矢量 RD 的指数 i 被称为 RDI，RD 与 RDI 之间的关系图以峰的形式提供可能的边界，如图 6-5 所示，被称为 RD 图。由于特殊的复频率分量对的两个连续特征值几乎相等，因此 RD 图中奇数位置的值接近零。为了得到模型的阶数，在 RD 图上选择了 5 个最大的峰。通常，第一个或第二个峰值对应信号和噪声子空间之间的边界；但是，为了提高可靠性，考虑了 5 个峰值，特别是在不同谐波分量的幅度变化很大的情况下。5 个最大峰值中的最大 RDI 值（RD 图上任何前 5 个峰值占据的最高位置）被视为模态阶数的初步估计。所选的初步估计需满足限定条件，以确保所选 RDI 对应的光谱分量属于信号子空间。验证条件定义为

$$\lambda_j \geqslant \alpha \times \frac{\lambda_{j+1} + \lambda_{j+2} + \lambda_{j+3} + \cdots + \lambda_M}{M - j} \tag{6-37}$$

式中，j 是模态阶数的初步估计值，等于所选峰值中的最高 RDI；λ_j 是相应的特征值；α 是灵敏度因子（范围在 2～5），它决定了存在高噪声时估计值的灵敏度。α 值越低，灵敏度越高，可能导致高估，但即使很小的谐波分量也会被检测出来。另外，如果 α 值较高，很可能会遗漏非常小的数量级分量，从而导致低估模型顺序。然而，漏失分量的幅度较低，对信号重建没有太大影响。如果验证失败，则选择剩余峰值中的下一个较低 RDI 值视为估计值，并重复验证试验。精确模态阶数估计算法的主要步骤：

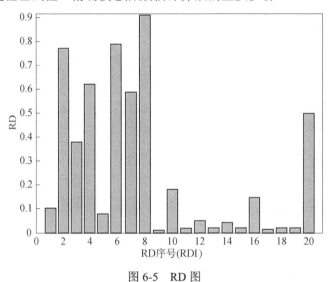

图 6-5　RD 图

（1）从信号 $x(n)$ 的总数 N 个数据样本中构建 M 阶的 Hankel 矩阵 X，如下所示：

$$X = \begin{bmatrix} x(0) & x(1) & \cdots & x(M-1) \\ x(1) & x(2) & \cdots & x(M) \\ \vdots & \vdots & \ddots & \vdots \\ x(N-M) & x(N-M+1) & \cdots & x(N-1) \end{bmatrix} \tag{6-38}$$

（2）创建自相关矩阵 R_x：

$$R_x = \frac{1}{N-M} \times X^H \times X \tag{6-39}$$

式中，$(\cdot)^H$ 表示矩阵的厄米转置；X 是 M 阶的汉克尔矩阵；N 是信号的长度。

（3）对自相关矩阵 R_x 进行特征值分解，并将特征值 λ 按不递增顺序排列。

（4）根据式（6-36）求按降序排列的连续特征值的相对差（RD）。

（5）绘制相对差（RD）与相应特征值序号（RDI）柱状图。

（6）选择图中 5 个峰值所对应 RDI 值中的最大值作为模态阶数的初步估计值。

（7）由式（6-37）验证所选 RDI 对应的光谱分量是否属于信号子空间。

（8）如果验证条件满足，则模态阶数为 RDI / 2。否则，将选择次高的 RDI 值作为新的模态阶数估计，依次执行步骤（5）。这个过程一直持续到满足式（6-36）为止。

在自相关矩阵中，每个模由两个主特征值表示。因此，信号中的总显性特征值将是其模态阶数的两倍（Jain et al.，2017）。自相关矩阵的其余特征值对应噪声子空间，与主特征值相比非常小。当 i 值达到模态阶数的两倍时，RD（i）值迅速上升。这是因为 λ_i 是一个主要的特征值，属于信号子空间，而 λ_{i+1} 则相当低，因为其属于噪声子空间。在 λ_M 之后，连续特征值的平均值也比 λ_i 小得多。在 EMO 算法中，该逻辑用于精确估计模型阶数。

为了证明 EMO 算法的有效性，根据上面的步骤来估计式（6-35）中信号的模型阶数。利用响应信号建立自相关矩阵，并计算了自相关矩阵的特征值的相对差。图 6-6 显示了该信号分解后的前 20 个特征值的 RD 与 RDI 图。据观察，RD 在 RDI 值为 2、4、6、7 和 8 时有峰值。初步模态阶数估计值为 8，因为它是最大的 RDI 值。与该模态阶数估计相对应的特征值满足式（6-37）。

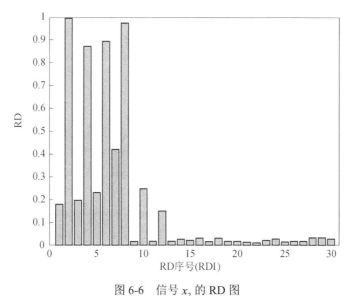

图 6-6　信号 x_2 的 RD 图

因此，模态阶数的估计值是 RDI/2=4，结果与理论情况一致。

$$x_2 = A + B + C$$
$$A = (100\cos(2\pi \times 0.4t) \times \exp(-0.0909t)) + (0.9\cos(2\pi \times 0.5t) \times \exp(-0.35t))$$
$$B = (0.7\cos(2\pi \times 0.6t + (\pi / 6)) \times \exp(-0.2001t)) \quad\quad (6\text{-}40)$$
$$C = (0.4\cos(2\pi \times 1.1t + (\pi / 4)) \times \exp(-0.666t))$$

当使用 EMO 方法时，观察到 RD 与 RDI 图的最高峰值通常出现在 RDI 值等于 2 倍的模型阶数。在这种情况下，选择与最高峰值相对应的 RDI 值是准确估计模态阶数的有效方法。然而，如果信号的一个模式与其他模式相比具有很高的能量，则最高峰值出现的 RDI 值小于两倍的模型阶。例如，式（6-30）中信号 x_2 的 0.2Hz 模式由于其较高的振幅而比其模式具有更高的能量。如图 6-6 中该信号的 RD 与 RDI 图显示，RD 与 RDI 图的最高峰值出现在 RDI=2 处，尽管信号的模型阶数为 4。如果只选择一个峰值，则会导致此类信号的模型阶数估计错误。为了防止出现这种情况，在 EMO 算法的步骤（6）中选择了前 5 个最高峰值。

参 考 文 献

袁开明，舒乃秋，孙云莲，等. 2015. 基于阈值寻优法的小波去噪分析. 武汉大学学报（工学版），48（1）：74-80.

Brunori C A，Bignami C，Albano M，et al. 2015. Land subsidence，ground fissures and buried faults：InSAR monitoring of Ciudad Guzmán （Jalisco，Mexico）. Remote Sensing，7（7）：8610-8630.

Dijkstra T A，Dixon N. 2010. Climate change and slope stability in the UK：Challenges and approaches. Quarterly Journal of Engineering Geology and Hydrogeology，43（4）：371-385.

Gan Y，Sui L，Wu J，et al. 2014. An EMD threshold de-noising method for inertial sensors. Measurement，49（1）：34-41.

Huang N E，Wu Z H，Long S R，et al. 2009. On instantaneous frequency. Advances in Adaptive Data Analysis，1（2）：177-229.

Jain S K，Jain P，Singh S. N. 2017. A fast harmonic phasor measurement method for smart grid applications. IEEE Transactions on Smart Grid，8（1）：493-502.

Jain S K，Singh S. 2012. Exact model order esprit technique for harmonics and interharmonics estimation. IEEE Transactions on Instrumentation and Measurement，61（7）：1915-1923.

Jiang T，Mu Y，Jia H，et al. 2016. A novel dominant mode estimation method for analyzing inter-area oscillation in china southern power grid. IEEE Transactions on Smart Grid，7（5）：2549-2560.

Lee J，Shinozuka M. 2006. A vision-based system for remote sensing of bridge displacement. NDT & E International，39（5）：425-431.

Liu X L，Lu Z，Yang W X，et al. 2018. Dynamic monitoring and vibration analysis of ancient Bridges by Ground-Based Microwave Interferometry and the ESMD Method. Remote Sensing，10（5）：770.

Roveri N，Carcaterra A. 2012. Damage detection in structures under traveling loads by Hilbert-Huang transform. Mechanical Systems and Signal Processing，28：128-144.

Wang J L，Li Z J. 2013. Extreme-point symmetric mode decomposition method for data analysis. Advances in Adaptive Data Analysis，5（3）：1350015.

Yi T H，Li H N，Gu M. 2013. Wavelet based multi-step filtering method for bridge health monitoring using GPS and accelerometer. Smart Structures and Systems，11（4）：331-348.

Yu D J，Ren W X. 2005. EMD-based stochastic subspace identification of structures from operational vibration measurements. Engineering Structures，27（12）：1741-1751.

第7章 GB-SAR 在城市桥梁监测中的应用

桥梁作为城市交通中的基础交通建筑，承载着繁重的交通流量（Kavvadas，2005）。长期以来，城市桥梁受到使用年限、车辆超载、环境恶化、气候灾难，以及地铁施工等诸多耦合因素的影响，安全性能降低。轻则承载能力弱化，重则发生塌陷事故（Riveiro et al.，2013；Park et al.，2007）。城市桥梁能否安全运营，对人们的交通出行、区域的经济发展规划影响深远（Alani et al.，2013）。因此，有必要对城市桥梁的安全性能进行监测，保障运营安全，特别是针对那些已经存在损伤情况的桥梁。

7.1 监测环境简介

G6 高速公路建于 1996 年，是中国西北地区最重要的陆路交通线路之一。北京和拉萨之间有大约 2618km 的交通基础设施（包括人行道、涵洞和桥梁）。本章以连接北京市北四环和北五环之间的 G6 高速公路的北沙滩大桥为实验目标。北沙滩大桥由长、宽相同的右副桥（进京向）和左副桥（出京向）组成，如图 7-2 所示。副桥长 86.58m，分为三跨，主跨 40m，边跨19.6m，边跨 26.98m（图 7-1（a）），如图 7-1 所示。大梁宽度 12.93m，有三条网络中心线（图7-1（b））。为了保障该桥运营安全，工作人员使用全站仪进行定期监测。沿纵断面在北沙滩大桥下表面划定了 1～9 个监测点，如图 7-1（a）所示。沿横断面在桥梁下表面指定了三个监测点，如图 7-1（b）所示。

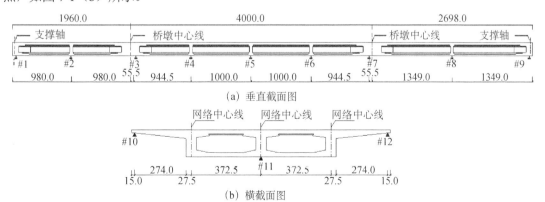

（a）垂直截面图

（b）横截面图

图 7-1 北沙滩大桥结构图（单位：cm）

　　2016 年 10 月，监测结果显示，右副桥沿 11 号点网络中心线方向的 5 号点位置出现约 8cm 的最大挠度，与最近一次定期监测最大挠度 3cm 相比有较大差异。为避免北沙滩大桥右副桥体结构持续弱化，采用千斤顶支撑，如图 7-2 所示。因此，迫切需要获取该运营桥梁结构的模态参数，以判断桥梁的损伤位置和损伤程度，便于工作人员对桥梁的后续加固和维修。

图 7-2　北沙滩大桥

7.2　监测方法概述

　　集成 TLS、地基微波干涉测量和永久散射干涉合成孔径雷达（permanent scatterer interferometry synthetic aperture radar，PS-InSAR）技术对城市桥梁进行损伤检测和分析的技术流程如图 7-3 所示。其中包括三个步骤：①利用 TLS 技术确定城市桥梁潜在损伤区域；②利用极点对称

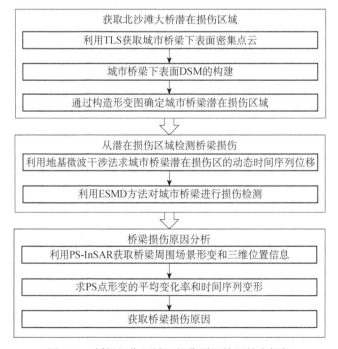

图 7-3　桥梁损伤区域及损伤原因检测技术框架

模态分解（extreme-point symmetric mode decomposition，简称 ESMD）方法检测城市桥梁潜在损伤区域，使用该方法时利用基于地基微波干涉法测量车辆通过时在环境激励下的时间序列位移进行损伤检测；③利用 PS-InSAR 技术分析桥梁损伤原因。

7.2.1　TLS 获取潜在损伤区

根据 2016 年 10 月监测结果，右副桥 5 号点位置出现了大约 8cm 的最大挠度。如图 7-1 所示，北沙滩大桥下表面沿纵断面仅划定了 9 个监测点，很难完全反映形变情况，且所有的监测技术都需要获取毫米级精度的准确损伤位置和形变信息。因此，使用 TLS Riegl VZ-1000（扫描速度高达每秒 300000 个点、60°×360°的广角视野、角度分辨率为 0.0005°、100m 范围内扫描精度为 5mm）进行形变测量，以获得北沙滩大桥主跨区域的潜在损伤信息（Hu et al.，2016）。在桥周围及桥下均匀架设 12 个扫描站，其中 1、4、5 和 8 点架设在桥梁周围，如图 7-4（a）所示；Riegl VZ-1000 测量中心到桥梁的水平距离约为 8.2m，如图 7-4（b）所示；其余 8 个点架设在北沙滩大桥下，Riegl VZ-1000 测量中心到桥的垂直距离约为 4.1m，到柱子的水平距离约为 2m，如图 7-4（c）所示。利用 Riscan-Pro（RIEGL 地面三维激光扫描仪系统的配套软件）对获得的 12 个扫描站点云进行了两步处理：①基于采样一致性的粗配准。在两个相邻扫描站之间选择至少四个对应点来提供刚体变换的初始估计；②通

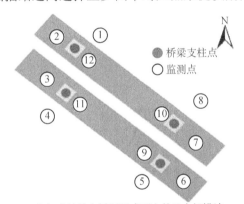

(a) 北沙滩大桥周围或下方的12个扫描站

 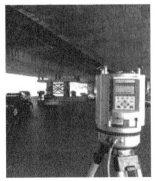

(b) 北沙滩大桥周围的4个扫描站　　　(c) 北沙滩大桥下方的8个扫描站

图 7-4　用于潜在损伤区域采集的 Riegl VZ-1000 布局图

过多站调整进行精配准（Huang et al.，2011）。在此基础上，利用配准点云建立北沙滩大桥下表面的数字表面模型（digital surface model，DSM），通过对左右副桥对比分析，获得桥梁潜在损伤区域，其中沉降差异严重区可视为监测桥梁潜在损伤区。

7.2.2　基于时间序列位移的地基微波干涉损伤检测

亚毫米级精度的动态时间序列位移才能检测出北沙滩大桥的潜在损伤区域损伤。因此，本章采用干涉测量图像（interferometric survey of structures，IBIS-S）来获取潜在损伤区域的精确动态时间序列位移。IBIS-S 设备是一种典型传感器，它利用地基微波干涉技术，可在任何天气条件下对城市桥梁进行远程动态监测。IBIS-S 由雷达单元、控制 PC、电源单元和三脚架组成（Noferini et al.，2005）。其核心部件是一个雷达单元，它可以产生、发送和接收电磁信号，处理接收信号并保留相位信息，以计算被监测物体的位移（Montuori et al.，2016；Negulescu et al.，2013）。IBIS-S 采用 SFCW 技术，具有远距离传输能力和高达 0.5m 的距离分辨率，无须在监测对象上安装多个单元（Beben，2011；Salawu et al.，1997）；利用微波干涉技术可以确保高达 0.01mm 的位移精度（Montuori et al.，2016）。此外，IBIS-S 设备的采样率高达 200Hz，其位移的显著频率在桥梁的 0～10Hz 范围内，可用于桥梁动态监测（Pieraccini et al.，2006）。如图 7-5（a）所示，IBIS-S 设备位于右副桥一侧；雷达装置高度角为 32°，对准疑似受损区域。如图 7-5（b）所示，为了评估和验证右副桥时间序列位移测量结果，IBIS-S 仪器在左副桥上的布局与右副桥上的布局相似。此外，使用 IBIS-S 测量视线向位移需要事先了解运动方向，以评估实际动挠度，可通过直接的几何投影进行计算（Beben，2011）。

（a）右副桥　　　　　　　（b）左副桥

图 7-5　用于时间序列位移采集的 IBIS-S 布设

一般来说，在过往车辆环境激励下，可以得到受损桥梁非平稳、非线性两种时间序列位移信号（Crosetto et al.，2014）。ESMD 方法是 HHT 的一种新的替代方法，其优点是能够自适应地确定最优全局平均曲线，将复杂的响应信号分解为一系列固有模态函数（IMFs）（Wang and Li，2013）。与 HHT 相比，该方法不仅降低了确定筛选时间的难度，而且在直接插值法中确定瞬时频率和幅度，进而协调周期和频率之间的冲突（Liu et al.，2018a）。迄今为止，ESMD 方法已逐渐应用于结构损伤检测领域（Liu et al.，2018b）。因此，利用 ESMD 方法对基于地基微波干涉测量获得的非平稳和非线性信号进行分解，对北沙滩大桥潜在损伤区域进行损伤检测。具体步骤如下：①利用 ESMD 方法将地基微波干涉法获得的潜在损伤区域的时间序列位移分解为一系列 IMF；②利用直接插值法得到各 IMF 的瞬时频率（Liu et al.，2018a）；③检测由瞬时频率降低而引起的桥梁损伤。

7.2.3　PS-InSAR 损伤分析

为了从宏观上把握和分析北沙滩大桥的损伤情况及其原因，需要获得毫米级精度的精确时间序列变形信息。因此，本节采用 PS-InSAR 技术对北沙滩大桥及其周边地区地表变形进行了监测。与 D-InSAR 基于单个干涉影像对的处理方法不同，PS-InSAR 利用同一区域的多幅 SAR 影像时间序列相位进行差分干涉，选择相位质量稳定的像素子集作为主要处理对象。根据各相位分量的时空特性，该技术可用于估计大气涨落、数字高程模型（digital elevation model，DEM）误差和噪声，并可将其与差分干扰相位逐一分离。结合大气相位屏（atmosphere phase screen，APS）和 DEM 误差，得到各 PS 点的线性和非线性形变速率。以意大利 COSMO-SkyMed 卫星群（由 4 颗 X 波段 SAR 卫星组成）采集的 2011～2017 年覆盖北京市主要城区的 61 幅 SAR 影像为数据源。SAR 影像的具体参数如表 7-1 所示。选取第一幅 SAR 影像作为主影像，对其他 SAR 影像进行配准，建立干涉影像对。对所有干涉影像对进行相位差处理，形成干涉图序列。通过计算影像的相位信息，得到了 1260 多万个稳定的 PS 点，其分布密度约为每平方千米 20 000 个 PS 点。最后建立基于 PS 点的形变函数和相位差函数，可以有效减小数据误差和大气延迟误差对 PS 点的影响，进一步获得准确的地表沉降信息，如图 7-6 所示。根据监测桥梁周围选定的 PS 点的地面沉降时间序列和平均沉降速率分析桥梁损坏的原因。

表 7-1　实验中合成孔径雷达（SAR）数据的技术指标

项目	数值
卫星	COSMO-SkyMed
覆盖范围	40km × 40km
成像模式	条带模式
地面分辨率	3m × 3m
极化模式	HH
入射角	～20.07°
查看方向/动态观察	右视图/下降轨道
数据量	61
时间跨度	2011 年 1 月～2017 年 2 月

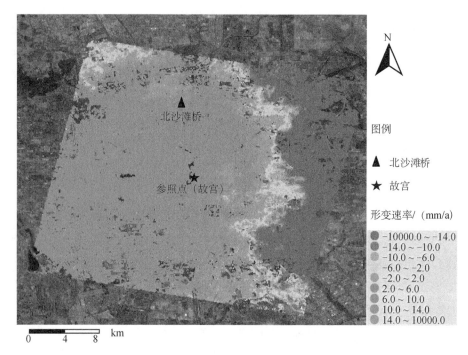

图 7-6　试验区全幅影像永久散射体（PS）形变速率图（彩图请扫描封底二维码查看）

7.3　监测结果与讨论

7.3.1　桥梁形变结果与分析

如图 7-7 所示，北沙滩大桥下表面的数字地表模型（digital surface model，DSM）由 TLS 得到的点云构成。从图 7-7 中可以清楚地看到：①如图 7-7（a）所示，左、右副桥的边跨 L1 和 R1，平均高程值分别为 3.243m 和 3.242m，DSM 的高程趋势基本一致，可以得出这两个边跨没有发生损伤的结论。②如图 7-7（a）所示，左、右副桥 L3、R3 边跨，DSM 高程趋势基本一致，但右副桥平均高程值为 3.226m，小于左副桥 3.241m。对比结果表明，右副桥可能发生了整体沉降。③如图 7-7（a）所示，左、右副桥的中跨 L2 和 R2 的平均高程值分别为 3.281m 和 3.234m，平均高差约为 5cm，左、右副桥的高程变化趋势不一致。如图 7-7（a）所示，左副桥高程变化趋势是一个渐进的过程，理论上左、右副桥的变化趋势基本相同，但右副桥的中跨变化趋势有明显差异，因此判断右副桥的中跨出现不均匀沉降，一般来说不均匀沉降可能导致所监测的桥梁表面出现裂缝（Huang et al.，2010）。然而，如图 7-8 所示，右副桥的下表面并不存在裂缝，因此可初步判断右副桥的中跨内已经发生一些损坏。结果表明，TLS 技术是一种有效检测桥梁由不均匀沉降引起的潜在损伤区域的技术，与传统的逐点测量方法相比具有很大的优势。然而，由于基础结构的异常应力和桥梁基础的倾斜和滑移，很难获得潜在损伤区域。

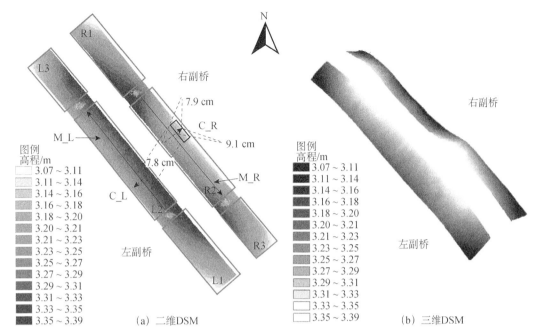

图 7-7　北沙滩大桥下表面 DSM（彩图请扫描封底二维码查看）

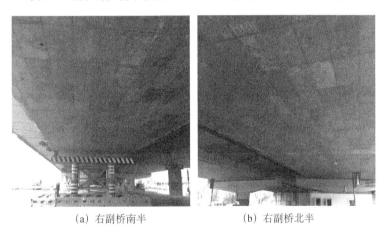

(a) 右副桥南半　　　　　　(b) 右副桥北半

图 7-8　北沙滩大桥右副桥下表面图

　　为了得到右副桥中跨最大形变区域，进一步确定地基微波干涉法动态时序位移采集的潜在损伤区域，从北沙滩大桥下表面 DSM 中提取纵剖面线（longitudinal section line，LSL）和横剖面线（cross section line，CSL），如图 7-9 所示。图 7-9 高程变化清楚地突出了以下几点：①如图 7-9（a）所示，在左、右副桥的 DSM 中提取了沿各桥中线的 LSL（图 7-7（a）中的黄色虚线）。与左桥相比，右桥有明显的形变，平均相差约 5.4cm。特别是在桥梁中线 10～18m 范围内。如图 7-9（a）的黑框所示，平均高差高达约 7.8cm，可视为潜在损伤区。②如图 7-9（b）所示，为了确定准确的损伤区域，从左、右副桥的 DSM 中提取出一个 CSL（图 7-7（a）中的红色虚线），位于每座桥 LSL 方向 14m 处。显然，C_L 的 CSL

和两座桥梁的 C_L 之间存在较大的高差，平均高差约为 7.9cm，特别是图 7-9（b）所示的桥梁外侧黑框，高差逐渐增大至 9.1cm。因此，沿桥梁中线 10～18 m 范围内的右副桥外侧是最有可能受损的区域，如图 7-7（a）中的黑框所示。

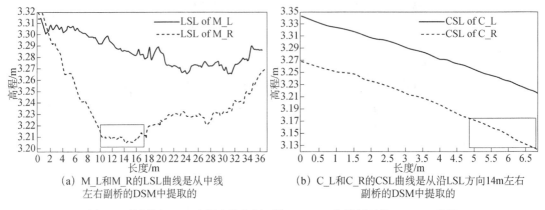

（a）M_L和M_R的LSL曲线是从中线　　　　　　（b）C_L和C_R的CSL曲线是从沿LSL方向14m左右
　　左右副桥的DSM中提取的　　　　　　　　　　　　　　副桥的DSM中提取的

图 7-9　从桥梁 DSM 中提取的纵剖面线（LSL）和横剖面线（CSL）曲线

7.3.2　损伤检测分析与探讨

为了检测右副桥潜在损伤区域的损伤，通过地基微波干涉法在该区域获得时间约为 37s 的连续动态时间序列位移，如图 7-10（a）所示为车辆瞬态荷载情况下的数据。为了对左、右副桥进行对比分析，还对左桥的类似区域进行了地基微波干涉测量，获得时间约为 29s 的连续动态时间序列位移，如图 7-10（b）所示。利用 ESMD 方法将每组动态时间序列位移分为 7 个 IMF 分量（IMF$_1$～IMF$_7$），如图 7-10 所示。分析图 7-10 中的 IMF 可知：①右副桥解动

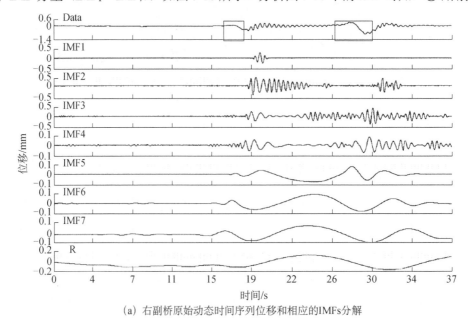

（a）右副桥原始动态时间序列位移和相应的IMFs分解

图 7-10　原始动态时间序列位移及相应的 IMFs 分解

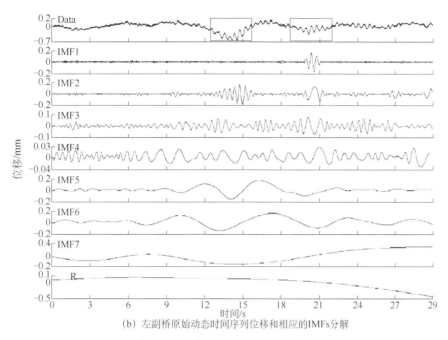

（b）左副桥原始动态时间序列位移和相应的IMFs分解

图 7-10　原始动态时间序列位移及相应的 IMFs 分解（续）

态时间序列位移曲线出现了两个明显的变化，如图 7-10（a）所示，最大位移约为 0.78mm 和 1.26mm，这可能是由通过桥梁的车速和重量不同造成的。左副桥动态时间序列位移曲线也出现了两种位移变化，如图 7-10（b）所示，但最大位移约为 0.62mm 和 0.41mm，小于右桥。尽管车辆通过桥梁的速度和重量不同，导致最大位移也不同，但这些结果也表明，右副桥可能比左副桥损伤更大。②右副桥 IMF_1～IMF_3 位移变化在-0.5～0.5mm，大于其他四个 IMF 分量。此外，IMF_1～IMF_3 的位移曲线也出现了明显的突变。这些结果表明，IMF_1～IMF_3 是右副桥原始动态时间序列位移的主要组成部分。同样，左副桥 IMF_1～IMF_3 也是原始动态时间序列位移的主要组成部分。

　　一般来说，瞬时频率是一种瞬态结构振动响应，取决于结构固有频率、阻尼、刚度和激励条件（Chen et al.，2007）。因此，当桥梁某一位置存在损伤时，应降低由动态时间序列位移得到的瞬时频率。使用直接插值法（Liu et al.，2018a）计算每组动态时间序列位移的各 IMF 瞬时频率和振幅，如图 7-11 所示。观察图中右副桥 IF1～IF3 瞬时频率和振幅，当对应的振幅 A1～A3 较大时，IF1～IF3 曲线瞬时频率明显降低，如图 7-11（a）所示。对于左副桥的 IF1～IF3 瞬时频率和振幅，A1～A3 曲线中存在一些明显较大的振幅，但是所获得的 IF1～IF3 曲线分布相对均匀且瞬时频率没有降低，如图 7-11（b）所示。这些结果表明，右副桥存在一定的损坏。此外，尽管接触式传感器（包括加速度计、应变计和电感计）也可用于获得准确可靠的时间序列位移，但耗时且昂贵（Negulescu et al.，2013）。结果表明，地基微波干涉法是一种很好的替代技术，可以获得精确的时间序列位移，用于桥梁的损伤检测，同时还可以利用 TLS 技术获得潜在损伤位置。

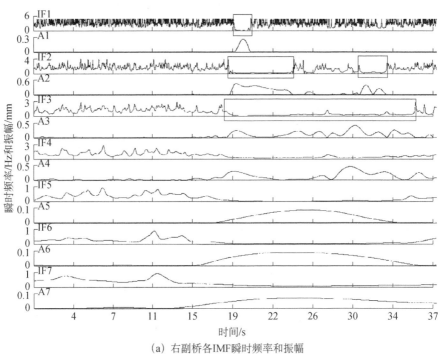

（a）右副桥各IMF瞬时频率和振幅

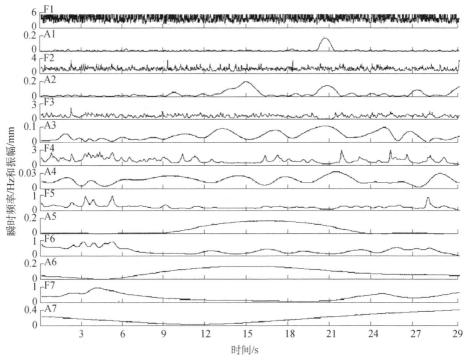

（b）左副桥各IMF瞬时频率和振幅

图 7-11　左、右副桥各 IMF 的瞬时频率和振幅

7.3.3　沉降分析与讨论

为分析北沙滩大桥右副桥损坏原因,利用 PS-In SAR 技术结合 2011~2017 年 61 幅 SAR 影像对北沙滩大桥周围进行地表沉降观测。如图 7-12 所示,在北沙滩大桥周围选择了 8 个关键位置进行分析。其中 A1~A3 位于右副桥东侧的前部、中部和后部位置。B1~B3 位于北沙滩右桥北侧的左、中、右位置,C1 和 C2 位于北沙滩右桥南侧的左、右位置。每个位置的平均沉降率根据第一张和最后一张影像之间的时间间隔和沉降差来计算,8 个位置对应的沉降曲线如图 7-13 所示(Ferretti et al.,2001)。根据图 7-13 中各个位置的沉降曲线和平均沉降率可知:①A1 和 A2 的平均沉降率分别为-3.50mm/a 和-3.09mm/a,高于沉降率为-1.53mm/a 的 A3。如第 7.3.1 节和第 7.3.2 节所述,北沙滩右副桥损坏位置介于 A1 和 A2 之间。这说明地面沉降可能是造成北沙滩大桥右副桥损伤的主要原因之一。②B1、B2 和 B3 的平均沉降率分别为-7.36mm/a、-5.14mm/a 和-8.06mm/a,C1 和 C2 的平均沉降率分别为-2.47mm/a 和-3.29mm/a。与大桥南侧相比,北侧有明显沉降,更靠近北沙滩大桥右副桥受损位置。这些结果进一步表明,地面沉降是造成北沙滩大桥右副桥损伤的主要原因之一。③另外,虽然 8 个地点的沉降速率各不相同,但 8 条沉降曲线的变化趋势基本相同。特别是 2012 年底至 2015 年初,8 条沉降曲线均出现明显的急剧下降。可知这一时期较大的地面沉降可能是造成北沙滩大桥损伤的主要因素。

图 7-12　北沙滩大桥周围沉降分析的 8 个关键点(彩图请扫描封底二维码查看)

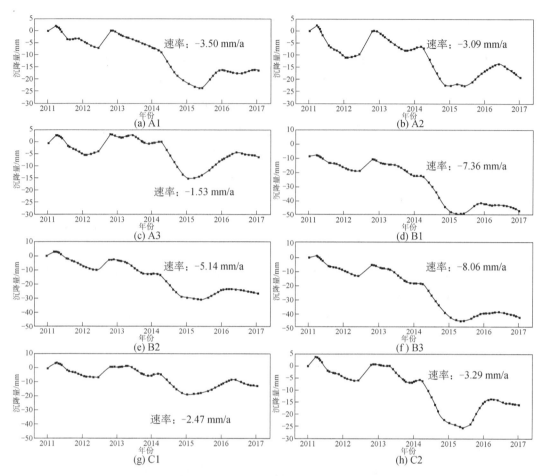

图 7-13　北沙滩大桥周边 8 处沉降曲线

　　如图 7-14 所示，北沙滩大桥西侧有一个地铁站。因此，在桥梁损伤相关的沉降分析中，选择了 4 个关键位置，即 S1～S4。如图 7-15 所示，S1～S4 的平均沉降率分别为 −6.06mm/a、−5.76mm/a、−4.56mm/a 和−5.76mm/a，沉降速率都较大，接近 B1～B3 的值。S1～S4 的沉降曲线变化趋势也与北沙滩右桥周边 8 个位置的沉降曲线变化趋势基本一致，2012 年底至 2015 年初沉降曲线也有明显的急剧下降。为了找出 2012 年底至 2015 年初地面沉降的主要原因，根据三年内不同时段的 9 幅北沙滩大桥影像，发现地铁盾构施工期为 2012 年 9 月至 2015 年 12 月，施工周期与上述所有位置沉降曲线急剧下降的时间跨度一致，如图 7-16 所示。地铁站包括 S-A、S-B1、S-B2 和 S-C 四个出口，其中 S-B1 和 S-B2 位于北沙滩大桥北侧，如图 7-13 所示。因此，地铁盾构施工期引起的地面沉降可能是造成北沙滩右桥北侧损伤的主要因素。

图 7-14　北沙滩大桥西侧地铁站周边四个位置

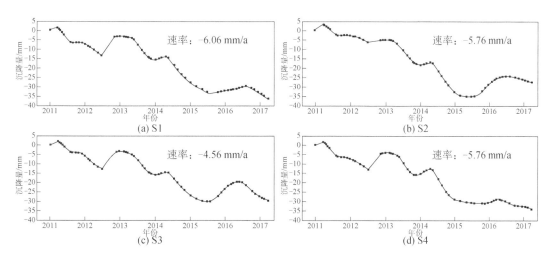

图 7-15　北沙滩大桥西侧地铁站周围 4 个位置的沉降曲线

如图 7-13 和图 7-15 所示，2012～2013 年的所有沉降曲线都有明显隆起，这是地铁盾构施工初期支护结构施工造成的。结果表明，PS-InSAR 具有时间序列长、测量范围大、三维测量密集等优点，是分析差异性地面沉降引起桥梁损伤原因的有效可靠技术。然而，如果桥梁损伤不是由桥梁周围的地表差异沉降引起的或桥梁周围的地形发生剧烈变化，则利用 PS-InSAR 技术很难分析桥梁损伤的原因（Wang et al.，2010）。

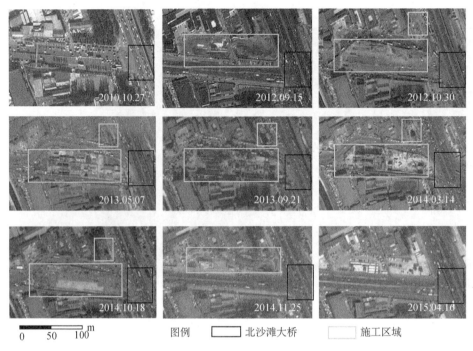

图 7-16　2010 年底至 2015 年初不同时期的 9 幅北沙滩大桥图片

7.4　结　　论

为了确定城市桥梁的安全状态，本章提出了集成 TLS、地基微波干涉测量和 PS-InSAR 技术对城市桥梁进行损伤检测和分析。利用 TLS 方法获得桥梁潜在损伤区域，利用地基微波干涉法确定桥梁是否损伤，最后利用 PS-InSAR 对桥梁损坏原因进行分析。综上，得到以下结论。

（1）为了检测城市桥梁潜在损伤区域，利用 TLS 非接触式三维测量和海量采样的优点获取桥梁下表面的点云，构建北沙滩大桥下表面的 DSM。根据北沙滩大桥下表面二维和三维形变差异图可以得到潜在损伤区域。此外，利用从 DSM 中提取的 LSL 和 CSL 曲线可以得到最可能的损伤区域。实验结果表明，TLS 技术是一种能有效检测桥梁潜在损伤区域的技术。

（2）为了进一步确定桥梁是否在潜在损伤区域内受损，在桥梁一侧架设 IBIS-S，以获得北沙滩大桥左右副桥潜在损伤区域的精确动态时间序列位移。利用 ESMD 方法，将左右桥的动态时间序列位移分解为 IMF 分量。通过分析原始动态时间序列位移之间的关系，得到原始动态时间序列位移的主要 IMF 分量。此外，利用直接插值算法计算各组 IMF 动态时间序列位移的瞬时频率和瞬时振幅。通过分析主要 IMF 分量瞬时频率的变化，可以判断监测桥梁是否损伤。

（3）为了分析北沙滩大桥损伤原因，利用 PS-InSAR 技术，结合 2011～2017 年 61 幅 SAR 影像对北沙滩大桥周边进行了地表沉降观测。结果表明，地铁盾构施工引起的不均匀沉降可能是造成北沙滩大桥损伤的主要因素。

参 考 文 献

Alani A M，Aboutalebi M，Kilic G. 2013.Applications of ground penetrating radar （GPR） in bridge deck monitoring and assessment. Journal of Applied Geophysics，97：45-54.

Beben D. 2011. Application of the interferometric radar for dynamic tests of corrugated steel plate （CSP） culvert. NDT & E International，44（5）：405-412.

Chen H G，Yan Y J，Jiang J S. 2007. Vibration-based damage detection in composite wing box structures by HHT. Mechanical Systems and Signal Processing，21（1）：307-321.

Crosetto M，Monserrat O，Luzi G，et al. 2014. A non interferometric procedure for deformation measurement using GB-SAR Imagery. IEEE Geoscience and Remote Sensing Letters，11（1）：34-38.

Ferretti A，Prati C，Rocca F. 2001. Permanent scatterers in SAR interferometry. IEEE Transactions on Geoscience and Remote Sensing，39（1）：8-20.

Hu Q W，Wang S H，Fu C W，et al. 2016. Fine surveying and 3D modeling approach for wooden ancient architecture via multiple laser scanner integration. Remote Sensing，8（4）：270.

Huang H B，Li Z，Gong P，et al. 2011.Automated methods for measuring DBH and tree heights with a commercial scanning lidar. Photogrammetric Engineering and Remote Sensing，77（3）：219-227.

Huang Y，Jiang X M. 2010. Field-observed phenomena of seismic liquefaction and subsidence during the 2008 Wenchuan earthquake in China. Natural Hazards，54（3）：839-850.

Kavvadas M J. 2005. Monitoring ground deformation in tunnelling：Current practice in transportation tunnels. Engineering Geology，79（1-2）：93-113.

Liu X L，Lu Z，Yang W X，et al. 2018a. Dynamic monitoring and vibration analysis of ancient bridges by ground-based microwave interferometry and the ESMD method. Remote Sensing，10（5）：770.

Liu X L，Tang Y，Lu Z，et al. 2018b. ESMD-based stability analysis in the progressive collapse of a building model：A case study of a reinforced concrete frame-shear wall model. Measurement，120：34-42.

Montuori A，Luzi G，Bignami C，et al. 2016. The interferometric use of radar sensors for the urban monitoring of structural vibrations and surface displacements. IEEE Journal of Selected Topics in Applied Earth Observations and Remote Sensing，9（8）：3761-3776.

Negulescu C，Luzi G，Crosetto M，et al. 2013. Comparison of seismometer and radar measurements for the modal identification of civil engineering structures. Engineering Structures，51：10-22.

Noferini L，Pieraccini M，Mecatti D，et al. 2005. Permanent scatterers analysis for atmospheric correction in ground-based SAR interferometry. IEEE Transactions on Geoscience & Remote Sensing，43（7）：1459-1471.

Park H S，Lee H M，Adeli H，et al. 2007. A new approach for health monitoring of structures：Terrestrial laser scanning. Computer-Aided Civil and Infrastructure Engineering，22（1）：19-30.

Pieraccini M，Fratini M，Parrini F，et al. 2006. Dynamic monitoring of bridges using a high-speed coherent radar. IEEE Transactions on Geoscience and Remote Sensing，44（11）：3284-3288.

Riveiro B，Gonzalez-jorge H，Varela M，et al. 2013. Validation of terrestrial laser scanning and photogrammetry techniques for the measurement of vertical under clearance and beam geometry in structural inspection of bridges. Measurement，46（1）：784-794.

Salawu O S. 1997. Detection of structural damage through changes in frequency： A review. Engineering Structures，19（9）：718-723.

Wang J L，Li Z J. 2013. Extreme-point symmetric mode decomposition method for data analysis. Advances in Adaptive Data Analysis，5（3）：1350015.

Wang T，Liao M S，Perissin D. 2010. InSAR coherence-decomposition analysis. IEEE Geoscience and Remote Sensing Letters，7（1）：156-160.

第 8 章　GB-SAR 在铁路桥梁监测中的应用

随着我国高速铁路的发展，其运营里程已达两万公里。其中桥梁占总里程约为 54%。高速列车通过梁体会导致梁体发生形变，为了保证线路的安全，需要一种高频率、高精度的技术手段来监测梁体过载时发生的形变量，才能为高铁桥梁的运营维护提供切实有效的依据。在高铁系统中，声屏障是控制噪声污染的主要措施。但是由于列车的高速运行，在脉动风力交替出现的拉压作用下，声屏障结构在运营后不久便逐渐出现螺栓松动、跌落等现象。考虑到目前我国投入使用的声屏障的里程已达 2000km，因此高速铁路运营期间，声屏障结构的稳定性已成为列车安全运营必须考虑的重要因素，但是传统的监测技术难以实现对声屏障结构的动态监测。同时随着高铁的建设，与之相应的站房工程数量也随之增加。这些新式站房基本都采用了高大钢结构无柱雨棚作为车站建筑的主要结构设施，而目前同样缺乏一种对站房雨棚有效的动态观测技术。本章采用地基干涉雷达技术监测铁路桥梁、声屏障和雨棚的动态响应过程，并分析其稳定性。

8.1　铁路桥梁动态监测

8.1.1　测试目的和内容

高速铁路桥梁动态监测的测试目的主要包括：
（1）测试桥梁的动态变化规律；
（2）测试仪器的测量精度，能够以一定的精度和频率测出连续梁的瞬时挠度变化；
（3）探讨连续梁测量方法及数据分析方法。
高速铁路桥梁动态监测的测试内容主要包括测试列车通过时桥梁的竖向位移（扰度）和横向位移变化规律。

8.1.2　技术路线和具体流程

基于地基微波雷达干涉测量的铁路桥梁动态测试分析的技术流程图如图 8-1 所示。
具体流程如下。
1）IBIS-S 仪器布设
针对铁路桥梁的动态监测，IBIS-S 仪器布设的关键技术主要包括仪器高设置、水平角设置和竖直角设置三方面。

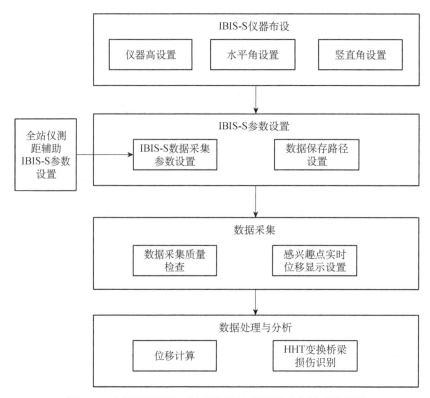

图 8-1　地基微波雷达干涉测量的铁路桥梁动态测试流程图

　　IBIS-S 仪器一般布设在铁路桥梁中轴线的正下方，为保证获取足够大的监测范围，在不影响使用的情况下，尽量减小仪器高。

　　IBIS-S 仪器水平角应尽量与监测桥梁的下表面保持一致。

　　对 IBIS-S 仪器竖直角进行设置时，保证雷达单元的收发信号的喇叭口对准监测桥梁的中点位置。

　　2）IBIS-S 参数设置

　　IBIS-S 参数设置主要包括全站仪辅助测距和 IBIS-S 设备参数设置。

　　全站仪辅助测距：全站仪与 IBIS-S 设备放在平行的位置，采用全站仪测量 IBIS-S 设备距离监测桥梁的竖直高度，通过采用全站仪测量 IBIS-S 设备雷达单元与监测目标点的距离，以辅助数据处理时获取监测目标点的位置信息。

　　IBIS-S 设备参数设置：主要包括几何参数设置和数据保存路径设置。

　　3）数据采集

　　数据采集过程主要包括数据采集质量检查和感兴趣点实时位移显示两部分。

　　数据采集质量检查：为确保采集的数据的正确性，需要在数据采集开始前通过查看采集数据的信噪比进行检验，一般感兴趣点的信噪比大于 30dB，可认为采集的数据质量满足要求。

感兴趣点实时位移显示：为方便采集数据过程中，查看感兴趣点的实时位移变化情况。

4）数据处理与分析

数据处理与分析主要包括位移计算和 HHT 变换损伤识别两部分。

位移计算：通过采集的电磁波数据，采用步进频率连续波技术和差分干涉测量解算感兴趣点的径向位移，并通过横向、竖向位移计算模型，解算感兴趣点的横向和竖向位移。

HHT 变换损伤识别：采用 HHT 变换把原始位移信号作为输入信号，进行模态分解，并针对每个模态计算瞬时频率和 Hilbert 谱，分析监测桥梁是否存在损伤。

8.1.3　1/4 跨点竖向位移动态监测

实验对某高速铁路桥进行动态监测，监测范围为 32m，铁路方向为南北向，利用 IBIS-S 系统对列车通过上、下行线动态监测时，1/4 跨点的竖向位移如图 8-2 所示。

于 214 年 11 月 5 日、2015 年 6 月 11 日和 2015 年 12 月 16 日共进行三次实验。实验中，将 IBIS 主机安置在 111～112 号墩之间的梁跨正下方，靠近 111 号墩，实验现场示意图如图 8-3 所示。监测 1/4 跨点的距离向位移，记录列车通过时间、上下行序列（表 8-1），并结合软件将数据投影为竖向位移，进行测量结果分析。

图 8-2　实验现场

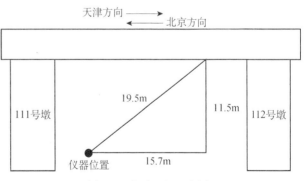

图 8-3　实验现场示意图

表 8-1　列车通过时间和方向记录表

编号	上行线	下行线
列车第一次通过时间	9：12	9：17
列车第二次通过时间	9：28	9：23
列车第三次通过时间	无	9：28

首先利用全站仪测量 IBIS 传感器到目标物的距离为 19.5m，然后在 SNR 图（图 8-4）中选取离 IBIS 传感器为 19.5m、21.1m、22.6m 和 23.3m 的四个距离单元，这四个距离单元的 SNR 均在 50dB 以上，说明目标物的反射强度较好，噪声影响较小。图 8-5 为选取的四个距离单元的几何草图。

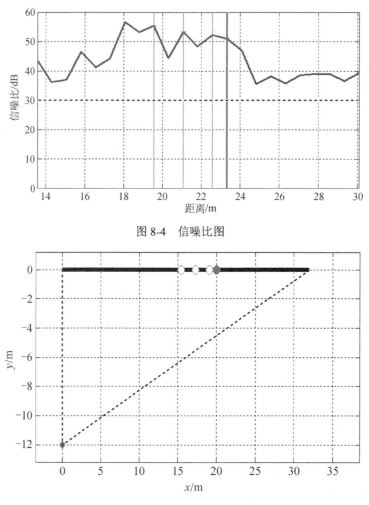

图 8-4　信噪比图

图 8-5　四个距离单元几何草图

如图 8-6 所示，四种颜色曲线分别表示四个距离单元竖向位移曲线。深蓝色为距离仪器 19.5m 处梁体的竖向位移曲线；绿色为距离仪器 21.1m 处梁体的竖向位移曲线；红色为距离仪器 22.6m 处梁体的竖向位移曲线；浅蓝色为距离仪器 23.3m 处梁体的竖向位移曲线。没有列车通过时，曲线基本没有变化；列车通过时，四个点的变化异常突出。为便于分析，将其中两段做放大处理。

如图 8-7 所示，418～422s 当上行线列车通过时四条曲线整体位移趋势一致，先上凸再下凹，最大位移约为 1.40mm（表 8-2）。分析原因为，111 号墩、112 号墩、113 号墩之间的梁体是连续一体的，上行线列车通过时，列车依次经过 113 号墩、112 号墩，导致 112 号墩、111 号墩间梁体上翘，所以曲线表现为上凸；列车经过 112 号墩、111 号墩间梁体时，重力导致该段梁体下沉，所以曲线表现为下凹。

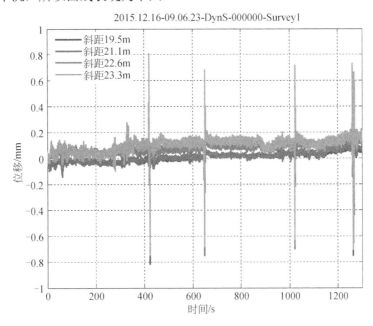

图 8-6　4 个距离单元竖向位移曲线图（彩图请扫描封底二维码查看）

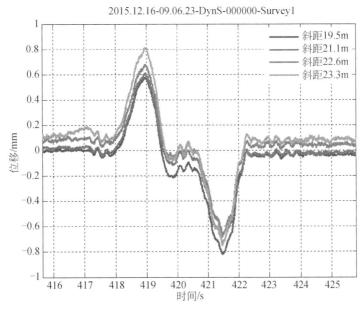

图 8-7　上行线列车第一次通过时位移曲线图（彩图请扫描封底二维码查看）

如图 8-8 所示，647～652s 当下行线列车通过时四条曲线整体位移趋势一致，先下凹再上凸，最大位移约为 1.33mm（表 8-2）。分析原因为，下行线列车通过 111 号墩、112 号墩之间的梁体时，重力导致该段梁体下沉，所以曲线表现为下凹；111 号墩、112 号墩、113 号墩之间的梁体是连续一体的，列车依次经过 112 号墩、113 号墩，导致 111 号墩、112 号墩间梁体上翘，所以曲线表现为上凸。

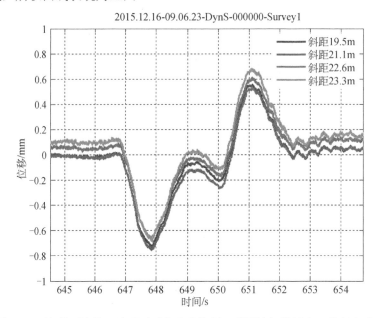

图 8-8　下行线列车第一次通过时位移曲线图（彩图请扫描封底二维码查看）

表 8-2　三次实验竖向位移数据对比

方向	2014.11.5 /mm	2015.6.11 /mm	2015.12.16 /mm	平均值/mm	中误差/mm
上行线	1.38	1.45	1.40	1.41	0.0361
下行线	1.32	1.35	1.33	1.33	0.0153

由表 8-2 可知，三次实验观测到的 1/4 跨点竖向位移最大相差 0.07mm，上行线列车通过时的竖向位移略大于下行线，中误差最大为 0.0361mm。高速铁路设计规范中规定 32m 双线连续梁的竖向挠度限值为梁体计算跨度的 1/1600，即 20mm，三次实验监测到的竖向位移最大值为 1.45mm，所以 111～112 号墩间 1/4 跨点的竖向位移变化在安全范围内。

8.1.4　梁跨中点横向位移动态监测

实验对某高速铁路桥的 32m 简支箱梁进行动态监测，监测范围为 32m，铁路方向为南北向，利用 IBIS-S 系统对列车通过上、下行线动态监测时，梁跨中点的横向位移如图 8-9 所示。

于 2014 年 11 月 5 日和 2015 年 6 月 12 日进行实验。实验中，将 IBIS 主机分别安置在 149～150 号墩、150～151 号墩和 151～152 号墩梁体中点西侧，实验现场示意图如图 8-10 所示，监测梁跨中点的距离向位移，记录列车通过时间以及列车上行、下行序，如表 8-3 所示，并结合软件将数据投影为横向位移，进行测量结果分析。

图 8-9 实验现场

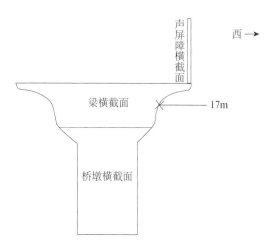

图 8-10 实验现场示意图

表 8-3 列车通过时间和方向记录表

编号	上行线	下行线
列车第一次通过时间	8：13	8：11
列车第二次通过时间	8：22	8：18

首先利用全站仪测量 IBIS 传感器到目标物的距离为 17m，然后在 SNR 图（图 8-11）中可以看到 SNR 值在 17m 左右最大，与实际情况相符。选取距离 IBIS 传感器为 16.5m 和 17.2m 两个距离单元，这两个距离单元的 SNR 均在 70dB 以上，说明目标物的反射强度较好，噪声影响较小。图 8-12 为选取的两个距离单元的几何草图。

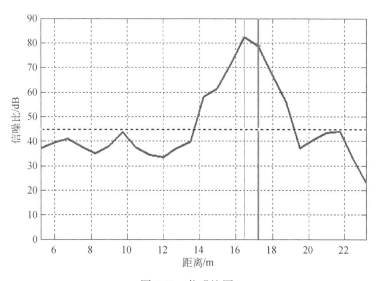

图 8-11 信噪比图

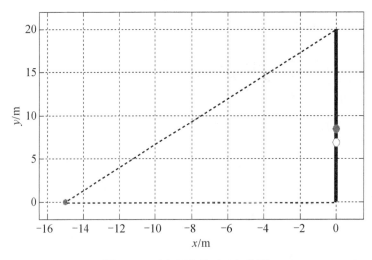

图 8-12　两个距离单元几何草图

如图 8-13 所示，两种颜色曲线分别表示目标梁体两个距离单元横向位移曲线。深蓝色为距离仪器 16.5m 处梁体的横向位移曲线；绿色为距离仪器 17.2m 处梁体的横向位移曲线。没有列车通过时，曲线基本没有变化，但图中出现了毛刺现象，这是由于当设站位于公路一侧时，公路有车辆行驶引起地面微颤，使得仪器不稳，导致测量信号发生微小形变。当列车通过时，两个单元的变化异常突出，出现四个高峰，分别是列车下行第一次、上行第一次、下行第二次和上行第二次通过两点时的动态变化。为便于分析，将其中两段做放大处理。

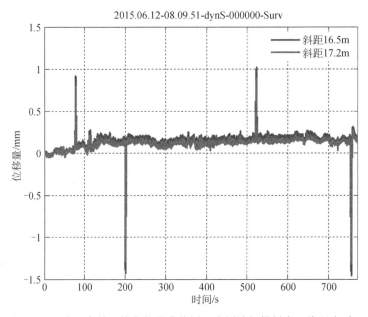

图 8-13　两个距离单元横向位移曲线图（彩图请扫描封底二维码查看）

如图 8-14 所示，75～79s 当下行线列车通过时两条曲线整体位移趋势一致，有明显的上凸，同时出现近似正弦波的曲线，最大位移约为 0.80mm。分析原因为，下行线列车通过时，重力导致下行线一侧下沉，上行线一侧上翘，所以曲线表现为上凸。

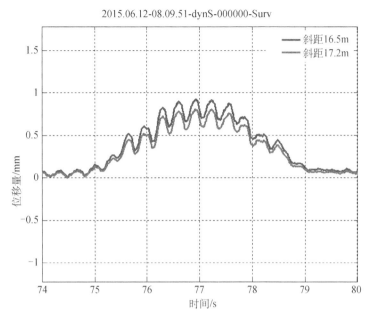

图 8-14　下行线列车第一次通过时位移曲线图（彩图请扫描封底二维码查看）

如图 8-15 所示，200～203s 当上行线列车通过时两条曲线整体位移趋势一致，有明显的下凹，同时出现近似正弦波的曲线，最大位移约为 1.60mm。分析原因为，上行线列车通过时，重力导致上行线一侧下沉，下行线一侧上翘，所以曲线表现为下凹。

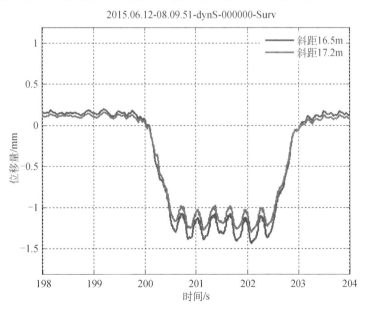

图 8-15　上行线列车第一次通过时位移曲线图（彩图请扫描封底二维码查看）

表 8-4 可知，两次实验监测的梁跨中点横向位移最大相差 0.25mm，上行线列车通过时的横向位移略大于下行线，中误差最大为 0.1258mm。高速铁路设计规范中规定 32m 双线简支箱梁体的水平挠度不应大于梁体计算跨度的 1/4000，即 8mm。两次实验监测的横向位移最大值为 1.85mm，所以 149～151 号墩梁跨中点的横向位移变化在安全范围内。

表 8-4　梁跨中点横向位移数据对比

墩号	2014 年 11 月 5 日		2015 年 6 月 12 日	
	上行线列车通过/mm	下行线列车通过/mm	上行线列车通过/mm	下行线列车通过/mm
149～150	1.65	0.70	1.60	0.80
150～151	1.80	0.70	1.85	0.80
151～152	1.70	0.60	1.75	0.75
平均值	1.72	0.67	1.73	0.78
中误差	0.0764	0.0577	0.1258	0.0289

8.2　声屏障测试分析

8.2.1　测试目的和内容概述

1. 声屏障监测的测试目的

（1）测试声屏障的动态变化规律；

（2）探讨声屏障测量方法及数据分析方法。

2. 声屏障监测的测试内容概述

测试列车通过时声屏障的横向位移变化规律。高速铁路两侧有建筑物时，为了减轻行车噪声对附近居民的影响，需要在声源和接收者之间安置一个设施，使声波的传播有一个显著的附加衰减，从而降低噪声对接收者的影响，这样的设施被称为声屏障，如图 8-16 所示。

图 8-16　高速铁路声屏障

8.2.2　声屏障横向位移

实验对某高速铁路一段声屏障进行动态监测，铁路方向为南北向。利用 IBIS-S 系统对列车通过上、下行线的声屏障横向位移进行动态监测。

于 2015 年 6 月 11 日进行实验。实验中，将 IBIS 主机分别安装在 145～146、146～147、147～148、148～149、149～150 和 150～151 号梁墩间中点西侧位置，实验现场示意图如图 8-17 所示，监测梁跨中点处声屏障的距离向位移，记录列车通过时间、列车上行、下行序列，结合软件将数据投影为横向位移，并进行测量结果分析。

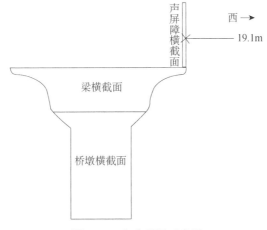

图 8-17　实验现场示意图

因为场景中存在较多的混凝土和金属等强反射体，SNR 图中出现多次波峰，难以准确识别声屏障，因此利用全站仪测量 IBIS 传感器到目标物的距离，在 SNR 图（图 8-18）中辅助识别声屏障。选取距离 IBIS 传感器为 18.7m、19.5m 和 20.2m 的三个距离单元，这三个距离单元的 SNR 均在 60dB 以上，说明目标物的反射强度较好，噪声影响较小。图 8-19 为选取的三个距离单元的几何草图。

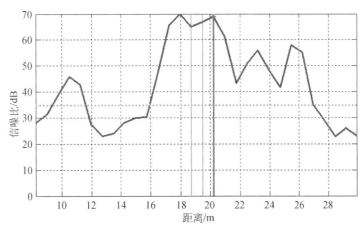

图 8-18　信噪比图

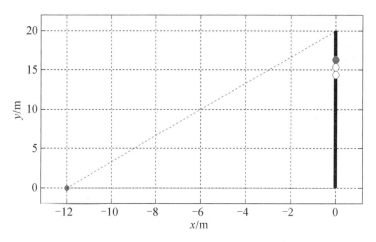

图 8-19 三个距离单元几何草图

如图 8-20 所示，三种颜色曲线分别表示目标三个距离单元声屏障横向位移曲线。深蓝色为距离仪器 18.7m 处声屏障的横向位移曲线；绿色为距离仪器 19.5m 处声屏障的横向位移曲线；红色为距离仪器 20.2m 处声屏障的横向位移曲线。没有列车通过时，曲线基本没有变化，但图形中出现了毛刺现象，这是由于当设站位于公路一侧时，公路中有车辆行驶引起地面微颤，使得仪器不稳，导致测量信号发生微小形变。当列车通过时，三个点的变化异常突出，出现两个高峰，分别是上行线和下行线列车通过时三个单元的动态变化。为便于分析，将这两段做放大处理。

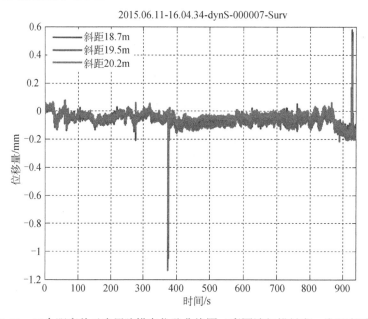

图 8-20 三个距离单元声屏障横向位移曲线图（彩图请扫描封底二维码查看）

如图 8-21 所示，373～377s 当上行线列车通过时三条曲线整体位移趋势一致，有明显的下凹，同时出现近似正弦波的曲线，最大位移约为 1.00mm。屏障在火车初始进入和离开时会有一个凸起的变化，因此可以确定监测对象为声屏障，并分析声屏障的位移变化。

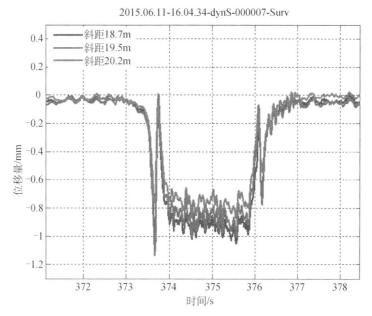

图 8-21　上行线列车通过时位移曲线图（彩图请扫描封底二维码查看）

由图 8-22 可知，925～930s 当下行线列车通过时三条曲线整体位移趋势一致，有明显的上凸，同时出现近似正弦波的曲线，最大位移约 0.70mm。

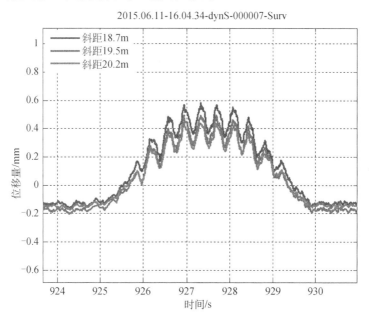

图 8-22　下行线列车通过时位移曲线图（彩图请扫描封底二维码查看）

表 8-5 可知，145～151 号墩间梁跨中点处声屏障横向位移最大相差 0.4mm，上行线列车通过时横向位移略大于下行线，中误差最大为 0.1497mm。

表 8-5　梁跨中点处声屏障横向位移数据对比

墩号	上行线列车通过 声屏障横向位移/mm	下行线列车通过 声屏障横向位移/mm
145～146	1.30	1.00
146～147	1.20	0.90
147～148	1.05	0.85
148～149	1.00	0.70
149～150	1.20	0.90
150～151	1.40	0.80
平均值	1.19	0.86
中误差	0.1497	0.1021

8.2.3　墩、梁、声屏障横向位移监测

仪器位于 149 号梁墩西侧，主要监测墩、梁、声屏障的横向位移，共采集三站数据，如图 8-23 所示。监测桥梁结构示意图如图 8-24 所示。

图 8-23　仪器布设图

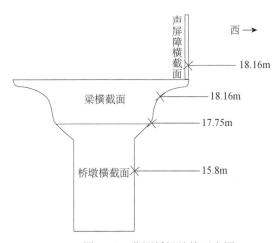

图 8-24　监测桥梁结构示意图

相关参数如下。

（1）仪器仰角：第一站、第二站 45°，第三站 20°；

（2）平距（仪器与待测物体水平距离）：15m，垂距（仪器与待测物竖直距离）：11.2m；

（3）斜距（仪器与待测点的直线距离）：监测点为 SNR 最强的点。

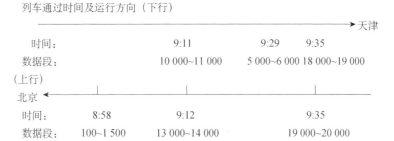

第一站数据结果：过车位移曲线图如图 8-25 所示，上行过车位移曲线放大图如图 8-26 所示。

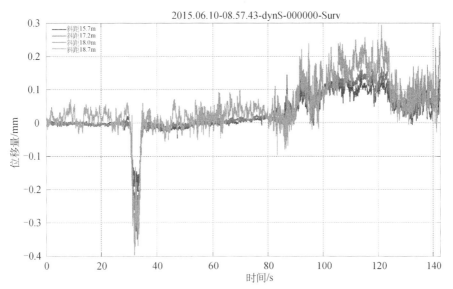

图 8-25　第一站过车位移曲线图（彩图请扫描封底二维码查看）

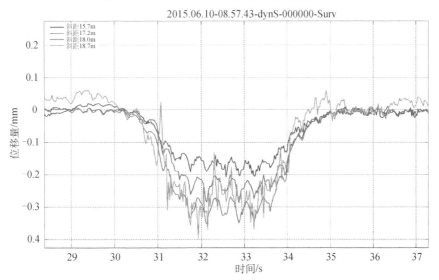

图 8-26　第一站上行过车位移曲线放大图（彩图请扫描封底二维码查看）

第二站数据结果：过车位移曲线图如图 8-27 所示，上、下行过车位移曲线放大图如图 8-28 和图 8-29 所示。

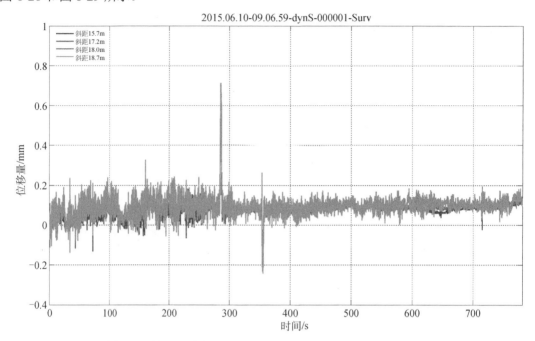

图 8-27　第二站过车位移曲线图（彩图请扫描封底二维码查看）

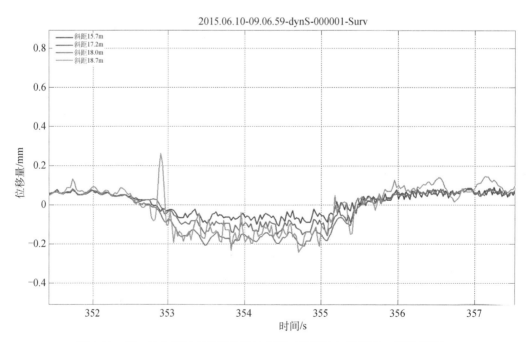

图 8-28　第二站上行过车位移曲线放大图（彩图请扫描封底二维码查看）

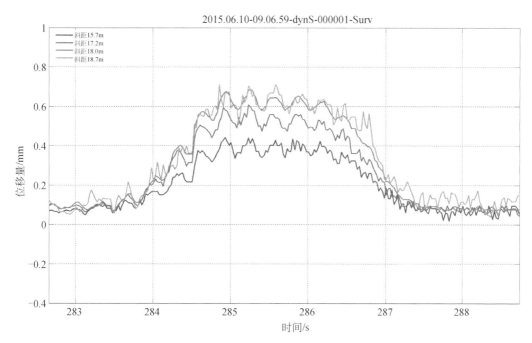

图 8-29　第二站下行过车位移曲线放大图（彩图请扫描封底二维码查看）

第三站数据结果：过车位移曲线图如图 8-30 所示，下行第一、二次过车位移曲线放大图如图 8-31、图 8-32 所示，上行过车位移曲线放大图如图 8-33 所示。

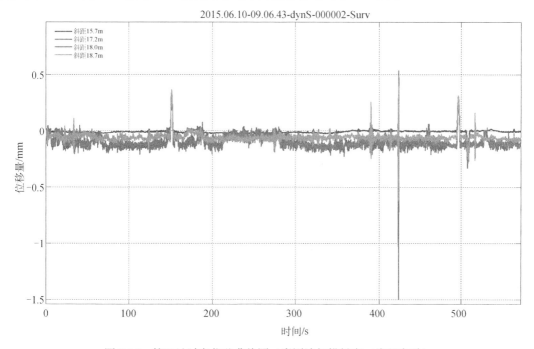

图 8-30　第三站过车位移曲线图（彩图请扫描封底二维码查看）

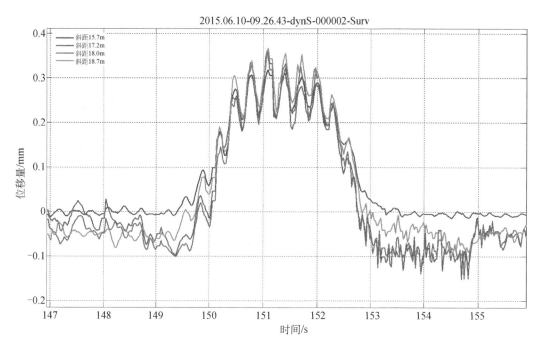

图 8-31　第三站下行第一次过车位移曲线放大图（彩图请扫描封底二维码查看）

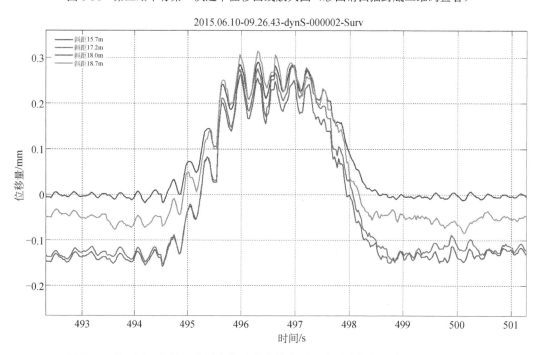

图 8-32　第三站下行第二次过车位移曲线放大图（彩图请扫描封底二维码查看）

分析：仪器位于 149 号梁墩西侧，主要监测墩、梁、声屏障横向位移。上午列车与仪器位于同侧，即上行，墩的位移约 0.2mm，梁的位移约 0.3mm，声屏障的位移约 0.4mm；列车与仪器位于异侧，即下行，墩的位移约 0.3mm，梁的位移约 0.5mm，声屏障的位移约

0.6mm。

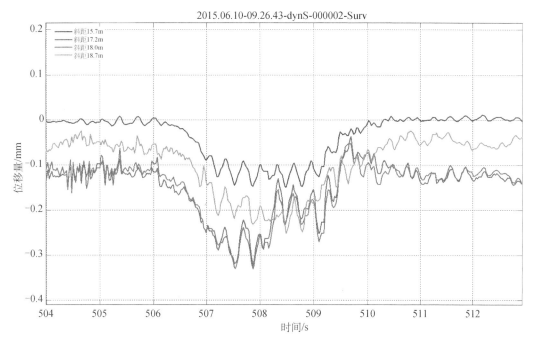

图 8-33　第三站上行过车位移曲线放大图（彩图请扫描封底二维码查看）

8.3　雨棚竖向位移监测

8.3.1　测试目的和内容

雨棚监测的测试目的主要包括：①测试雨棚的动态变化规律；②探索雨棚测量方法及数据分析方法。

雨棚监测的测试主要内容为列车通过时雨棚的动态变化规律。

8.3.2　技术路线和具体流程

基于地基微波雷达干涉测量的雨棚监测的技术流程图如图 8-34 所示。

具体流程如下。

1）IBIS-S 仪器布设

IBIS-S 雨棚监测的仪器布设主要包括仪器高设置、水平角设置和竖直角设置三方面。理想情况下，监测雨棚的设备应布设在火车站站点里面，但由于客观因素的影响，本次测试并没有安排在火车站站点里面，故而在火车站外面选择了一个比较合适的位置。IBIS-S 仪器布设在火车站一侧，正对雨棚。由于雨棚的高度较大，因此，对 IBIS-S 仪器的仪器高并没有过高的要求，只需满足正常监测需要即可。

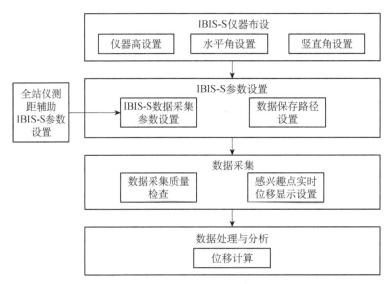

图 8-34　地基微波雷达干涉测量的雨棚监测测试流程图

IBIS-S 仪器水平角应尽量与监测雨棚的下表面保持一致。

设置 IBIS-S 仪器竖直角时,保证雷达单元的收发信号的喇叭口对准监测雨棚的中心位置。

2)IBIS-S 参数设置

IBIS-S 参数设置主要包括全站仪辅助测距和 IBIS-S 设备参数设置。

全站仪辅助测距:全站仪与 IBIS-S 设备放在平行的位置,采用全站仪测量 IBIS-S 设备距离监测雨棚的竖直高度,采用全站仪测量 IBIS-S 设备雷达单元与监测目标点的距离,以辅助数据处理时获取监测目标点的位置信息。

IBIS-S 设备参数设置主要包括几何参数设置和数据保存路径设置。

3)数据采集

数据采集过程主要包括数据采集质量检查和感兴趣点实时位移显示两部分。

数据采集质量检查:为确保采集数据的正确性,需要在数据采集开始前通过查看采集数据的信噪比进行检验,一般感兴趣点的信噪比大于 30dB,可认为采集的数据质量满足要求。

感兴趣点实时位移显示:为方便采集数据过程中,查看感兴趣点的实时位移变化情况。

4)数据处理与分析

数据处理与分析主要包括位移计算和 HHT 损伤识别两部分。

位移计算:通过采集的电磁波数据,采用步进频率连续波技术和差分干涉测量解算感兴趣点的径向位移,并通过横向、竖向位移计算模型,解算感兴趣点的横向和竖向位移。

8.3.3　实验与分析

以武清站为例,仪器位置与监测布设如图 8-35 所示。图中 B 区域表示雨棚竖向位移,仪器位于雨棚西北方向。

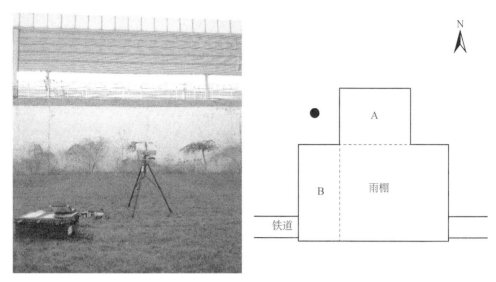

图 8-35　雨棚监测仪器布设图

仪器设置和布设相关参数如下（图 8-36）。

（1）仪器仰角：25°；

（2）平距（仪器与待测物体水平距离）：17.2m，垂距（仪器与待测物体竖直距离）：16.0m；

（3）斜距（仪器与待测点的直线距离）：监测点为 SNR 最强的点。

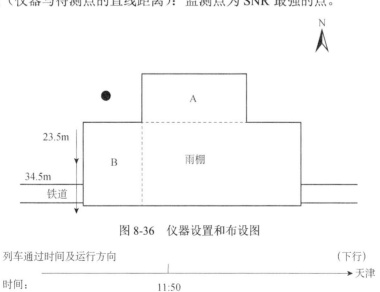

图 8-36　仪器设置和布设图

实验结果：过车位移曲线图如图 8-37 所示，上、下过车位移曲线放大图如图 8-38 和图 8-39 所示。

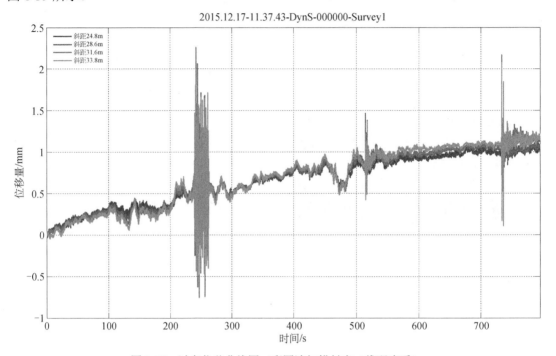

图 8-37　过车位移曲线图（彩图请扫描封底二维码查看）

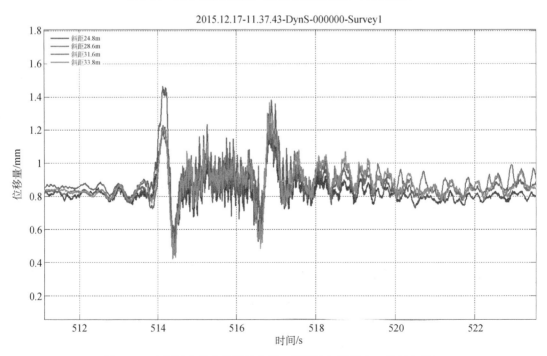

图 8-38　上行过车位移曲线放大图（彩图请扫描封底二维码查看）

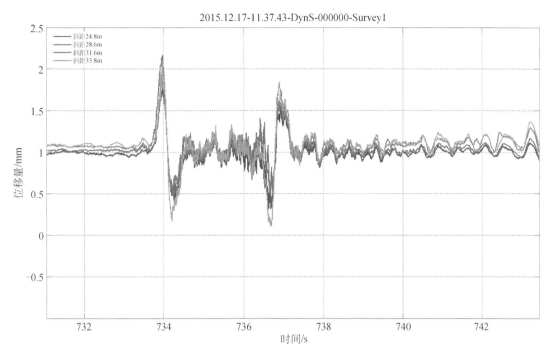

图 8-39　下行过车位移曲线放大图（彩图请扫描封底二维码查看）

仪器位于雨棚西北方向，主要监测图中 B 区域雨棚的竖向位移。列车与仪器位于同侧，即下行，雨棚的最大位移约 1.92mm；列车与仪器位于异侧，即上行，侧边的位移约 0.95mm。

（1）根据实验曲线图，雨棚竖向位移有如下规律：列车与仪器位于同侧、异侧时，列车初始进入时，曲线先明显上凸，然后明显下凹，接着曲线有恢复正常的趋势，列车离开时，曲线先明显下凹，然后明显上凸，最后恢复正常。列车与仪器位于同侧时，曲线恢复正常时间较长，有明显的自振现象。

（2）B 区域雨棚竖向位移见表 8-6。

表 8-6　B 区域雨棚竖向位移

位置	区域	同侧雨棚竖位移/mm	异侧雨棚竖位移/mm	同侧雨棚竖位移/mm	异侧雨棚竖位移/mm
西北	B 区域			1.92	0.95

8.4　结　　论

通过大量的实验与数据分析得到如下结论。

（1）基于 IBIS-S 系统进行缓慢形变精度测试，表明 IBIS 系统动态测量的精度可以达到 0.02mm，能够准确地监测出铁路桥梁的微小变化，满足铁路桥梁动态监测的精度要求，并通过提高竖直角的监测精度可以有效地提高 IBIS-S 系统的监测精度。

（2）推导了横向位移、竖向位移的计算模型，利用 IBIS-S 系统对某高速铁路连续梁 1/4 梁跨竖向位移、简支箱梁梁跨中点横向位移和声屏障横向位移进行动态监测，经过研究分析，得出了列车通过时引起桥梁动态变化的规律，证明了 IBIS-S 系统用于声屏障动态监测的可行性，为桥梁结构的安全监测和评估提供了科学、可靠的依据。

（3）实验结果表明，外界环境对测量结果影响较大，如温度、湿度、风力、障碍物、设站位置等。

（4）经过实验表明，软件运行基本可靠，各项精度指标和功能基本达到，偶尔有死机现象，一般做重启处理。

第9章　GB-SAR 在古代桥梁监测中的应用

随着古代桥梁不可避免地发生老化，现在全球范围内对古桥的动态监测和振动分析十分紧迫（Liu et al.，2015a）。为了维护古桥的稳定性，定期检查与分析至关重要。目前，环境激励下的动力测试（通常由交通或风引起）备受关注，是一种获取在役桥梁动力响应的主要实验方法（Roveri and Carcaterra，2012；Lee et al.，2002）。大多数典型的实验都是使用压电加速度计和光纤传感器获取准确可靠的动态时间序列位移（Xu et al.，2010；Hsieh et al.，2006）。但是，它们需要固定在被测桥上的特定位置，并且需要换能器到数据采集系统的硬接线（Gentile and Bernardini，2010）。这项工作耗时且昂贵，可能会对古代桥梁造成一些损伤。

9.1　古代桥梁与数据采集

9.1.1　赵州桥简介

赵州桥也被称为安吉桥或大石桥，是世界上最古老的开孔石质分段拱桥。这座桥建于 1400 年前的隋朝，位于中国河北省赵县的小河上，因一位名叫李淳的工匠设计而闻名。图 9-1 为赵州桥结构示意图。这座桥长约 50.82m，高 7.3m，宽 9m，中心跨度为 37.47m，拱形部分覆盖的圆弧段不到半圆的一半（84°），半径为 27.27m，在当时是世界上最长的拱桥（Audenaert et al.，2007；Au et al.，2003；Qian，1987）。

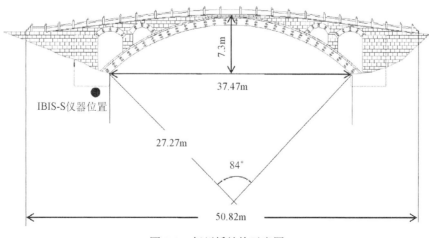

图 9-1　赵州桥结构示意图

9.1.2　地基微波干涉法

采用基于微波干涉技术的 IBIS 系统对结构进行远程动态监测，以获取准确的动态时间序列位移。IBIS-S 系统是由意大利比萨的 Ingegneria Dei Sistemi（IDS）公司与佛罗伦萨大学电子与电信系合作开发的，由雷达单元、控制 PC、电源单元和三脚架组成，能够在任何天气条件下监测动态位移而不受日光的影响（Liu et al.，2015c）。雷达单元是一个相干的传感器模块，可以生成、发送和接收电磁信号，并进一步处理并保存所接收信号的相位信息，以计算被监测对象的位移。控制 PC 通过标准的 USB2.0 接口（图 9-2）连接到雷达单元，它可用于配置参数、管理和存储测量值，同时允许用户实时查看关键位置的初始结果（Liu et al.，2015a）。

图 9-2　IBIS-S 仪器采集赵州桥动态
时间序列位移视图

SFCW 和地基微波干涉技术（ground-based microwave interferometry）是 IBIS-S 系统的两项关键技术。

SFCW 技术的目的是提供远距离传输和更高范围分辨率的能力，无须在被监测对象上安装多个单元（Gentile，2010）。通过使用 SFCW 技术，IBIS-S 系统的雷达单元以离散的频率值传输一组连续的电磁波，其采样带宽为 B，间隔为 Δf 恒定。因此，可以使用相应的连续波信号通过 $\Delta R = \dfrac{c}{2 \cdot B}$ 来计算距离分辨率 ΔR，其中 c 表示真空中的光速。对于 IBIS-S 系统，带宽范围 B 为 300MHz，可以获得高达 0.5m 的范围分辨率（Liu et al.，2015a）。此外，由于土木工程结构时间序列位移的主要频率范围在 0～20Hz，因此该系统非常适合分析赵州桥的瞬时动态响应（Gentile and Bernardini，2010）。

采用地基微波干涉法以确保在高采样率下具有更高的位移精度（Crosetto et al.，2014）。通常可以使用基于地面的微波干涉仪为每次测量获取振幅和相位信息。因此，考虑单个目标可以通过比较不同时间的相移，通过 $d = \dfrac{\lambda \Delta \varphi}{4\pi}$ 来计算沿雷达视线向的微小位移 d，其中 λ 是电磁波的长度，$\Delta \varphi$ 是相移（Montuori et al.，2016）。对于 IBIS-S，工作雷达的 Ku 频段在 16.6～16.9GHz，$\lambda = c/v$ 的近似值为 18.07mm，$\Delta \varphi$ 的最大值为 π，因此，最大位移范围对于相邻的采样间隔，沿雷达视线向的 d 约为 4.5175mm。但是，由于基于地面的微波干涉仪可以测量视线位移，因此需要先了解运动方向才能评估实际位移。对于本章监测的赵州桥，可以将环境激励因子和交通荷载作用下的位移视为投影位移，通过简单的几何投影来计算（Liu et al.，2015a；Gentile，2010）。

综上所述，在典型的测量条件下，雷达单元具有以下特点：最大探测距离可达 1km，距离向分辨率可达 0.50m，采样率可达 200Hz，位移测量精度高达 0.01mm。然而，在实际应用中，位移测量精度取决于反射目标的功率，一般的测量精度在 0.01～0.1mm。

9.1.3　动态时间序列位移采集

使用 IBIS-S 仪器进行两组实验来获取赵州桥的动态时间序列位移，其参数设置见表 9-1。其中一组实验仅在环境激励因子的作用下进行（实验 1）。换句话说，在数据采集期间无行人或车辆过桥。另一组实验是在重达 2t 以上汽车的瞬态载荷下进行的（实验 2），以大约 20km /h 的速度在桥梁上来回四次。对于实验 2，为避免对赵州桥造成损坏，仅收集了一组时间序列位移来分析赵州桥的瞬时动力响应，其持续时间为 1min47s。对于实验 1，收集了五组时间序列位移，它们具有相似的变化趋势。此外，为了便于后续的对比分析，每组的实验持续时间在 2～3min。因此，本节只选择了五组时间序列位移中的一组进行分析，其持续时间为 2min45s，如表 9-1 所示。显然，这两个实验的观察周期较短，因此分析赵州桥的整体稳定性比较困难。但是，由于实验更敏感地反映了分解 IMF 的瞬时频率和 IBIS-S 仪器在 199.17Hz 高采样率下桥的瞬时稳定性（Chen et al.，2007），因此两次实验的持续时间足以评估赵州桥的瞬时动力响应，尤其是在汽车瞬态载荷下具有四个连续激励的实验 2 中。此外，为了保证两种实验的初始参考位移一致，在两次实验中都固定了 IBIS-S 仪器。如图 9-1 和图 9-2 所示，IBIS-S 仪器位于赵州桥的一侧，雷达单元的高度角设置为 12°，因此雷达单元上的两个天线可以对准中心跨度的跨中点。考虑到赵州桥历史悠久，因此未在中心跨度下表面安装转角反射镜。沿雷达视线方向获取的时间序列位移是由拱的自然表面反射的微波信号直接计算得出的，然后将其垂直投影以获得投影的时间序列位移（Liu et al.，2015a；Gentile，2010）。

表 9-1　赵州桥动态时间序列位移采集的 IBIS-S 参数

参数	实验 1	实验 2
最大距离/m	200	200
工作频率/GHz	16.6～16.9	16.6～16.9
范围分辨率/m	0.5	0.5
采样频率/Hz	199.17	199.17
时间	00：02：45	00：01：47
激励条件	环境激励	瞬时荷载

9.2　桥梁损伤评估方法

极点对称模态分解（extreme-point symmetric mode decomposition，ESMD）方法包括两

个不同的步骤：①通过分解生成一系列本征模态函数（IMF）以及最佳自适应全局均值（adaptive global mean，AGM）曲线；②直接插值算法产生每个 IMF 的瞬时频率。

9.2.1　时间序列位移的 ESMD 方法

希尔伯特-黄和经验模态分解（Hilbert-Huang transform and empirical mode decomposition，HHT-EMD）方法通过局部最大值和最小值插值出上下包络对称的模态，与 HHT-EMD 不同，ESMD 方法是使其自身的最大值和最小值点对称构建模态（Wang and Li，2013）。筛选过程借助一条、两条、三条或更多内部曲线，通过连接局部最大值和最小值的线段中点来实现（Liu et al.，2018；Wang and Li，2013）。ESMD 方法分解的目的是产生一系列 IMF 以及最佳 AGM 曲线，整个分解过程如图 9-3 所示。

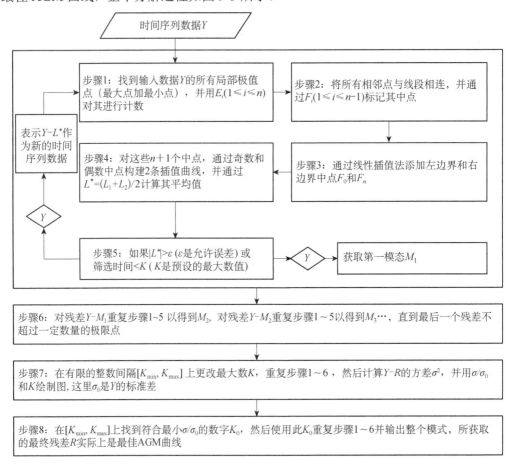

图 9-3　ESMD 方法整个分解过程产生一系列 IMF 和最佳 AGM 曲线

将原始输入数据表示为 $Y=\{y_i\}_{i=1}^{N}$，将最佳 AGM 曲线表示为 $R=\{r_i\}_{i=1}^{N}$，其中 y_i 是通过地基微波干涉法获得的桥梁时间序列位移，而 r_i 是通过最小二乘法自动选择的时间序列位移

（Wang and Li，2013）。输入数据相对于总均值 $\bar{Y} = \left(\sum_{i=1}^{N} y_i\right) / N$ 的方差 σ_0 定义为式（9-1）：

$$\sigma_0 = \sqrt{\frac{1}{N}\sum_{i=1}^{N}\left(y_i - \bar{Y}\right)^2} \tag{9-1}$$

输入数据相对于最佳 AGM 曲线的方差定义为式（9-2）：

$$\sigma = \sqrt{\frac{1}{N}\sum_{i=1}^{N}\left(y_i - r_i\right)^2} \tag{9-2}$$

9.2.2　瞬时频率直接内插算法

对于给定点的频率通常没有一定含义，但存在调频现象。因此，瞬时频率的定义是一个有争议的问题（Liu et al.，2018；Huang et al.，2009）。只有当量以周期性振荡的方式变化时，才能将瞬时频率视为来回移动过程中的振荡变化率（Wang and Li，2013）。因此，分析古桥在环境激励下进行动态测试的时间序列位移是适当的。如今，流行的方法是 HHT，它优于傅里叶变换、小波变换和其他分析方法（Carbajo et al.，2014；Gonzalez and Karoumi，2014；Zhang et al.，2005）。但是，HHT 的缺点是无法获得具有实际物理意义的瞬时频率，因此需要一个假设，即存在输入数据的相位函数的导数（Liu et al.，2018）。

实际上，对于 HHT 的每个积分变换是统一的均值处理，并且希尔伯特频谱分析被基于数据的瞬时频率替代。此外，作为瞬时频率，它应该能够反映间歇情况，而不是排除相邻的相等情况。在这种情况下，周期是相对于一段时间定义的，频率需要逐点理解。在平滑处理时，周期与频率之间存在冲突（Wang and Li，2013）。因此，提出了直接插值算法来解决冲突。

将每个 IMF 的离散形式表示为 (t_k, y_k)，$k = 1, 2, \cdots, N$，详细的直接插值算法如下所示。

1. 步骤 1

遍历以找到满足式（9-3）的每个 IMF 的所有准极值点，并将它们枚举为集合 $E = \left(t_{e_i}, y_{e_i}\right)$，$i = 1, 2, \cdots, m$。

$$\begin{array}{ll} y_{k-1} < y_k \geqslant y_{k+1} & y_{k-1} \leqslant y_k > y_{k+1} \\ y_{k-1} > y_k \leqslant y_{k+1} & y_{k-1} \geqslant y_k < y_{k+1} \end{array} \tag{9-3}$$

2. 步骤 2

利用集合 E 定义频率插值坐标 (a_i, f_i)。

```
for 1 to m
if y_{e_i} == y_{e_{i+1}} then
  if i == 1 then
    a_{i+1} = t_{e_{i+1}} , f_{i+1} = 0
  else if i == m - 1 then
```

```
        a_i = t_{e_i} ,   f_i = 0
        else
        a_i = t_{e_i} ,   f_i = 0 ,   a_{i+1} = t_{e_{i+1}} ,   f_{i+2} = 0
        end if
        if (t_{e_i}, y_{e_i}) and (t_{e_{i+1}}, y_{e_{i+1}}) are extreme points then
        a_{i-1} = (t_{e_i} + t_{e_{i-2}})/2 ,   f_{i-1} = 1/(t_{e_i} - t_{e_{i-2}})
        else
        a_{i-1} = t_{e_{i-1}} ,   f_{i-1} = 1/[(t_{e_{i+2}} - t_{e_{i-2}}) - (t_{e_{i+1}} - t_{e_i})]
        a_{i+2} = t_{e_{i+2}} ,   f_{i+2} = 1/[(t_{e_{i+3}} - t_{e_{i-1}}) - (t_{e_{i+1}} - t_{e_i})]
        end if
        else
            a_i = (t_{e_{i+1}} + t_{e_{i-1}})/2 ,   f_i = 1/(t_{e_{i+1}} - t_{e_{i-1}})
        end if
    end for
```

3. 步骤 3

使用线性插值方法添加边界点。

```
    for the left boundary point:
    if  y_1 = y_{e_1}  then
        a_1 = t_1 ,   f_1 = 0
    else
        a_1 = t_1 ,   f_1 = (f_3 - f_2)(t_1 - a_2)/(a_3 - a_2) + f_2
        if  f_1 ≤ 0  then
            a_1 = t_1 ,   f_1 = 1/2(t_2 - t_1)
        end if
    end if
    for the right boundary point:
    if  y_N = y_{e_m}  then
        a_m = t_N ,   f_m = 0
    else
        a_m = t_N ,   f_m = (f_{m-1} - f_{m-2})(t_N - a_{m-1})/(a_{m-1} - a_{m-2}) + f_{m-1}
        if  f_m ≤ 0  then
            a_m = t_N ,   f_m = 1/2(t_m - t_{m-1})
        end if
    end if
```

4. 步骤 4

对所有离散点 (a_i, f_i) 使用三次样条插值法求出一条曲线 $f(t)$。瞬时频率曲线由式（9-4）（Wang and Li，2013）定义：

$$f^*(t) = \max\{0, f(t)\} \qquad\qquad (9\text{-}4)$$

9.2.3　瞬时振动分析步骤

基于 ESMD 方法的赵州桥瞬时振动分析设计如下。

（1）将 ESMD 方法应用于动态时间序列位移（投影位移）。用相应的筛选次数确定最佳方差比，以获得每组时间序列位移的最佳 AGM 曲线，并产生一系列 IMF。

（2）比较环境激励因子作用下 1/4 跨点和跨中点之间主要 IMF 的位移和突变，并评估在环境激励因素作用下 1/4 跨点和跨中点的瞬时动态响应。

（3）对时间序列位移的每个 IMF 应用直接插值算法，以获得相应的瞬时频率和振幅，并通过分析与赵州桥有关的主要 IMF 的瞬时频率和振幅对赵州桥进行瞬时振动分析。

9.3　结果与分析

9.3.1　地基微波干涉法的时间序列位移结果

本章利用 IBIS-S 系统在雷达波束内对赵州桥下表面整个场景进行测量。因此，根据 0.5m 的 IBIS-S 的距离向分辨率和 37.47m 的赵州桥中心跨度，可以获得大约 30 个点的动力响应。但是在土木工程领域，跨中点和 1/4 跨点是用来反映桥梁动力响应的两个关键位置。因此本章获取了四组动态时间序列位移，以在跨中点和 1/4 跨点位置对赵州桥进行瞬时振动分析，如图 9-2 所示。其中两个点仅在环境激发因子的情况下才能取，即与雷达单元的视线向距离为 23m 的跨中点（记为 Rbin46_N）和与雷达单元的视线向距离为 32m 的 1/4 跨点（记为 Rbin64_N），另外两种动态时间序列位移是在汽车跨中点（记为 Rbin46_L）和 1/4 跨点（记为 Rbin64_L）的瞬态载荷下获得的。为了确保赵州桥自然表面的电磁波反射强度，计算接收像素信号的功率与传感器的热噪声功率热信噪比，从而确定 IBIS-S 仪器的测量精度（Liu et al.，2015c）。通常当热信噪比优于 30dB 时，IBIS-S 仪器测量位移标准差可达 0.09mm（Rödelsperger，2011）。因此，为确保 IBIS-S 仪器的测量精度优于 0.05mm，将 35dB 的经验热信噪比设为临界值。如图 9-4 所示，Rbin46 点的热信噪比为 53.8dB，Rbin64 点的热信噪比为 52.5dB，可以确保地基微波干涉测量获得准确位移。此外，沿雷达视线向约 45m（Rbin90 点，图 9-4）出现另一个有趣的峰值，其热信噪比为 53.3dB。但由于赵州桥的中心跨度为 37.47m，Rbin90 点超出赵州桥的监测范围。如图 9-2 所示矩形区域内，在 IBIS-S 仪器前面的赵州桥末端有一表面光滑的竖直挡土墙，可以认为是一个强的反向散射，竖直挡土墙到 IBIS-S 仪器的距离约为 45m，因此 Rbin90 点的有趣峰值可能是由竖直挡土墙引起的。

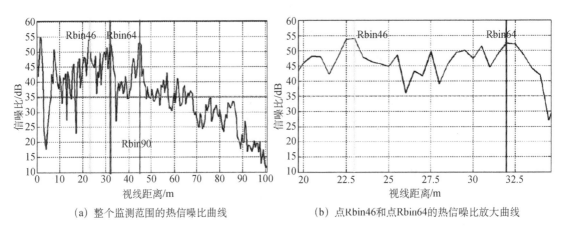

（a）整个监测范围的热信噪比曲线　　　　　　（b）点Rbin46和点Rbin64的热信噪比放大曲线

图 9-4　接收信号的热信噪比曲线（彩图请扫描封底二维码查看）

在这项研究中，为了便于对比分析仅在环境激励因子线下获取的时间序列位移与汽车的瞬态载荷下的时间序列位移，将仅在环境激励因子下获取的时间序列位移长度缩短至约 107s，与汽车瞬态载荷下获得的时间序列位移长度相同。对于每组时间序列位移，计算相应投影位移的垂直分量（垂直于水平面的线性位移）作为输入时间序列位移，以供进一步分析（Liu et al.，2015a）。点 Rbin46_N 和 Rbin64_N 的投影位移的曲线如图 9-5（a）和图 9-5（c）所示。作为所获取投影位移的相对位移，将初始参考位移定义为 0mm。由图可知：①Rbin46_N 点（图 9-5（a））的投影位移曲线趋势与 Rbin64_N 点（图 9-5（c））的趋势相似；②相邻波峰和波谷之间的位移差大多小于 0.3mm，可以认为在环境激励因子作用下，赵州桥的位移差是可以接受的。

点 Rbin46_L 和 Rbin64_L 的投影位移曲线如图 9-5（b）和图 9-5（d）所示。由图可知：①与仅通过环境激励因子获得的点 Rbin46_N 和 Rbin64_N 的投影位移曲线相比，在汽车瞬态载荷的情况下所获得的投影位移差异大大增大，特别是点 Rbin64_L 在 35s 时，相邻波峰与波谷之间的距离最大为 1mm（图 9-5（d））；②与点 Rbin46_L 的投影位移曲线相比，投影位移曲线更复杂，位移差远大于点 Rbin64_L。这些结果表明，主应力点位于赵州桥的 1/4 跨点。

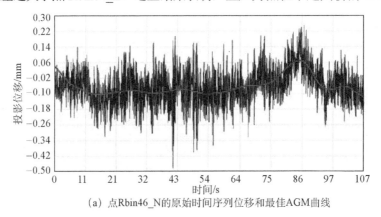

（a）点Rbin46_N的原始时间序列位移和最佳AGM曲线

图 9-5　原始时间序列位移和相应的最佳 AGM 曲线

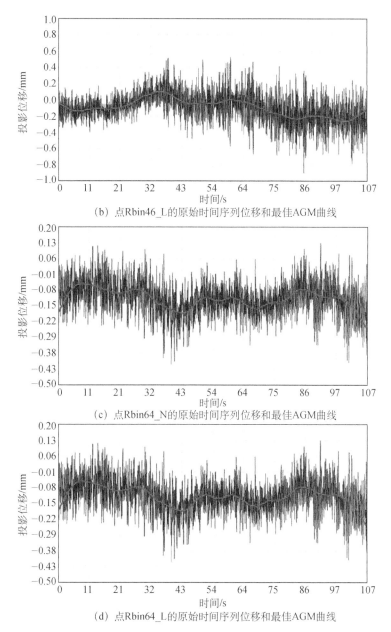

（b）点 Rbin46_L 的原始时间序列位移和最佳 AGM 曲线

（c）点 Rbin64_N 的原始时间序列位移和最佳 AGM 曲线

（d）点 Rbin64_L 的原始时间序列位移和最佳 AGM 曲线

图 9-5   原始时间序列位移和相应的最佳 AGM 曲线（续）

9.3.2 IMF 分解与分析

为了获得最佳的 AGM 曲线并产生一系列 IMF，需要根据式（9-2）计算最佳方差比和相应的筛选次数。在本章研究中，考虑到时间序列位移的复杂性，将最后一个残差的极点数设置为 12（图 9-3 中步骤 6），将最大迭代次数设置为 30（图 9-3 中步骤 7）。因此，方差比如图 9-6 所示。四组时间序列位移的最小方差比和相应的筛选次数见表 9-2。

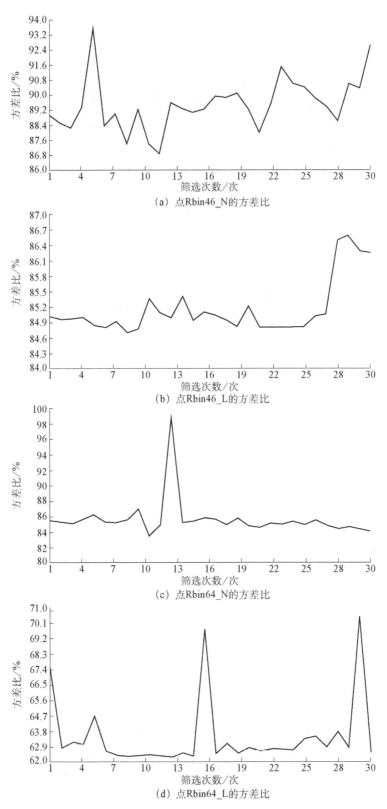

图 9-6　原始时间序列位移的方差比

表 9-2　四组时间序列位移最小方差比和相应筛选次数

点名	最小方差比/%	筛选次数/次
Rbin46_N	86.8	11
Rbin46_L	84.7	8
Rbin64_N	82.4	10
Rbin64_L	62.5	14

　　根据最小方差比和筛选次数，得到四组时间序列位移的一系列 IMF 以及最佳 AGM 曲线。投影位移曲线的四个最佳 AGM 曲线如图 9-5 所示。

　　如图 9-7 所示，通过 ESMD 方法将每组时间序列位移分解为八个 IMF 分量（模态 1～模态 8）。从图 9-7 中可知：①对于点 Rbin46_N（图 9-7（a））和点 Rbin64_N（图 9-7（c））的 IMF，从模态 1～模态 8 投影位移变化逐渐减小。与点 Rbin46_N 和点 Rbin64_N 的 IMF 不同，点 Rbin46_L（图 9-7（b））和点 Rbin64_L（图 9-7（d））的投影位移的变化从模态 1～模态 6 逐渐减小，而模态 7 和模态 8 的投影位移变化范围在–1～1mm，与相应的原始时间序列位移相同。这反映了赵州桥在汽车瞬态载荷作用下的整体振动趋势。②点 Rbin46_N 的模态 1 和模态 2 的投影位移曲线上出现许多明显的突然变化（图 9-7（a）），但在点 Rbin64_N 的模态 1 和模态 2 的投影位移曲线上仅出现一些小的突变（图 9-7（c））。这种现象表明，赵州桥的跨中点比 1/4 跨点更易受环境激发因子影响。

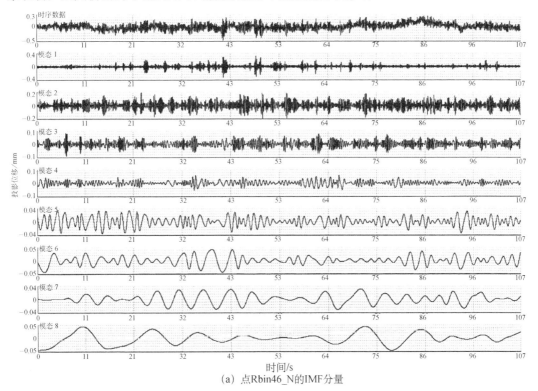

(a) 点Rbin46_N的IMF分量

图 9-7　通过 ESMD 方法将时间序列位移分解为 IMF 分量

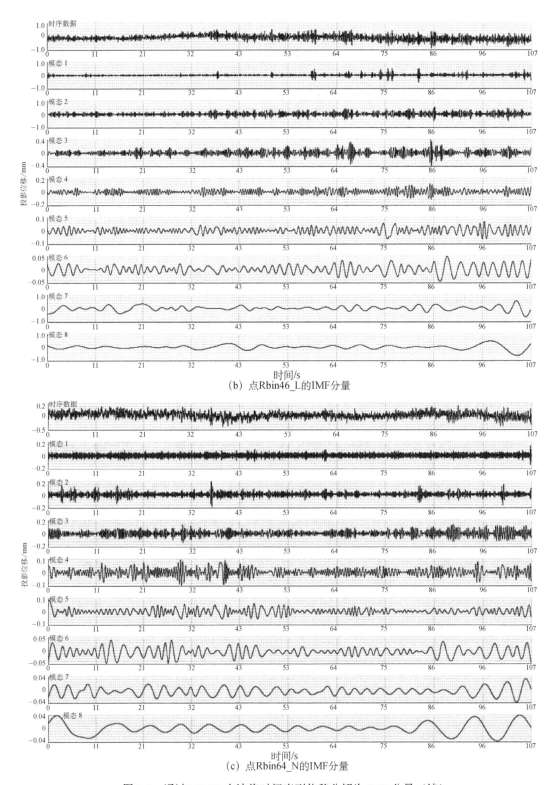

（b）点 Rbin46_L 的 IMF 分量

（c）点 Rbin64_N 的 IMF 分量

图 9-7　通过 ESMD 方法将时间序列位移分解为 IMF 分量（续）

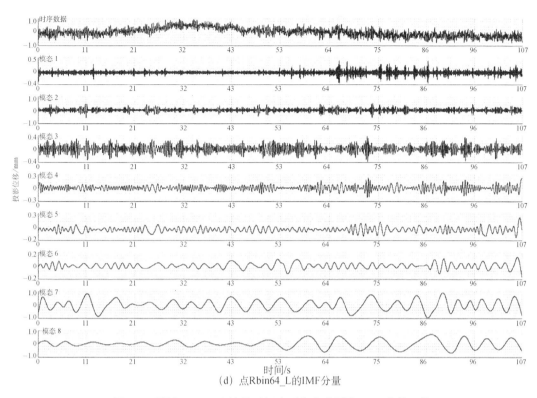

（d）点 Rbin64_L 的 IMF 分量

图 9-7　通过 ESMD 方法将时间序列位移分解为 IMF 分量（续）

图 9-8 为通过 HHT-EMD 方法（Huang and Wu，2008）分解得到的 Rbin64_L 点的 IMF 分量。与通过 ESMD 方法分解得到的 Rbin64_L 点的 IMF 相比，如图 9-7（d）所示，模态 1～模态 4 的主 IMF 的位移曲线具有相同趋势，这证明通过 ESMD 方法分解得到 IMF 的准确性。但是，使用 HHT-EMD 方法分解得到 12 个 IMF，比通过 ESMD 方法分解得到 8 个 IMF 要多，但与使用 ESMD 方法分解的模态 5～模态 8 相比，模态 5～模态 12 的位移曲线变化趋势粗糙。

9.3.3　时频分析结果

利用所提的直接插值算法可以计算出每组时间序列位移对应的每个 IMF 瞬时频率和振幅。图 9-9 以不同颜色显示每组时间序列位移模态 1～模态 8（FM1～FM8）瞬时频率的曲线。对于每组时间序列位移，每个 IMF 的瞬时频率都从模态 1～模态 8 逐渐减小。其中，红色曲线表示每组时间序列位移模态 1 的瞬时频率。根据分解后的 IMF，如图 9-7 所示，主要的投影位移变化集中在模态 1 和模态 2，尤其是模态 1 上。此外，与点 Rbin46_N 和点 Rbin64_N 的模态 1 投影位移曲线相比，点 Rbin46_L 和点 Rbin64_L 的模态 1 投影位移曲线变化更突然。结果表明，模态 1 投影位移曲线是与桥梁有关的主要投影位移曲线，与 HHT 相同（Kunwar et al.，2013；Roveri and Carcaterra，2012）。此外，为了从噪声数据中估计模态 1 的瞬时频率以用于评估赵州桥瞬时动态响应，选择平均（mean，简称 MN）频率大于 0.1Hz

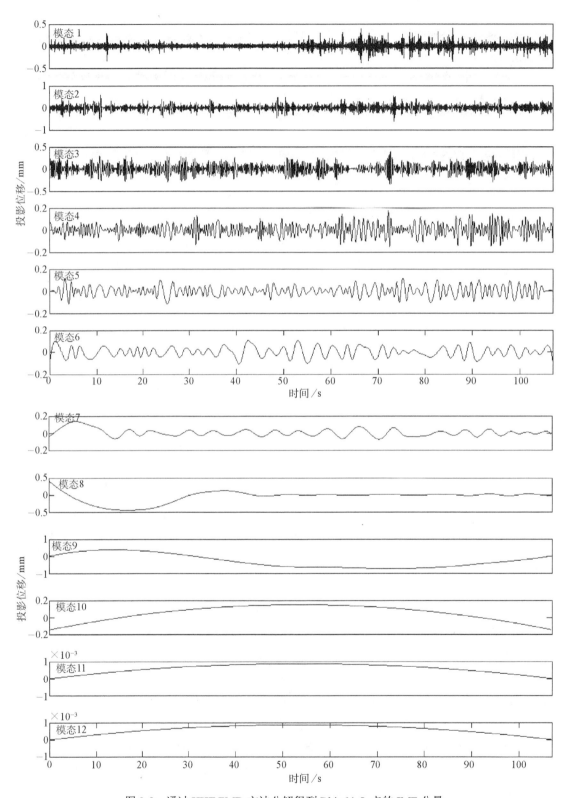

图 9-8　通过 HHT-EMD 方法分解得到 Rbin64_L 点的 IMF 分量

的瞬时频率 $F_1 \sim F_4$ 进行比较，其中 $F_1 \sim F_4$ 分别对应每一组时间序列位移所分解的模态 1～模态 4。数据的标准差（standard deviation，SD）必须始终在数据平均值的背景下理解，每组时间序列位移的瞬时频率 $F_1 \sim F_4$ 的平均值存在很大差异，如表 9-3 所示。因此，本章采用变异系数（coefficient of variation，CV）来评估频率分布的离散度，其定义为 SD 与 MN 的比值。如表 9-3 所示，每组时间序列位移对应的瞬时频率 F_1 的 CV 值远小于瞬时频率 $F_2 \sim F_4$ 的 CV 值。这进一步表明，模态 1 的投影位移曲线是与桥梁有关的主要投影位移曲线。此外，对于汽车瞬态负载下的时间序列位移（点 Rbin46_Y 和 Rbin64_Y）的瞬时频率 F_1 的 CV 值略大于仅有环境激励因子作用的时间序列位移（点 Rbin46_N 和 Rbin64_N）的瞬时频率 F_1 的 CV 值，这是因为与赵州桥主投影位移变化相关的瞬时汽车荷载的外力可以减小瞬时频率分布的离散程度。

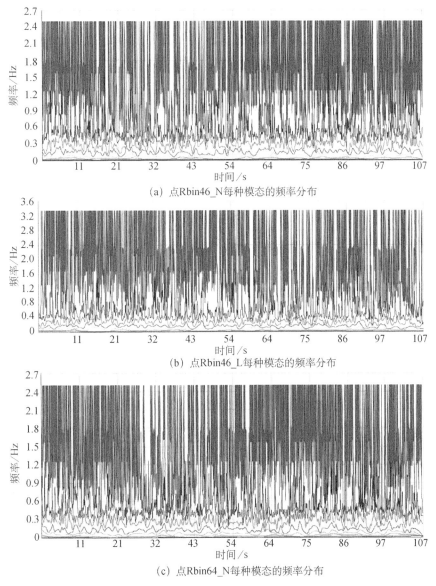

(a) 点Rbin46_N每种模态的频率分布

(b) 点Rbin46_L每种模态的频率分布

(c) 点Rbin64_N每种模态的频率分布

图 9-9 通过直接插值法获得的每组时间序列位移的八个模态的频率分布

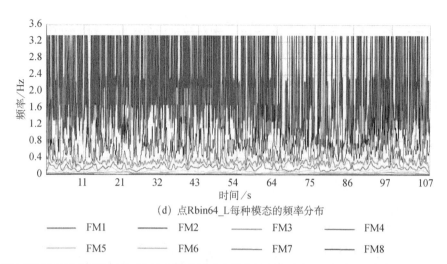

(d) 点Rbin64_L每种模态的频率分布

　　——— FM1　　　　——— FM2　　　　——— FM3　　　　——— FM4
　　——— FM5　　　　——— FM6　　　　——— FM7　　　　——— FM8

图 9-9　通过直接插值法获得的每组时间序列位移的八个模态的频率分布（续）（彩图请扫描封底二维码查看）

表 9-3　每组时间序列位移的频率分布的质量评估参数

点	参数	F_1	F_2	F_3	F_4
Rbin46_N	MN/Hz	2.413	0.716	0.313	0.146
	SD /Hz	0.348	0.297	0.149	0.053
	CV/%	14.4	41.5	47.6	36.3
Rbin46_Y	MN/Hz	3.362	0.901	0.391	0.207
	SD/Hz	0.582	0.379	0.184	0.074
	CV/%	17.3	42.1	47.1	35.7
Rbin64_N	MN/Hz	2.422	0.715	0.314	0.145
	SD/Hz	0.351	0.296	0.151	0.053
	CV/%	14.5	41.4	48.1	36.6
Rbin64_Y	MN/Hz	3.359	0.904	0.393	0.209
	SD/Hz	0.598	0.382	0.186	0.075
	CV/%	17.8	42.3	47.3	35.9

　　图 9-10 为每组时间序列位移模态 1 的瞬时频率和振幅。由图可知：①对于每组时间序列位移模态 1 的瞬时频率，在频率分布中存在明显的饱和效应，这是最大瞬时频率的净值，如图 9-9 和图 9-10 所示。其原因是赵州桥的结构振动响应是周期性振动。获得的大多数相邻准极点 $\left(t_{e_i}, y_{e_i}\right)$ 和 $\left(t_{e_{i+1}}, y_{e_{i+1}}\right)$ 是具有相同时间间隔的极点。因此，根据直接插值法的步骤 2，大多数离散点的瞬时频率由 $f_{i-1} = 1/\left(t_{e_i} - t_{e_{i-2}}\right)$ 计算，并且也是最大瞬时频率。因此，每组时间序列位移模态 1 的瞬时频率分布存在明显的饱和效应。这些结果进一步表明，模态 1 的投影位移曲线是与桥梁有关的主要投影位移曲线。②通常瞬时频率是一个瞬态结构振动响应，它取决于结构固有频率、阻尼、刚度和激励条件（Chen et al.，2007）。因此，在本章中，仅利用环境激励因子获得的时间序列位移，点 Rbin46_N（图 9-10（a））和点 Rbin64_N（图 9-10（c））的最大瞬时频率约为 2.49Hz。但是，在受到较强的激励条件下，如在汽车的瞬态载荷影响下，点Rbin46_L（图 9-10（b））和点Rbin64_L（图 9-10（d））的模态 1 的最大瞬时频率增加到 3.37Hz。③一般来说，如果结构发生损伤将导致结构固有

频率降低，可以通过 HHT 结构的瞬时频率的降低来反映（Zhang et al., 2005）。本章利用直接插值法研究在汽车瞬态荷载作用下赵州桥是否发生损伤，这将影响赵州桥结构振动响应的周期性振动方式。换句话说，在汽车瞬时载荷之后获得的时间序列位移将极大地减少作为极限点的相邻准极限点数量。因此，根据直接插值法的步骤 2，也该减少更多作为最大瞬时频率的瞬时频率数目。但如图 9-10（b）和图 9-10（d）所示，模态 1 的最大瞬时频率分布近似均匀。这表明赵州桥在车辆通过时处于瞬时稳定状态。④模态 1 的最大瞬时频率与大多数较低振幅一起获得。但是，随着振幅增大，模态 1 的瞬时频率降低。原因是环境激励因素或汽车的瞬态载荷引起振幅增大，可能会影响赵州桥周期性振动方式。此外，点 Rbin46_N 的模态 1 最大振幅（A1）约为 0.34mm，略大于点 Rbin64_N 的 0.29mm。但点 Rbin46_L 的模态 1 最大振幅（A1）增加到 0.55mm 时，也大于点 Rbin64_L 的 0.46mm。结果进一步表明，主应力点位于 1/4 跨点而不是跨中点。

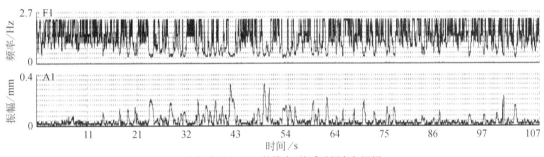

（a）点Rbin46_N的模态1的瞬时频率和振幅

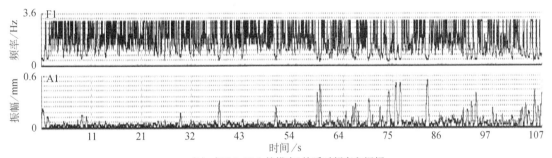

（b）点Rbin46_L的模态1的瞬时频率和振幅

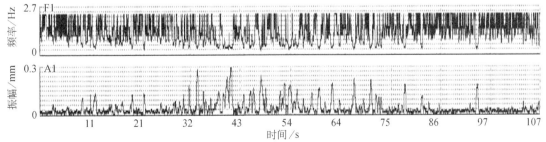

（c）点Rbin64_N的模态1的瞬时频率和振幅

图 9-10　通过直接插值法获得模态 1 的瞬时频率和振幅

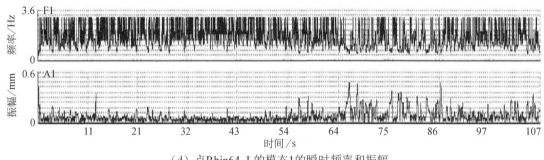

（d）点 Rbin64_L 的模态 1 的瞬时频率和振幅

图 9-10　通过直接插值法获得模态 1 的瞬时频率和振幅（续）

图 9-11 为利用 HHT（Huang and Wu，2008）获得的点 Rbin64_L 的模态 1 瞬时频率。如图 9-10（d）所示，与通过 ESMD 方法获得的点 Rbin64_L 的模态 1 瞬时频率相比，大多数瞬时频率峰值低于最大恒定频率 3.37 Hz（图 9-11 中的红线）。此外，通过 HHT 获得的点 Rbin64_L 的模态 1 的瞬时频率的曲线没有突然变化，也表明当汽车经过大桥时，赵州桥处于稳定状态。但是，通过 HHT 获得的点 Rbin64_L 的模态 1 瞬时频率峰值之间存在较大差异。换句话说，如果通过 HHT 获得的瞬时频率的曲线中突变较小，则难以识别较小损伤。然而通过 ESMD 方法获得的结构未损伤部分的最大瞬时频率是恒定的，因此很容易检测出损伤，这是 ESMD 方法的优势。

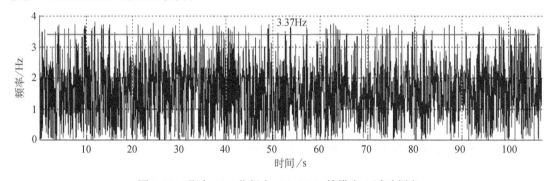

图 9-11　通过 HHT 获得点 Rbin64_L 的模态 1 瞬时频率

9.3.4　讨论

本章提出地基微波干涉法和 ESMD 方法对古代桥梁进行瞬时振动分析。通过地基微波干涉法获得被监测古桥的精确时间序列位移，利用 ESMD 方法分解得到的 IMF 和相应的瞬时频率对被监测古代桥梁进行瞬时振动分析。根据上述赵州桥实验结果，有如下讨论。

（1）采用 IBIS-S 获得赵州桥的时间序列位移，证明地基微波干涉法是一种有效的非接触式古桥监测技术。在古桥的表面上不安装无源雷达反射器的情况下，所有监测点的热信噪比都大于 35dB，可以获得准确的位移。因此，为避免对赵州桥造成损坏，在评估地基微波干涉测量精度时，不在古桥上安装传统的传感器。然而，由于地基微波干涉测量法利用电磁波的传播进行位移测量，因此不可避免地受到大气折射率的影响，这是由温度、湿度、气压等气象因素引起的（Noferini et al.，2005）。不同的气象条件具有不同的大气折射率值，这可能会导致测量精度下降。因此，如果利用地基微波干涉测量在不同时间对桥梁进行周期性监测，则有必要利用大气参数校正（例如永久性）来提高桥梁动挠度测量精度，如散射技术（Pipia et al.，2008；Noferini et al.，2005；Leva et al.，2003）和基于模型的方法（Liu et al.，2015a；Iannini and Guarnieri，2011）。这样可以提高不同时期的数据对比。但是，本章所有数据的采集时间仅持续约 30min，气象因素影响几乎相同。此外，本章目的是对古代桥梁进行瞬时振动分析。因此，无须对传播损失进行补偿，这不会影响古代桥梁瞬时振动分析的可靠性。

（2）一般来说，任何一个复杂的信号都可以看作由多个代表不同物理意义的简单信号组成（Huang et al.，2009）。本章利用 ESMD 方法将获得的时间序列位移分解为八个 IMF 与一条最佳 AGM 曲线，与通过 HHT-EMD 方法分解的 12 个 IMF 相比，该方法精度更高。此外，通过对分解的 IMF 进行分析，可以获得整体振动趋势和投影位移的突然变化，以分析古代桥梁的结构特征。但是，很难获得每个 IMF 的物理含义，这需要进一步研究。此外，风的推力、地震动、复杂的交通等都会产生噪声信号，从而降低桥梁动态位移的测量精度。另外，被监测的桥梁本身也具有周期性振动，该振动频率不同于由汽车瞬时荷载引起的瞬态振动。因此，由汽车瞬时载荷引起的桥梁的动态位移应变得更大或更小。据作者所知，尚没有一种理论模型或金标准方法来确定由汽车瞬时荷载引起的桥梁预期动态位移。为了提高由瞬时荷载引起的预期动态位移的精度，还需要进一步研究降噪算法。但上述因素对瞬时荷载引起的预期动位移影响不大，不会影响本节的瞬时振动分析。

（3）瞬时频率是结构的瞬态振动响应，它不仅取决于结构固有频率，还受阻尼、刚度和激励条件的影响（Amezquita-Sanchez and Adeli，2016；Chen et al.，2007）。本章在仅考虑环境激励因子的情况下，模态 1 的最大瞬时频率为 2.49 Hz。然而，由于汽车瞬时荷载的激励条件较强，在模态 1 下获得的最大瞬时频率增大到 3.37Hz。因此，利用 ESMD 方法，可以通过最大瞬时频率值准确地识别瞬时频率变化。此外，当结构发生损伤时，结构固有频率会降低，这可以通过被监测结构的瞬时频率突然降低来反映（Wang et al.，2016；Salawu，1997）。本节利用直接插值法，如果赵州桥在汽车的瞬时荷载作用下发生了一些损坏，应稳定降低模态 1 的瞬时频率。因此，尽管模态 1 的最大瞬时频率从 2.49Hz 增加到 3.37Hz，但瞬时频率曲线并没有突然下降，表明汽车通过赵州桥时，它处于瞬时稳定状态。然而赵州桥距今已有 1400 年的历史，因此，如果为了检测出桥梁的显著变化进行全局稳定性分析，可能需要花费几个月的时间。

9.4　结　　论

为了评估古代桥梁的瞬时动力响应，本章提出地基微波干涉法和 ESMD 方法应用于著名的赵州桥。采用地基微波干涉法分别获取环境激励因子和汽车瞬态载荷的动态时间序列位移。利用 ESMD 方法将时间序列位移分解为一系列 IMF 和相应的瞬时频率，然后将其用于赵州桥的瞬时振动分析。有如下结论。

（1）本章为避免破坏历史悠久的赵州桥，仅将 IBIS-S 仪器安装在赵州桥的一侧，未在赵州桥下表面安装角反射器。IBIS-S 仪器快速、简便的安装可以大大提高数据收集的效率。此外，桥梁下表面所有监测点的热信噪比均大于 35dB，可以确保获得准确的位移。因此，这些结果证明利用地基微波干涉法对赵州桥进行非接触式动态监测的可行性和准确性，进一步表明地基微波干涉法是一种可以获取古代桥梁动态时间序列位移进行瞬时振动分析的可行性方法。同时可以减少传统接触式反射器安装所带来的固有风险。

（2）利用 ESMD 方法使其自身的最大值和最小值点对称构建模态，分解得到一系列 IMF 以及最佳 AGM 曲线。分解的 IMF 可以根据频率大小反映投影位移总体趋势。此外，还可以反映不同监测点的瞬时动态响应。

（3）与传统的时频分析方法相比，利用直接插值法获得瞬时频率可以解决周期和频率之间的冲突。每组时间序列位移的分解 IMF 的瞬时频率表明，当汽车通过大桥时，赵州桥处于稳定状态。

（4）与利用 HHT 获得分解 IMF 和瞬时频率的结果相比，该方法是一种用于古代桥梁瞬时振动分析的新技术。

参 考 文 献

Amezquita-Sanchez J P，Adeli H. 2016. Signal processing techniques for vibration-based health monitoring of smart structures. Archives of Computational Methods in Engineering，23（1）：1-15.

Au F T K，Wang J J，Liu G D. 2003. Construction control of reinforced concrete arch bridges. Journal of Bridge Engineering，8（1）：39-45.

Audenaert A，Peremans H，Reniers G. 2007. An analytical model to determine the ultimate load on masonry arch bridges. Journal of Engineering Mathematics，59（3）：323-336.

Carbajo E S，Carbajo R S，Mc Goldrick C，et al. 2014. ASDAH：An automated structural change detection algorithm based on the Hilbert–Huang transform. Mechanical Systems and Signal Processing，47（1-2）：78-93.

Chen H G，Yan Y J，Jiang J S. 2007.Vibration-based damage detection in composite wingbox structures by HHT. Mechanical Systems and Signal Processing，21（1）：307-321.

Crosetto M，Monserrat O，Luzi G，et al. 2014. A noninterferometric procedure for deformation measurement using GB-SAR Imagery. IEEE Geoscience and Remote Sensing Letters，11（1）：34-38.

Gentile C，Bernardini G. 2010. An interferometric radar for non-contact measurement of deflections on civil engineering structures：Laboratory and full-scale tests. Structure and Infrastructure Engineering，6（5）：521-534.

Gentile C. 2010. Deflection measurement on vibrating stay cables by non-contact microwave interferometer. NDT & E International，43（3）：231-240.

Gonzalez I, Karoumi R. 2014. Analysis of the annual variations in the dynamic behavior of a ballasted railway bridge using Hilbert transform. Engineering Structures, 60 (2): 126-132.

Hsieh K H, Halling M W, Barr P J. 2006. Overview of vibrational structural health monitoring with representative case studies. Journal of Bridge Engineering, 11 (6): 707-715.

Huang N E, Wu Z, Long S R, et al. 2009. On instantaneous frequency. Advances in Adaptive Data Analysis, 1 (2): 177-229.

Huang N E, Wu Z. 2008. A review on Hilbert-Huang transform: Method and its applications to geophysical studies. Reviews of Geophysics, 46 (2).

Iannini L, Guarnieri A M. 2011. Atmospheric phase screen in ground-based radar: Statistics and compensation. IEEE Geoscience and Remote Sensing Letters, 8 (3): 537-541.

Kunwar A, Jha R, Whelan M, et al. 2013. Damage detection in an experimental bridge model using Hilbert-Huang transform of transient vibrations. Structural Control and Health Monitoring, 20 (1): 201-215.

Lee J W, Kim J D, Yun C B, et al. 2002. Health-monitoring method for bridges under ordinary traffic loadings. Journal of Sound and Vibration, 257 (2): 247-264.

Leva D, Nico G, Tarchi D, et al. 2003. Temporal analysis of a landslide by means of a ground-based SAR Interferometer. IEEE Transactions on Geoscience and Remote Sensing, 41 (4): 745-752.

Liu X L, Tang Y, Lu Z, et al. 2018. ESMD-based stability analysis in the progressive collapse of a building model: A case study of a reinforced concrete frame-shear wall model. Measurement, 120: 34-42.

Liu X L, Tong X H, Ding K L, et al. 2015a. Measurement of long-term periodic and dynamic deflection of the long-span railway bridge using microwave interferometry. IEEE Journal of Selected Topics in Applied Earth Observations and Remote Sensing, 8 (9): 4531-4538.

Liu X L, Tong X H, Yin X J, et al. 2015b. Videogrammetric technique for three-dimensional structural progressive collapse measurement. Measurement, 63: 87-89.

Liu X L, Zhao X A, Ding K L, et al. 2015c. Application of ground-based synthetic aperture radar technique for emergency monitoring of deep foundation excavation. Journal of Applied Remote Sensing, 9 (1): 125-128.

Montuori A, Luzi G, Bignami C, et al. 2016. The interferometric use of radar sensors for the urban monitoring of structural vibrations and surface displacements. IEEE Journal of Selected Topics in Applied Earth Observations and Remote Sensing, 9 (8): 3761-3776.

Noferini L, Pieraccini M, Mecatti D, et al. 2005. Permanent scatterers analysis for atmospheric correction in ground-based SAR interferometry. IEEE Transactions on Geoscience & Remote Sensing, 43 (7): 1459-1471.

Pipia L, Fábregas X, Aguasca A, et al. 2008. Atmospheric artifact compensation in ground-based DInSAR applications. IEEE Geoscience and Remote Sensing Letters, 5 (1): 88-92.

Qian L X. 1987. New insight into an ancient stone arch bridge—The Zhao-Zhou Bridge of 1400 years old. International journal of mechanical sciences, 29 (12): 831-843.

Rödelsperger S. 2011. Real-Time Processing of Ground Based Synthetic aperture Radar (GB-SAR) Measurements. Technische Universität Darmstadt: Fachbereich Bauingenieurwesen und Geodäsie.

Roveri N, Carcaterra A. 2012. Damage detection in structures under traveling loads by Hilbert-Huang transform. Mechanical Systems and Signal Processing, 28: 128-144.

Salawu O S. 1997. Detection of structural damage through changes in frequency: A review. Engineering Structures, 19 (9): 718-723.

第 10 章　总结与展望

10.1　总　　结

本书重点介绍了 GB-SAR 桥梁监测理论与方法及其在工程中的应用，从大气参数改正、信号降噪处理、安全评估、工程应用方法设计等方面紧密围绕对中小跨径桥梁安全监测和评估展开研究，解决了已有方法中存在的工作量大、效率低和可靠性差的问题。本书主要介绍的内容具体如下。

（1）顾及雷达波传输距离的 Essen-Froome 大气参数优化改正模型。通过理论仿真模拟和实验分析，本书揭示了 GB-SAR 中小跨径桥梁动挠度监测过程中气象因素在时空分布上的影响机制，构建了顾及微波传输距离的 Essen-Froome 大气参数优化改正模型，提高了 GB-SAR 中小跨径桥梁动挠度监测的精度，为 GB-SAR 桥梁监测技术提供新的大气参数改正理论和模型。

（2）顾及 GB-SAR 中小跨径桥梁监测动挠度信号特征的降噪方法。针对 GB-SAR 中小跨径桥梁动挠度监测过程中不可避免地会受到地动和复杂交通等因素产生噪声信息的问题，本书分析了噪声来源及传播特点，获取了不同噪声信息的频率尺度分布特点，实现了基于 ESMD 的中小跨径桥梁动挠度信号最优分解，以区分不同外力引起的不同频率的振动子信号，并基于多小波阈值、盲源分离法和形态滤波法等方法对不同频率尺度噪声的适用性，构建了相应的中小跨径桥梁动挠度信号降噪模型，以有效地提高 GB-SAR 中小跨径桥梁动挠度监测的精度。

（3）集成 TLS、GB-SAR 和 PSP-InSAR 的中小跨径桥梁多模式遥感协同监测和精准探伤的一体化技术。为了确定城市桥梁的安全状态，本书提出了集成 TLS、地基微波干涉测量和 PS-InSAR 技术对城市桥梁进行损伤检测和分析，受限利用 TLS 方法获得桥梁潜在损伤区域，再利用地基微波干涉法确定桥梁是否损伤，最后利用 PS-InSAR 对桥梁损坏原因进行分析。针对中小跨径桥梁健康状态巡查低效和维护成本较高的问题，研发了集成多源遥感数据的非接触式中小跨径桥梁多模式遥感协同监测和精准探伤理论和方法。构建了基于三维 Delaunay 三角网的桥梁表面模型，实现 TLS 桥梁潜在损伤区域探测，为 GB-SAR 设备动挠度监测提供精准定位；构建顾及微波传输距离的 Essen-Froome 大气参数优化改正模型和多层次动挠度信号降噪模型，提升 GB-SAR 设备动挠度监测精度，创新性地引入瞬时频率和瞬时总能量损伤判定模型以及顾及计算效率和模态阶数选择的数据驱动随机子空间的模态识别桥梁探伤方法，实现桥梁损伤区域精准探伤。引入了 PSP-InSAR 方法，实现对桥梁损伤原因的微观准确判断。该技术可精准判定中小跨径桥梁是否存在损伤，以及桥梁的损伤位置和时间，有效地保障中小跨径桥梁的运营安全，并为中小跨径桥梁维护提供决策支持。

（4）基于动挠度时序数据的中小跨径桥梁区域精准探伤理论和方法。本书提出了基于准极值点的直接插值法瞬时频率和瞬时能量中小跨径桥梁损伤识别模型，引入 ESMD 思想构建输入动挠度信号的多个表征特征尺度的 IMF 以区分线性振动和非线性振动，揭示了不同监测周期内频率比与结构刚度损失的数学关系，精确识别中小跨径桥梁损伤是否存在损伤及损伤位置。提出了顾及计算效率和模态阶数选择的数据驱动随机子空间的模态识别桥梁探伤方法，构建箱线图异常数据检测法，以直观显示异常数据及数据离散度，为系统模态辨识的响应信号选择提供依据，减少确定数据对识别结果的影响，同时保留测量数据的主要信息，建立基于向量范数的 Hankel 矩阵压缩方法，提高算法的运行效率。通过自相关矩阵特征值之间的相对差异来精确估计模型阶数，从而避免模态过估计而产生虚假模态的情况，以获取可靠的结构的模态参数，分析结构动力特性，从而判定桥梁是否损伤。

（5）应用于中小跨径桥梁多模式遥感协同监测和精准探伤分析。选择典型中小跨径桥梁，推广应用项目研究的中小跨径桥梁多模式遥感协同监测和精准探伤技术，准确检测中小跨径桥梁的潜在损伤区域，判断中小跨径桥梁是否存在损伤，并对存在损伤的中小跨径桥梁分析其损伤原因，为中小跨径桥梁维护提供决策支持，推动中小跨径桥梁安全监测与维护的快速、精准化发展。

基于以上主要介绍内容，本书在理论研究、技术方法构建等方面的特色如下。

（1）针对中小跨径桥梁运营安全形势日益严峻，以及传统中小跨径桥梁健康巡检效率低、成本高的问题，基于"潜在损伤区域探测-桥梁损伤精确定位-桥梁损伤机理分析"的理念，集成非接触式的 TLS、GB-SAR 和 PSP-InSAR 技术，实现中小跨径桥梁的多模式遥感协同监测和损伤桥梁的区域精准探伤，以保障中小跨径桥梁的健康运营。

（2）针对 GB-SAR 技术中小跨径桥梁监测易受到大气影响以及地动和复杂交通等因素产生噪声信息的问题，引入顾及桥梁结构特征和微波传输距离的 Essen-Froome 大气参数优化改正模型，引入多小波阈值、盲源分离法和数学形态学等方法，以有效降低不同频率尺度的噪声信息，提高中小跨径桥梁动挠度信号的精度，为中小跨径桥梁区域精准探伤提供数据支持。创新性地引入直接插值法瞬时频率计算模型，可精确识别中小跨径桥梁损伤是否存在损伤及损伤位置。

（3）针对中小跨径桥梁损伤原因难以准确判断问题，利用 GB-SAR 技术获取桥梁动态监测数据，得到桥梁潜在损伤区域，引入 PSP-InSAR 方法，通过比较 PS 点对之间的相位特性来选择 PS 点，并估计 PS 点对之间的相对形变速率和相对高程差，有效降低了对预估形变模型的依赖程度，且在非城市区域也能获取高密度的 PS 点。PS 点对的联合分析能够降低空间相关性误差（如大气相位误差等）对形变反演结果的影响，从而提高形变监测的精度。同时，结合有限元分析法，从微观角度实现桥梁损伤原因的准确判断。

10.2　展　　望

　　GB-SAR 是近年来兴起的一种 SAR 和干涉测量优点的新技术，对桥梁变形监测技术的应用研究还处于初期探索阶段，但其具有非接触、高精度（0.01mm）、高采样频率（1000Hz）和整体动态监测的优势，可以解决传统形变监测技术测量范围小、测量距离短、精度低、受环境影响等诸多问题，为保障中小跨径桥梁的健康运营、降低中小跨径桥梁健康状态巡查和维护成本，以及为中小跨径桥梁维护提供决策支持等提供重要的理论支撑，已受到国内学者的广泛关注，综合考虑目前实际应用需求及 GB-SAR 自身的特点，GB-SAR 技术在今后桥梁变形监测应用中具有重要的应用价值，值得深入研究。

　　首先，针对地基 SAR 获取测量值精度易受大气扰动影响的问题，可借鉴星载 SAR 时间序列干涉技术提取形变思路，采用非干涉测量方法，通过影像匹配，利用地基 SAR 设备强度图像的几何信息估计变形，精度可达毫米级，但应用该技术需在监测区域布设人工角反射器，大气相位改正的问题仍是未来亟须研究的热点问题之一（刘龙龙等，2019；Noferinil et al.，2005）。

　　其次，基于地基 SAR 和星载 SAR 各自的优势，今后可将二者相结合，不仅可以解决地基 SAR 仅能观测视线向形变的问题，还可以避免星载 SAR 设站不灵活劣势，充分发挥地基 SAR 安装方便、设站自由、时空分辨率高和星载 SAR 观测范围广的优势，构建天地一体化的变形监测体系，将会对密集建筑群、大面积视场范围或大型人工设施、滑坡灾害等进行全方位多角度观测具有非常重要的意义（张昊宇等，2017；Noferini et al.，2007；Tarchi et al.，2000）。

　　另外，本书介绍了非接触式 GB-SAR 城市桥梁动挠度高精度监测和安全评估的研究内容，其中涉及摄影测量与遥感、桥梁健康监测、地理信息系统、大气科学和信号处理等多个交叉性学科前沿问题和技术体系，具有多学科交叉的特色，今后还可将 GB-SAR 技术和地球物理、工程地质等学科的先进技术相结合，充分挖掘监测对象变形机理，实现各技术间优化集成、优势互补，这也是未来 GB-SAR 技术发展的重要趋势之一（刘龙龙等，2019）。

参 考 文 献

刘龙龙，张继贤，赵争，等. 2019. GB-SAR 变形监测技术研究现状与展望. 测绘通报，（11）：1-7.
张昊宇，周克勤，宋亚腾，等. 2017. 基于新型 FMCW 地基合成孔径雷达的大坝变形监测. 长江科学院院报，34（12）：33-37，43.

Noferini L，Pieraccini M，Mecatti D，et al. 2007. Using GB-SAR technique to monitor slow moving landslide. Engineering Geology，95（3）：88-98.

Noferinil L，Pieraccin M，Mecatti D，et al. 2005. Permanent scatterers analysis for atmospheric correction in ground-based SAR interferometry. IEEE Transactions on Geoscience and Remote Sensing，43（7）：1459-1471.

Tarchi D，Rudolf H，Pieraccini M，et al. 2000. Remote monitoring of buildings using a ground-based SAR：Application to cultural heritage survey. International Journal of Remote Sensing，21（18）：3545-3551.